中国城市群研究丛书

丛书主编　张学良　肖金成

长三角城市群研究

Study on the Yangtze River Delta City Cluster

张学良　等著

中国财经出版传媒集团

经济科学出版社
Economic Science Press

图书在版编目（CIP）数据

长三角城市群研究/张学良等著 . —北京：经济
科学出版社，2021. 5
（中国城市群研究丛书）
ISBN 978 – 7 – 5218 – 2567 – 1

Ⅰ. ①长…　Ⅱ. ①张…　Ⅲ. ①长江三角洲 – 城市群 –
发展 – 研究　Ⅳ. ①F299. 275

中国版本图书馆 CIP 数据核字（2021）第 094049 号

责任编辑：周秀霞
责任校对：刘　昕
责任印制：范　艳　张佳裕

长三角城市群研究

张学良　等著

经济科学出版社出版、发行　新华书店经销
社址：北京市海淀区阜成路甲 28 号　邮编：100142
总编部电话：010 – 88191217　发行部电话：010 – 88191522
网址：www. esp. com. cn
电子邮箱：esp@ esp. com. cn
天猫网店：经济科学出版社旗舰店
网址：http：//jjkxcbs. tmall. com
北京季蜂印刷有限公司印装
710 × 1000　16 开　14 印张　280000 字
2021 年 9 月第 1 版　2021 年 9 月第 1 次印刷
ISBN 978 – 7 – 5218 – 2567 – 1　定价：56. 00 元
（图书出现印装问题，本社负责调换。电话：010 – 88191510）
（版权所有　侵权必究　打击盗版　举报热线：010 – 88191661
QQ：2242791300　营销中心电话：010 – 88191537
电子邮箱：dbts@ esp. com. cn）

CONTENTS **目录**

第一部分　基　础　篇

第一章　长三角城市群的自然地理基础/3

第一节　长三角的范围和自然地理概述/3

第二节　长三角当今自然地理状况/4

第三节　长三角的发育过程和人类活动的互动/6

第四节　长三角的自然灾害和环境问题/12

第二章　长三角城市群的历史地理基础/15

第一节　交通/15

第二节　要素与商品的流动/17

第三节　区际中心/26

第四节　长三角概念的泛化/28

第三章　长三角城市群区域合作与相关规划的演进特征/31

第一节　长三角城市群的区域合作实践/31

第二节　长三角城市群的相关规划演进/39

第三节　长三角城市群空间范围的讨论/44

第二部分　实　证　篇

第四章　长三角城市群的空间结构特征分析/49

第一节　长三角城市群的城市规模分布特征/49

第二节　长三角城市群的空间形态分布特征/53

第三节 长三角城市群的联系网络分布特征／55

第四节 长三角地区空间结构的特征分析／58

第五节 本章小结／59

第五章 长三角城市群产业分析／62

第一节 长三角城市群产业结构调整历程及其演变／62

第二节 长三角城市群制造业结构演变／70

第三节 长三角地区产业规划情况／85

第六章 城市群的交通网络结构／94

第一节 长三角城市群交通基础设施的发展历程／94

第二节 长三角交通基础设施的发展现状／105

第三节 交通基础设施对长三角经济社会发展的影响分析／110

第四节 长江三角洲区域交通基础设施发展现状／125

第七章 城市群空间治理与跨区域城市合作／128

第一节 从城市治理走向城市群治理／128

第二节 长三角城市群治理的背景／130

第三节 长三角城市群治理的空间尺度／137

第四节 政策建议／139

第八章 长三角城市群可持续发展／145

第一节 可持续发展的定义／146

第二节 从城市到城市群的可持续发展／147

第三节 长三角城市群可持续发展的现状描述／149

第四节 长三角城市群可持续发展的实证分析／151

第五节 结论与政策建议／158

第三部分 展 望 篇

第九章 新阶段长三角城市群发展的对策建议／163

第一节 长三角城市群一体化发展进入新阶段／163

第二节 新阶段长三角一体化须处理好的几类关系／168

第四部分 数 据 篇

第十章 城市群发展基本情况/181

　　第一节　长三角城市群在全国经济发展中的重要作用/181

　　第二节　21 世纪以来长三角城市群基本发展历程/182

　　第三节　长三角城市群各城市比较分析/192

参考文献/206

第一部分

基　础　篇

第一章

长三角城市群的自然地理基础

长江是中国第一大河，长约 6300 公里，自唐古拉山主峰西南侧发源，从东海之滨的上海入海，横贯中国，源远流长，水量丰沛，多年平均径流量达 9600 亿立方米，居于世界第三位。长江及其众多水系，滋养了重庆、武汉、长沙、南京、镇江、上海等一系列的沿江重要城市，更由于内河航运、远洋运输的极佳便利性，促成了世界级的城市群——长三角城市群的诞生。

长江中下游河道、长江三角洲及河口、太湖和太湖平原以及杭州湾这诸多自然地理要素的形成过程，是长三角城市群形成重要的自然地理基础。

第一节　长三角的范围和自然地理概述

自然地理学范畴内的长江三角洲的具体空间范围目前来看有多种说法：

赵庆英等（2002）认为，自然地理概念上的长江三角洲面积大约为 4.0 万平方公里。沉积概念上的长江三角洲最小，面积大约仅 1.85 万平方公里（陆上部分），再加上 1 万平方公里的长江水下三角洲，共 3 万平方公里左右。沉积概念上的长江三角洲既包括现代三角洲（全新世海平面上升趋于稳定以来的 600 年左右形成的三角洲）又包括古代三角洲。

陈吉余（1957）认为，在说明长江三角洲的发展历史以前，先须说明长江三角洲的顶点。长江三角洲的顶点，过去有人认为是芜湖，因为是潮水的终点，而潮水的终点在三角洲发育过程中是不断变迁的，因此我们认为应以地形特征——江流摆脱山体约束的起点南京为三角洲的顶点，南京的山体两岸山体相距只有 5 公里左右，自此而下，逐渐开扩，至镇江附近两岸山体即为平原所代替，因此可以南京作为长三角的顶点。

陈永文（1983）认为，根据三角洲发展历史的差异，可以把长江三角洲分为新三角洲和老三角洲两个部分。陈吉余教授把从泰兴经如皋到如东、北坎一线以南，江阴、福山、马桥、漕泾一线以东部分称为新三角洲，其余称为老三角洲。王靖泰等则把第四纪冰期后全新世以来冲积成陆的统称全新世三角洲。按此标准划分则新三角洲的界线比较偏北偏西，其北界可达扬州、泰州、海安一线，长江以南的西界可达镇江、太仓、松江、金山一线。

长三角城市群，大部地处长江下游感潮区域，横跨淮河—长江—钱塘江三条河流。处于中国亚热带季风气候区，区域内气候温和湿润，冬季受冬季风的影响，夏季温度和降水强烈受台风和梅雨的影响，年际波动较大，年均降水量在1000毫米以上。长三角城市群所在地区，有史以来，一直是中国河网密度最高、内河航运条件最好的地区，其水运的便利程度堪比欧洲莱茵河地区。同时，也是中国城市化程度最高、人口最为稠密的地区。近年来，剧烈的人类活动严重破坏该地区的河流系统，导致河网密度下降、水面率衰减，水质污染加大，地表水质量大大降低。

第二节　长三角当今自然地理状况

一、气候

长江三角洲地区处于北亚热带南部，典型的亚热带海洋性季风气候。雨热同期，降水丰沛。日照充足，四季较为分明。本地区的年平均日照为1800～2200小时，年平均气温15～17度，年积温4500～5500度。年降水量1000～1800毫米，降水主要集中在5～9月份，同时呈现北少南多，沿海多内陆少的特点。

二、水文

长江三角洲地区是中国境内水文条件最好的区域之一。区域内河流纵横，各个等级河流密布，有"江南水乡"美誉。河流系统是自然界最重要的生态系统之一，是水资源形成与演化的主要载体，是人类社会发展的重要支撑。中国东部河网水系演化受自然因素与人类活动共同影响，但近50年该区河网水系受人类活动干扰强烈。根据韩龙飞等（2015）研究，近30年，剧烈的人类活动严重破坏该地区的河流系统，导致河网密度下降、水面率衰减。比如环太湖河道已由20世纪初300余条减少至1993年的125条。由于近30年人类活动的强烈干扰，杭嘉湖区支流衰减剧烈，水系结构稳定度问题凸显。数量特征上，长三角地区河网密度整体呈下降趋势，武澄锡虞、杭嘉湖、鄞东南减少显著，均减少近20%，长三角水面率减少趋势在加剧。

三、土壤

长江三角洲地区的土壤类型复杂，因为地跨黄棕壤与红壤两个地带，古气候有过明显的变化，成土母质的类型也多种多样。长三角地区以人为土（水耕、旱耕）为主，西侧包括一些淋溶土，南侧山区包括部分雏形土，苏北沿海以盐成土为主。根据陆景冈（1982）的研究，长三角新构造运动强度和土壤分布的关系密切，在强烈上升的山区，分布的是幼年土壤。在弱度上升的低山及丘陵，分布的是典型的红壤和红棕壤。在相对稳定的过渡区，分布的是浅色草甸土、草甸黄棕壤及红壤。在下沉的太湖碟形洼地，分布的是腐殖质沼泽土。在下沉的太湖碟形洼地外缘，分布的浅色草甸土。在下沉的北岸沙咀地区，分布的是浅色草甸土及草甸盐土，在强烈下沉的长江河口区，分布的是浅色草甸土及草甸盐土。在强烈下沉的杭州湾，无法成土。

四、地貌

长三角地区的地貌类型比较复杂，是一个动态发展的过程。长三角地区，主要由河湖相沉积平原、老三角洲平原、新三角洲平原、海积平原、沙洲和沙岛以及侵蚀丘陵和山地组成。丘陵高度均不高，一般在 400～1000 米左右。

具体而言，从地貌类型来看，河口三角洲、海成平原、冲湖积平原和冲积平原，构成了长江三角洲的主要地貌基础类型。南京是长江三角洲的重要地理节点，南京以西的安徽省，无论从地貌类型和地貌区划来讲，跟南京以东的地区均有明显的区别。长江以北的苏北地区局部，在地貌类型和地貌区划来讲，跟长江以南的太湖以东的区域具有一致性。浙北地区，在这两个方面来讲，跟上海周边也是有较大的一致性。跟目前的行政区划比较，按照自然地理（地貌）类型，长三角的狭义范围要比两省一市（苏浙沪）要小，尤其对于浙江省而言，其北边地区（杭州宁波一线）与上海和江苏具有较大的一致性。

根据陈永文（1983）的研究，三角洲自然条件一个极其重要的特点就是土地资源在不断扩展，成涨最快的地区，一在河口沙洲区，一在长江南岸南汇、奉贤一带。只要长江中上游山区的水土流失得不到制止，三角洲的涨势也就不会停息。由于发展过程的地域差异，长江三角洲在地形上可明显地分为三个部分：一是长江北侧的里下河平原南缘区；二是长江南侧的太湖平原区；三是长江河口沙洲区。里下河平原南缘区主要是由一系列河口沙坝为主体的亚三角洲并联而成。河口沙洲区由一系列正在发育的河口、沙坝组成，最主要的是崇明岛、长兴岛和横沙岛以及九段沙等。由于成陆晚，泥沙淤积不够充分，故地势较低。太湖平原在地形上是两个巨大的碟形洼地，它与里下河碟形洼地南北遥相对应。碟形洼地的底部就是老三角洲部分的湖沼平原。地面高度都在 4 米以下，一般 2.5 ~ 3.5 米。这里是长江三角洲湖泊集中分布区，大小湖荡二百多个，以太湖为最大，面积 2420 平方公里，是仅次于鄱阳湖、洞庭湖的我国第三大淡水湖。长江三角洲属我国东部北亚热带季风气候，最大的特点是气候温暖而湿润。它既是热量条件优越的"热区"，又是降水丰富的"雨区"，作物生长旺盛的季节既是热量充足的"热季"，又是水分丰沛的"雨期"。这种雨热同区、同期的气候优势，在世界其他亚热带地区是少见的。长江三角洲年平均气温 15 ~ 16 摄氏度，全年大于 10 摄氏度的积温达 4500 ~ 5000 度，生长期 225 ~ 250 天。降水季节分配匀称。这样的水热条件对农业生产比较有利。按长江三角洲所处的纬度和生物气候条件，它的代表性（地带性）土壤应是黄棕壤。但是由于三角洲地势低，地下水位高，绝大部分地区，均属深受地下水影响的渍潜型和淋溶——淀积型的水成和半水成系列的土壤。前者为沼泽土，后者为草甸土。海滨地区为盐渍土。淋溶的地带性的黄棕壤或黄褐色土，仅见于兀立的、平地之上的基岩孤丘和西部山前地带。平原的土壤长期受人类耕垦培育，大部分已成为相当肥沃的水稻土和旱地耕作土。长江三角洲土壤最大缺点是渍害比较严重。主要的原因是地下水位过高。大部分地区浅层地下水，埋深不足一米，其中不少尚不足 50 厘米，使潜渍化得到进一步加强。这是阻碍土壤肥力的发挥、影响农业进一步高产稳产的一个极其严重的限制性因素。长江三角洲是一个物产丰饶的地区。农业发达，盛产稻米、蚕桑和棉花。这里是我国著名的稻米名产区，苏州和杭嘉湖地区是我国重要的蚕桑基地，丝绸产品驰名中外。海滨地带生产的棉花，在国内亦占有重要地位，水产资源更为丰富，仅太湖拥有鱼类即达 70 余种，其中有经济价值的就有 40 余种。

第三节　长三角的发育过程和人类活动的互动

长三角的地貌形成和人类是活动是密不可分的，人类改造自然的活动在长三角地区的形成过程中发挥了重大作用，这在人类历史发展过程中都是较为罕见和具有指标意义的。

陈吉余等（1959）认为，任何三角洲的发育，均需借助于江海的互动，其形成过程较为复杂。长江三角洲分属于三个大的地质构造。大体上在如皋、江阴、宜兴、长兴一线以西属南京凹陷范围，包括宁镇丘陵、茅山山地、宜溧山地；上海—嘉兴—德清以东，以南是杭州凹陷的组成部分：两者之间的莫干山地，太湖流域广大地区为江南古陆部分。处于河口地区的三角洲平原地区，对地球上气候的变化尤为敏感。当全球变冷，进入冰期时，海平面下降，原来被海水覆盖的海底成为陆地。河口地区在新的海岸地带发育成新的三角洲，冰期结束以后，气候变暖，海平面上升，海水则有可能会淹没过去的三角洲平原地区。有的甚至在感潮河段以上重新发育三角洲平原。

陈吉余等（1959）在关于长江三角洲的地貌发育研究中认为，三角洲平原上，对微地貌起着重要作用的是人类活动。长三角的水系在人类产生过程中受到彻底的改变。水系改造在公元 10 世纪吴越王时代已经基本完成，以后是对这个水系的疏浚和改造。新中国成立以后，特别是 1958 年"大跃进"以后，大举兴修水利，实行河网化，因而各地开挖新河，改变水系，进展非常迅速。不久新的河网又将代替了旧的河网，人类又一次彻底地改变了长江三角洲的水系。其次，江岸海岸的发展受到人类的重大影响。大致从汉晋开始，长江三角洲就已出现零星的挡潮的堤塘，到了唐朝，三角洲上出现系统的海塘，长江北岸的李堤、长江南岸的捍海塘。人工圩田，使得江岸新涨土地一般比应有的高度为低。开始兴建海塘的作用，只是防潮而已，还没有保坍的作用。到了公元 10 世纪，人类利用竹篓盛大石进行保坍。及至宋朝才开始利用石塘保坍，收到很大成就。从明到清初，在海岸内坍最严重的杭州湾和钱塘江岸建立了系统的石塘，成为我国古代重大建筑物之一。从明清开始，对于海塘的兴建不仅加强塘基，防止塘底汕蚀，改进它的抵抗能力，同时也对海水展开进攻的办法，兴建盘头，分排水势。20 世纪以来，由盘头发展为排水坝，控制水流方向。在崇明、南通，有木楗、石楗的措施。在钱塘江修建了一系列的排水坝，不仅在保坍上收到成果，而且加速了河口区的发育。除了长江和海岸兴建了系统的堤塘以外，三角洲上的河流一般都兴建了圩堤，有的重要河流也有石塘。从碟缘地带到碟形洼地，河流两旁从无圩堤到有圩堤，从低的圩堤（只有 20～30 厘米高）到 1 米以上高度的圩堤，都能反映出当地洪水泛滥时的可能高度。在生产过程中，人类为发展丝业，在三角洲上进行桑树的培植，因此在地势较低的地带，堆成丘田，作为桑田。在丘田之间的低地，进行水稻耕作。丘田的高度一般高出附近水稻田 1～2 米，从而使得平原上的微地貌复杂化起来。除了这些人为地貌以外，还有小型的零星分散的避潮墩和古代的烽火台。

综上所述，坦荡的三角洲平原上，由于各个地区江流、海水以及湖水的作用不同，形成时间上的差异，加以人为的影响，使得微地貌上的地貌特征发生地域上的差异。

一、长江喇叭形河口

根据邹逸麟等（2013）研究，5000～6000 年前的大海浸（海侵）使长江河口退到镇江、扬州一带，镇、扬以下成为海湾，以上才具江型。其时海湾北岸沙嘴，由今江都向东北伸展至海安李堡附近，与岸外沙堤相合，形成里下河洼区；南岸沙嘴系自江阴以下，沿着常熟的福山、梅李、支塘、太仓、嘉定的外岗、黄渡、青浦的盘龙镇、松江的漕泾一线，向东南入海，至杭州湾中的大金山、王盘山以后，由于受到杭州湾的强潮作用和东南季风的影响，产生向西的泥沙流，迫使沙嘴折而向西，形成反曲现象，并与正在发展中的钱塘江口北岸沙嘴相连接，使海湾封闭成泻湖，最后形成太湖平原。

据邹逸麟（2013）研究，长江口海岸形成过程非常复杂，过程是这样的：长江口南岸沙嘴在海浪作用下，形成几列平行的沙堤和贝壳堤——俗称"冈身"。冈身在松江（吴淞江）故道以北有五条，最西一条约当太仓、外岗、方泰一线，最东一条相当于娄塘、嘉定、马陆、南翔一线，东西相距约 6 ~ 8 公里。冈身在松江故道以南有三条。志书上称为沙冈、竹冈和紫冈。最西一条约当马桥、邬桥、漕泾一线，最东一条约当诸翟、新市、柘林一线。东西相距为 1.5 ~ 2 公里。在近海处扩展到 4 公里。这些冈身的组成物质大部为分选良好的中砂和细砂，并间有贝壳碎屑。在距今五六千年前，这条海岸线已经形成。古长江流域由于森林茂密，植被良好，水量丰富，径流含沙量少，再加上干支流又有湖泊分泄洪水及泥沙，因而输送到河口的泥沙为数不多，水下三角洲尚未堆积。同时辽阔的江面上巨大的风浪和潮汐的冲击，使沉积与侵蚀基本上平衡。因而，在很长的历史时期中，没有造成河口三角洲的发育。秦汉至三国时期，人们的活动地区从未越过冈身的范围；考古资料也反映，在冈身以东，至今还没有发现晋代以前的文物，表明这条开始形成于五六千年以前的冈身地带，一直维持到公元 3 世纪，没有发生重大的变化。历史早期，长江喇叭形河口的潮汐作用特别显著，在江口扬州附近出现涌潮现象。那时在圈山以上的扬州湾内，散布着"开沙"等沙洲，使江流分汊，北支在扬州城东形成曲江，湾道水浅，由东海汹涌而来的海潮，经开阔的海湾乍入曲江湾道隘处，又被水下的沙坎所激逼，形成汹涌澎湃的涌潮，即历史上有名的"广陵涛"。秦时扬州为广陵县治，于是"广陵观涛"成为两汉以来的盛事。直至唐朝大历年间（766 ~ 779 年），曲江淤塞，瓜洲并岸，涌潮始消失。

二、长江口南岸的变迁

据邹逸麟等（2013）、陈吉余（1957）研究，长江口南岸沙嘴，从 4 世纪起，开始向东推进。自东吴征服山越和晋室东渡以后，由于大量山地得到开发，森林植被遭到破坏，水土流失，加大了固体径流，泥沙逐渐在河口沉积。两晋时期，海岸已伸展至太仓东北 20 公里。东晋成帝时（326 ~ 342 年），吴国内史虞潭修筑沪渎垒，有东、西二城，东城在今上海市区西北的小沙渡东，已在古冈身东约 10 公里左右。近年地质工作者在古冈身外侧约 20 公里发现北起宝山县的盛桥、月浦、江湾，中经川沙县的北蔡，南至南汇县的周浦、下沙、航头一线，有一条与古冈身相平行的断续相连的沙带，并在北蔡西南一公里沙带内侧的严桥，发现唐代的遗址。说明公元 10 世纪以前的唐代，今上海市区除杨树浦东端和复兴岛那一小部分外，都已经成陆。宋代海岸又向东有了大幅度的增长。宋代以后的江岸，从里护塘向东伸展的幅度不大。这是因为 14 ~ 18 世纪，长江主泓在崇明岛以北的北支入海，长江口南岸因泥沙不足，外涨转趋缓慢。明万历十二年（1584 年）修筑的外捍海塘，在黄家湾以南至南汇以东，较里护塘略成弧形突出，在川沙东北伸展最大部分尚不足 5 公里。到清雍正十一年（1733 年），南汇知县钦连重修，因又名钦公塘。19 世纪末光绪年间，又在钦公塘外增筑外圩塘。今天沿海岸所筑的人民塘，大体上即在外圩塘的岸线上。历史时期长江口南岸沙嘴北缘外延，沙嘴前端的南汇嘴向东北移动，其直线距离为 47 公里，北缘增长总面积达 3630 平方公里。其中太仓、嘉定一带往东北至长江南岸的垂直距离最短，而伸展速度最慢，约每 60 ~ 100 年才涨出 1 公里；往东南至南汇的距离最远，而伸展速度最快，约每 20 年涨 1 公里。平均而言，海岸增长面积为每年 0.02 平方公里。然而这只是一个平均数，实际上长江口南岸的伸展，不仅在位置上不尽相同，在时间上也存在着时快时慢的脉动现象。正是由于这一在地区伸展速度上的差异，使长江口的流向大致是由西北往东南入海，一切沙带、贝壳沙带、江岸、江堤、海塘亦大致由西北往东南有规则的排列，因而顺势的同一条沙带、贝壳沙带、江岸等的成陆年代也大致相同。

三、长江口北岸及崇明岛的变迁

邹逸麟等（2013）、陈吉余（1957）等的研究也表明，长江北岸江口段及位于江口的崇明岛，在历史时期也经历了重大的变迁。这一变迁与长江主泓道的南北游动有着密切的关系。在通常情况下，主泓道所经的江岸及岛岸，一侧受江流和潮汐的影响较大，容易发生崩坍；另一侧由于水流较平稳，泥沙容易淤积，岸线向外延伸。历年来，长江的主泓道是不固定的，长江口岸段与崇明岛也就相应地发生着变化。根据历史记载，崇明岛最早出现于唐武德（618 ~ 626 年）年间，当时在江中有面积仅十几平方公里的东沙、西沙两个小沙洲。以后，随着泥沙的大量沉积，各沙洲逐渐相互连接，明末清初，已是"南北长百四十余里，其东西阔四十余里"，初步构成今日崇明岛的基本轮廓。18 世纪中叶以后，长江主流线重入南泓道，北面江岸沙洲大涨，不仅恢复了海门县，还淤出了启东地面。但1940 年后，崇明岛在潮流作用下向西北方向伸展，把江流逼向北岸，又引起启东、海门两县江岸的连续坍江。目前崇明岛仍在向海门、启东靠拢中，最窄处只有一公里半左右，江底堆积的沙洲也不断增高、已有部分露出水面，正表现出逐渐走向与北岸并岸的趋势。崇明岛的南岸，两百年来则处于不断的崩坍中。最初县城离南岸约20公里，到1949年仅剩下半公里了。新中国成立以来，由于修筑了200多公里的环岛大堤与1000多条丁字坝，才使南岸的崩坍基本上得到了控制。长江三角洲形成的历史过程是复杂的，它受着长江本身的径流、潮汐、风浪等自然条件的综合影响，建设因素与破坏因素交互作用，而人的因素，如海塘、江堤的建筑，则在一定程度上削弱了波浪的侵蚀作用，总的讲沉积量是大于侵蚀量的。但近代长江河槽基本上已趋向稳定，河口地区的淤涨并不太明显，可能正处于沉积与侵蚀平衡的阶段。长江入海悬浮泥沙扩散范围为近岸30~50公里的海区，但纵向南北界线随季节变化而有所不同，夏季在东南风作用下，向北可扩散到江苏吕四洋面，向南到浙江温州瓯江口附近；在冬季北风盛行时，长江泥沙顺岸南下，可达闽、浙二省交界处的敖江口和沙埕港之间，甚至可远达闽江河口，如此广大范围的扩散，很可能是长江三角洲本身向海推进速度日趋缓慢的主要原因。

四、黄浦江水系

据张修桂（1983）、满志敏（1999）、邹逸麟等（2013）等研究，现在的太湖湖底普遍分布有新石器时代遗物和古脊椎动物化石，说明五六千年前，太湖地区仍为湖陆相间的低洼平原。随着地质构造的逐渐推动，太湖周围不断下沉，而沿海地区泥沙的堆积，促使碟形洼地的发展，太湖得以形成。太湖的水源是荆溪和苕溪二水，古时太湖由今日之吴淞江和娄江（今日浏河）和东江作为其泄洪道入海，也就是所谓的著名的"三江"。太湖不断下沉，其跟大海之间的泥沙不断堆积变高，三江泄洪之路逐渐困难。三江逐渐淤塞，目前仅剩下吴淞江一条，这也导致原来青龙镇（上海松江区）的衰落和上海的崛起。历史时期的吴淞江是流量巨大的大江，远比现在的吴淞江要宽阔。上海港的崛起，特别是内贸时期的崛起，依靠黄浦江水系尤其是吴淞江。上海位于吴淞江的一条支流上海浦旁边，因此得名。黄浦江水系的本质作用是太湖的泄洪通道，兼顾航运。众所周知，太湖的碟形洼地导致了泄洪之困难，而感潮河段潮水的涌入、泥沙的堆积，导致了泄洪道是不可持续的。元代时期，三吴地区经常水灾，人们从浏河引太湖水入海，太仓成为了重要的贸易节点，甚至郑和下西洋的始发地也是浏河。明初，这种局面发生改变，本地官员对黄浦江的努力拓展和挖掘，使得黄浦江终于成为太湖最主要的泄洪道，也间接导致了上海港贸易条件的趋于良好。

五、杭州湾的自然地理变迁

据邹逸麟（2013）、张修桂（1983）等的研究，杭州湾与长江口一样，同是冰后期海浸之际形成的漏斗状海湾。但由于河口动力因素所起作用的不同，它在历史时期始终保持其漏斗状海湾形态，成为三角港式河口。杭州湾北岸就是长江三角洲的南缘，它与长江三角洲的形成过程有着密切的关系。在冰后期海浸高海面时，杭州湾口和长江三角洲原系一片浅海。钱塘江的水文特征以及潮汐的影响，使杭州湾在历史时期始终保持其喇叭状河口的形态。钱塘江流域处在东南沿海的季风区，气候温暖，雨量充沛，年降水量约达 2000 ~ 3000 毫米。钱塘江源流短，其流域面积只有黄河的 1/22，而年平均水量却相当于黄河的 5/6。可见其水量的丰富。钱塘江流域内多坚硬而覆盖很广的流纹岩。山区又多茂密的森林，低丘谷陵又坡度平缓，土壤的侵蚀较弱，因而河流含沙量小，在一般水位时期只有万分之一，枯水期则不到十万分之一。江水特别清澈，这跟黄河的最大含沙量 40% 相比，真有霄壤之别。含沙量小而径流量丰富的钱塘江，河口很少泥沙的淤积，再加上海潮的冲刷，使它不可能像长江那样发育成三角洲平原。

六、小结

据邹逸麟（1998，2003）等的研究，太湖流域生态变化大致从北宋开始。北宋以前太湖流域无大灾，原因有二：一是在唐代太湖流域人口还不密集，农业还没有充分开发，环境尚未受较大影响。二是割据太湖流域、宁绍地区 86 年的吴越政权对太湖地区水利建设作出了重要贡献。当时太湖地区全部水网化、格式化，形成了五里、七里一纵浦，七里、十里一横塘的塘浦坪田系统，太湖流域腹地有塘浦 264 条，排水蓄水有序，并有十分严格的管理制度。吴越时代是太湖流域水利搞得最好的时期，86 年内只发生过 4 次水灾，1 次旱灾，是历史上太湖流域灾害最少的年代。北宋以后，太湖流域水患明显加剧，其原因：一是水网系统被破坏，改太湖地区水利以农田灌溉为主为漕运为主，将堤岸堰闸都毁去，以便通漕；二是吴江石堤的修筑，阻碍了吴淞江水的下泄；三是人口增加导致大规模围湖造田；四是海平面上升，据研究，北宋以来海平面有所上升，这也是最主要的原因。明清时代太湖水利的重点仍在排泄洪涝，为了减轻太湖下游地区的洪水来源，在今江苏高淳县境肯溪上筑东坝，控制长江水进入太湖，同时疏浚太湖下游浏河、吴淞江，排泄洪涝。自明代以来，太湖上下游地区为水的蓄排问题，经常发生矛盾。近代以来太湖水利问题仍一直是苏浙两省间的一个棘手问题。长江三角洲地区在明清时代成为全国最富庶的地区，主要是由于经济作物的兴起和手工业的发展。宋代以前，长江三角洲地区以生产稻米为主，粮食生产在全国占有领先地位，到了北宋开始，长江三角洲已形成一年稻麦二熟制，成为全国的粮仓，故宋时有"苏湖熟，天下足"之誉。但到了明清时代长江三角洲地区却成了缺粮区，原因：其一是人口增加，耕地减少。宋时太湖流域约有人口 300 万，明代增加到 700 万，清嘉庆年间为 2000 万，明代人均耕地为 2.3 亩。清代嘉庆年间为 1.4 亩。由于耕地不足，苏、湖、常、嘉地区粮食生产下降。其二是棉花种植占了耕地，淞江、太仓十分之六七种植棉花，农民弃本业转向蚕桑、植棉生产，农村中蚕桑缫丝、植棉织布渐为农民生计产业。而全国粮食基地，转到了湖广地区，所以明代开始有"湖广熟，天下足"的谚语。其时长江三角洲成为全国最富庶地区是由于蚕桑、棉花的种植、加工与贸易，带动了商品经济的发展，从而出现了一批新兴的专业市镇，这些市镇经济的发达，有时超过府、县城，所谓"湖州整个城，不及南浔半个镇"。9 世纪末，吴江盛泽镇上人口已达 2 万，超过了吴江县城。而这些市镇贸易发达的基础是农村提供原料、商品和劳力，农村和市镇之间形成一种生产和贸易的连锁体。又主要依靠江南优越的水运网。从这些市镇分布的地理特征来看其无不在江河沿岸，借助于发达的水运交通网络。抗战前夕，长江三角洲地区内部货物交易主要依靠内河水运，分民船和小轮二种，民船无法统计，小轮有定期航线者，计有航线 161 条，216 个航班，里程 1300 公里，轮数 479 艘，是长江三角洲地区经济活动的动脉，对本区生机勃勃的经济起过重大作用。

第四节　长三角的自然灾害和环境问题

长江三角洲地区工业发达，人口密集，污染因素较多，又受到台风等外界影响，面临着很多自然灾害和环境问题。刘洋（2014）的研究指出，长三角目前有如下的几种灾害和环境问题：

一、大气污染

长江三角洲地区中的大部分城市空气质量状况良好。据刘洋（2014）研究，由各个城市的环境质量公报显示，上海、杭州、苏州等大城市的空气质量优良天数均在 330 天以上。主要的城市大气污染来自工业企业，其中上海、杭州、苏州三个城市的二氧化硫的含量较高，达 25 万吨、21 万吨和 19 万吨左右。长江三角洲地区受到酸雨影响较为严重，其中酸雨影响最为严重的宁波（2011 年）和舟山（2010 年）酸雨率达到 90%以上，嘉兴、绍兴和杭州超过 80%，苏州、南通也在 40%以上。

二、近海水环境污染

长江三角洲地区，尤其是河口海岸地区海域污染的主要问题是水质富营养化、有机物含量超标等问题。据江苏、上海、浙江三省市的海洋环境公报，江苏省近海岸水质环境较好，没有劣四类水，浙江省次之，劣四类水达到42.75%，上海海域水质最差，劣四类水达到61%。影响江苏近海域水环境质量的主要污染指标为无机氮和石油类，浙江省近岸海域水质受无机氨、活性磷酸盐超标的影响，海域水体呈中度富营养化状态，上海劣于第四类标准值的指标主要为无机氮和活性磷酸盐，主要分布在长江口和杭州湾北岸近岸海域。

从沿海各个城市来看，近岸海域中嘉兴近岸海域水质最差，为劣四类水质；舟山、宁波优于二类水质比例在34%～43%，杭州湾、象山港、乐清湾、三门湾等重要海湾全部为劣四类水质。嘉兴及杭州湾海域属严重富营养化，象山港海域属中富营养化，舟山、三门湾与乐清湾海域属重度富营养化，宁波海域属轻度富营养。江苏对部分海产品的生物质量抽样检测结果表明，沿海海产品达标情况不容乐观，达标率为42%，其中抽测的贝类样品均未达标，主要超标污染物为镉、铬、铅、砷等。上海市近岸海域缢蛏、牡蛎体内污染物残留量监测结果表明，所监测贝类均有超海洋生物质量第二类标准值的指标，主要为重金属。

三、淡水资源污染

长江三角洲地区主要河流污染严重，淮河、长江、黄浦江、苏州河、钱塘江、甬江等都流经区域内主要的大城市，水质都处于三、四类，主要污染物是总磷、氨氮、石油类等。入海河口是海陆联系的重要通道，同时也是污染最严重的地区。长江年入海化学需氧量约638万吨，营养盐（总氮和总磷）为203.6万吨，重金属2.0万吨。

2011年沿江沿海陆源入海排污口的抽样检测中，按照《国家海洋局陆源入海排污口及邻近海域生态环境评价指南》进行评价，结果显示，2个排污口为C级，8个排污口为D级，排放物中粪大肠菌群、悬浮物和总磷超标。2011年江苏省近岸海域，主要入海河流河口水质一、二、三类占45.2%，劣四类达到了19.4%，其中大量的城市直接排污口排入了大量的污染物，对河口区海域水质造成了严重的污染。

四、地面沉降

由于过量开发地下水和大量工程建设影响，长江三角洲地区城市发生了严重的地面沉降问题。根据有明确记载的历史统计资料显示，1921～2006年，上海市地面沉降面积已达1000平方公里，沉降中心最大沉降量达2.6米。1921～1956年上海市区地面沉降平均为0.96米，造成直接及间接经济损失约9.79亿元，中心城区经济损失较大。张维然等（2003）、张维然和王仁涛（2005）对上海地面沉降的经济损失估算，1921～2000年上海市中心城区经济地面沉降的直接经济损失为189.38亿元，考虑到市政基础设施、潮灾损失、洪水灾害损失等因素，共计经济损失高达2943.07亿元，平均年损失36.8亿元。在目前的防御条件之下，预估2001～2020年上海市区地面沉降灾害风险经济损失总额预计约为245.7亿元。

五、台风与风暴潮

长三角地区常年受台风的影响，由台风带来的强降水引发的洪水、泥石流、风暴潮以及近岸浪等次生灾害，给城市基础设施和海洋养殖业带来了严重的经济损失。

长三角地区是我国三大主要风暴潮脆弱区之一。陈文方等（2011）对长三角地区台风灾害风险评估认为该地区台风致灾因子强度从东南向西北呈现降低的趋势，靠近西北太平洋上台风发源地的宁波市、舟山市等县区受台风影响强度最大，上海每年都遭受台风袭击。根据《2011年中国海洋灾害公报》，全国发生的因海浪造成海水养殖受损几乎全部发生在浙江省，受损面积千公顷，两省市直接经济损失达到了41693亿元，占全国的94%。

第二章

长三角城市群的历史地理基础

中国的近代化起自东南沿海城市，尤其是上海。1843 年 11 月上海开埠，在短短十年间，上海超越广州成为中国最大的对外贸易中心。此后的八十余年内，长江三角洲地区约开与自开口岸增至 9 处，除上海之外还包括宁波、镇江、苏州、杭州、吴淞、江宁、浦口、无锡，而广义的长三角地区，则又容纳了包括芜湖、温州、海州等在内的口岸，区域贸易开放程度大为增强。近代通商口岸的开放，标志着长三角地区的发展迈向了以上海为龙头，口岸贸易为动力，以近代铁路、内河航运与近代公路为纽带拉动区域发展的新时代。

近代长三角的一体化是基于以下几方面变动所作出的判断：交通的发展、人口迁移、商品与资本的流动、区际中心的转变。本章的论述将着重从上述几方面展开。

第一节 交 通

长江三角洲地区水网密布河浜纵横，交通往来有舟楫之便，素有水乡之称，明清时期区域内交通以内河航运为主，主要水系为南北向的大运河与东西向的长江航道，而支线则包括太湖水系内吴淞江、黄浦江、蒲汇塘等等，以及南部的钱塘江。主航道及支线航道之下，更有为数众多的小河、小浜、小泾，有些为自然形成，有些是人工挖掘的灌溉渠道，这些河道共同构成了区域内及与全国水系相连的交通运输网络，并连缀起地区内一系列城市。苏州无疑是这一地区的中心，而位于太湖流域下游的上海则发挥着苏州外港的作用。此外，位于太仓州界内的浏河港及平湖县境内的乍浦港也曾一度兴盛，后来随着港口水文条件的变化，浏河及乍浦都衰落下来，而上海港的重要性在开埠之前已经愈加凸显。

明清航运业依靠木质的人力或风力驱动的航船,外国商船涌入后,很快对此造成了威胁,并导致了传统航运业的衰落。机械动力轮船的优势在于航行不受季节与风向的影响,同时更加节省人力,其运输效率远远高于传统的木船。第二次鸦片战争后,长江航道开放,1861 年中英《长江各口通商章程》的签订,外商轮船得以驶入长江,迫使原有的木船或是向支流支线寻找生存空间或是只得停航另寻出路(聂宝璋,1983)。

近代长三角繁荣的内河航运网络以上海为中心。仅就 1912 年江苏省登记在册的内河航运公司而言,52 条航线中 47 条以上海为起点,运营船只 79 艘,主要覆盖长三角地区的各大小城市,包括苏州、杭州、南京、无锡、常州、湖州、镇江等(郭孝义,1990)。浙江的内河小轮运输起步晚于江苏,20 世纪 20 年代以后,江浙二省内河航运逐渐形成了以上海为中心,以苏州、杭州、常熟、无锡、宁波、南通、镇江、扬州、南京等城市为节点的江河海运网络。

近代长江三角洲地区的铁路建设经历了几十年的酝酿与曲折。早在 1859 年,曾有美商洋行提出在苏州与上海之间修建铁路的计划。此后,苏沪间修筑铁路的计划不断涌现。终于至 1872 年,由上海至吴淞的吴淞铁路开始准备修筑并于 1876 年通车,这条铁路在最初的计划中是作为由上海经吴淞、嘉定、昆山直至苏州线路的一部分,由英商所建的这条吴淞铁路此后遭到了清朝官方的强烈不满,并在 1877 年被拆毁。甲午战争的惨败引发了"实业救国"的呼声,自主建造铁路成为了实业家们的救国之道。1898 年上海至吴淞的淞沪铁路通车,1908 年英商建造的沪宁铁路通车,1909 年沪杭铁路通车,1916 年沪宁与沪杭两条线路接通,大大方便了沪、宁、杭三地沿线的交通。1914 年民国政府收回杭甬铁路路权,沪杭铁路更名为沪杭甬铁路。

沪宁铁路与沪杭甬铁路建成并接通后,长三角地区形成了以上海为中心,以两条铁路为轴线的铁路交通格局,这种格局的形成更强化了上海作为区域中心的角色。沪宁铁路从上海经苏州、无锡、常州、丹阳至南京,行程 310 公里,运行时间 5 小时 37 分,通车当年即运载旅客 325 万人次,1910 年增长至 425 万人,1920 年增长至 820 万人次,货运量增长也很明显,仅煤炭一项 1915~1920 年即增加了 160%,当年全部货运总量达到 140 万吨;沪杭甬铁路则从上海经松江、嘉兴到达杭州,其客运量自 1915 年的 338 万人增长至 1920 年的 351 万人,同时货运量也稳步增长,从 1915 年的 48.2 万吨增长至 1920 年的 58.7 万吨(徐雪筠等,1985)。

本区域长距离公路运输的开展晚于铁路的修筑。上海的公路修筑起于租界内的道路,至 20 世纪初汽车引进中国,上海的道路逐渐拓宽并改铺路面,以往石板路的形态演变为易于通车的碎石路面。上海的公路运输则从 20 世纪 10 年代开始,1919 年通车的军工路是上海近代第一条近郊公路,随着沪闵公路、上南公路的建成，以及汽车公司的兴办，上海与周边县份的公路交通得以便利。1922
年通车的沪太路联通了上海与浏河，大大缩短了两地的交通时间，以往需要行走
一整天的路途乘坐汽车只需一个半小时就可到达。稍晚于上海，江浙两省城市
内与长途公路的修筑渐次展开。以宁波为例，至 20 世纪 10 年代，口岸以外的
广大地区仍没有现代化的公路，主要道路由石板铺成，车辆无法通行，陆上运
输需依靠人畜力完成；1922～1931 年间，浙江省主要建成的长途公路包括：
杭州至余杭、杭州至富阳、杭州至塘栖、杭州至长兴、杭州至平湖、杭州至海
宁、杭州至南京、余杭至临安、余杭至武康、萧山至绍兴、绍兴至嵊县、宁波
至奉化等共 12 条；1922 年成立浙江省公路局，1926 年又成立浙江省建设厅，
对公路建设的筹资、修筑等工作都起到良好的推动作用（陈梅龙和景消波，
2003）。1928 年江苏省建设厅制定了全省的县道规划网络，至 1936 年修筑全
省县道 76 条，总长 1152.31 公里（刘荫棠，1989）。长江三角洲地区汽车互通
得益于 1932 年成立的"苏、浙、皖三省道路专门委员会"，其掌管三省道路干
线的拟定、审核、实施与指导等工作，在其指导下，沪杭路、京杭路、京芜
路、宣长路、苏嘉路等先后建成通车，为省际间的汽车运输行业提供了先决条
件。在此基础上，国民政府进而通过宁、沪、苏、浙、皖五省市汽车互通以及
七省、十一省的合作机制修建联络公路，长江三角洲地区内及区域间公路联络
大为增强。①

第二节　要素与商品的流动

一、人口

　　以上海为首的长三角城市群的形成是以充沛的劳动力供给为基础。明清江南
（即狭义的长江三角洲地区）是全国人口密度最高的地区之一。如表 2-1、表 2-2
所示，1776 年人口 2500.5 万，占内地十八省人口的 8.2%，而面积只占 1.2%。
至太平天国战争爆发之前，这一地区人口均保持在十八省总人口 8% 的水平之
上。其中苏州府 1851 年的人口密度甚至达到 967.6 人/平方公里，是全国人口最
密集的地区。苏浙皖三省人口密度也数倍于全国平均水平。

---

① 《全国各地公路交通史（建国前部分）初稿选编》，《公路交通编史研究增刊》，1984 年。

表 2-1 1776～1953 年江南与各省人口 单位：万人

地区		1776 年	1820 年	1851 年	1880 年	1910 年	1953 年
江南	苏州府	511.1	590.8	654.3	236.7	252.8	313.2
	松江府	227.7	263.2	291.5	255.2	240.5	202.7
	太仓州	142.3	177.2	197.1	137.5	124.3	119.4
	镇江府	177.0	219.5	248.4	72.9	142.3	187.9
	江宁府	394.1	525.2	622.5	165.9	204.5	304.5
	常州府	311.5	389.6	440.9	149.1	231.8	442.3
	杭州府	268.2	319.7	361.8	85.3	120.0	212.8
	嘉兴府	253.3	280.5	309.0	113.6	122.9	155.0
	湖州府	215.3	256.8	290.7	76.7	113.0	139.2
	合计	2500.5	3022.5	3416.2	1292.9	1552.1	2077.0
各省	江苏	3243.6	3943.5	4471.9	2949.1	3235.5	4749.7
	浙江	2236.5	2733.5	3027.6	1602.9	1849.0	2282.5
	安徽	2585.7	3206.8	3738.6	2139.2	2519.7	3058.8
	江西	1878.3	2234.6	2428.6	1331.6	1496.1	1661.4
	湖南	1525.2	1898.1	2180.4	2251.2	2632.0	3322.6
	湖北	1617.3	1948.2	2218.7	1896.6	2207.7	2745.3
	福建	1377.9	1654.5	1840.7	1416.7	1547.1	2073.5
	广东	1844.5	2140.5	2385.9	2644.7	2946.1	3447.0
	广西	766.2	946.1	1096.2	1259.2	1453.5	1788.4
	云南	788.4	1030.0	1267.5	1164.5	1346.8	1762.8
	贵州	567.2	747.8	879.4	1025.4	1204.7	1523.7
	四川	1681.1	2356.5	2946.5	3646.1	4563.3	6510.8
	直隶	1779.9	2308.2	2705.5	3158.7	3732.8	4813.6
	河南	2315.0	2749.7	3077.1	2621.8	3108.7	4324.0
	山东	2790.2	3232.6	3588.5	3897.8	4388.1	4926.6
	山西	1226.2	1433.9	1583.8	882.7	1186.7	1621.4
	陕西	796.5	1216.4	1326.9	707.5	954.5	1583.4
	甘肃	1579.9	1760.5	1899.0	495.5	716.1	1411.0
	合计	30599.6	37541.4	42663.3	35091.2	41088.4	53606.5

资料来源：曹树基：《中国人口史》第五卷清时期，复旦大学出版社 2001 年版，第 691～701 页。

表 2-2   1776~1953 年江南与各省人口密度

地区		面积 （平方公里）	人口密度（人／平方公里）					
			1776 年	1820 年	1851 年	1880 年	1910 年	1953 年
江南	苏州府	6762	755.8	873.7	967.6	350.0	373.9	463.2
	松江府	4157	547.8	633.1	701.2	613.9	578.5	487.6
	太仓州	2317	614.2	764.8	850.7	593.4	536.5	515.3
	镇江府	4619	383.2	475.2	537.8	157.8	308.1	406.8
	江宁府	7781	506.5	675.0	800.0	213.2	262.8	391.3
	常州府	7328	425.1	531.7	601.7	203.5	316.3	603.6
	杭州府	7318	366.5	436.9	494.4	116.6	164.0	290.8
	嘉兴府	3209	733.3	874.1	962.9	354.0	383.0	483.0
	湖州府	6194	347.6	414.6	469.3	123.8	182.4	224.7
	合计	49685	520.0	631.0	709.5	302.9	345.1	429.6
各省	江苏	102907	315.2	383.2	434.6	286.6	314.4	461.6
	浙江	100474	222.6	272.1	301.3	159.5	184.0	227.2
	安徽	143475	180.2	223.5	260.4	149.1	175.6	213.2
	江西	165365	113.6	135.1	146.9	80.5	90.5	100.5
	湖南	210104	72.6	90.3	103.8	107.1	125.3	158.1
	湖北	183459	88.2	106.2	120.9	103.4	120.3	149.6
	福建	159016	86.7	104.0	115.8	89.1	97.3	130.4
	广东	225177	81.9	95.1	106.0	117.4	130.8	153.1
	广西	220950	34.7	42.8	49.6	57.0	65.8	80.9
	云南	410124	19.2	25.1	30.9	28.4	32.8	43.0
	贵州	177083	32.0	42.2	49.7	57.9	68.0	86.0
	四川	611504	27.5	38.5	48.2	57.4	74.6	106.5
	直隶	351176	50.7	65.7	77.0	89.9	106.2	137.1
	河南	167761	138.0	163.9	183.4	156.3	185.3	257.7
	山东	151547	184.1	213.3	234.8	257.2	289.6	325.1
	山西	196975	62.3	72.8	80.4	44.8	60.2	82.3
	陕西	188089	42.3	64.5	70.5	37.6	50.7	84.2
	甘肃	530294	29.8	33.2	35.8	9.3	13.5	26.6
	合计	4295480	99.0	120.6	136.1	104.9	121.4	156.8

资料来源：曹树基：《中国人口史》第五卷清时期，复旦大学出版社 2001 年版，第 708~718 页。

受到战争的影响，如表 2 - 3 所示，从 1851 年至 1865 年，江南地区以及苏浙皖三省乃至于全国其他一些省份的人口出现了大幅度减少，其中江南八府一州人口甚至减少 64.8%。至 1880 年，除松江府与太仓州之外，其余六个府的人口仍无法恢复到战前人口的 40%。

表 2 - 3　　　　　　　　太平天国战争中江南与苏浙皖三省的人口损失

地区	战争死亡人口（万人）	死亡人口占战前人口的比例（%）
江南八府一州	2214	64.8
江苏省	1679	37.5
浙江省	1630	53.8
安徽省	1700	45.5

资料来源：曹树基：《中国人口史》第五卷清时期，复旦大学出版社 2001 年版，第 467、489、553 页。

延续十数年的太平天国战争使长三角一些地区人口锐减，而上海由于租界的庇护吸纳了周边地区的大量移民，出现了近代以来第一次人口激增。1853 ~ 1855 年间，上海爆发了小刀会起义，起义军占据上海县城 17 个月，交战双方数次放火焚烧，清军破城三日内就屠杀 400 人。[1] 在这场战事中，大量人口逃亡租界，1853 年起义爆发前居住在租界的华人仅 500 人，次年就增至 2 万以上。太平天国战争时期，太平军两次向上海进发，周边大量人口涌入租界，至 1865 年公共租界人口增至 9 万，法租界人口增加 4 万，上海租界人口共增加 11 万余人。更有记录显示，在 1860 年太平军第一次攻打上海时，租界华人一度达到 30 万，1862 年第二次进攻上海时，上海租界华人甚至达到 50 万。[2]

此后上海人口的几次突然增加也源于战争。根据邹依仁（1980）的研究，鸦片战争爆发前，上海全县人口约 50 万。1852 ~ 1866 年，上海人口从 54 万增长至近 70 万。日本侵华战争时期，上海租界人口增加了 78 万，长三角地区的难民纷纷涌向租界，而上海华界人口则至少减少 67 万以上。抗战时期，上海虽然遭到严重摧毁，但人口仍旧从 1936 年的 380 余万增至 1942 年的 390 余万。国共内战时期，移民的涌入比之前两次更甚，整个上海地区人口从 1945 年的 337 万余增加至 1949 年初的 545 万余，净增 208 万余。

上海人口在近百年间增长 9 倍，从 1852 年的 54 万增长至 1949 年初的 545 万，其原因除了战争带来的移民之外，经济发展造成的虹吸效应也起到了很大的

---

[1]　中国科学院上海历史研究所筹备委员会编：《上海小刀会起义史料汇编》，上海人民出版社 1958 年版，125 页。

[2]　《上海研究资料正集》（上海通社编），引自沈云龙主编：《近代中国史料丛刊三编》第四十二辑，（台北）文海出版社 1988 年版，第 138 页。

作用。开埠之后，来自广东与浙江的商人群体例如买办、通事等在上海出现，他们利用以往丰富的商业经验担任翻译、中间人、代理人的角色，通过同乡、亲缘等关系来到上海。随着贸易的繁荣，服务于洋商及买办的仆役、车夫以及码头货栈的运输工人群体也不断壮大，长三角地区的许多失业农民、船夫、手工业者以及难民投入了这些行业。贸易的繁荣激发了上海的近代工业，这对于人口增长的作用十分明显，至 1894 年，上海已有产业工人 36220 人，占全国产业工人总数的 47%，甲午战争后外商得以在口岸建设工厂，故至 20 世纪初，产业工人数增长至 40000 余人，至 1950 年初，从事工业的人口达到了近 45 万人，其中近 1.2 万人为企业主。

近代上海城市人口的迅速增长是大量移民涌入的结果，移民来自全国各地，但最主要来自江浙皖三省。如表 2-4 所示，以上海华界为例，1930～1936 年间，上海本籍人口仅占华界总人口的 1/4，而非本籍人口则占 3/4 左右，其中距离上海越近的省份，迁入人口越多，江苏籍移民占华界总人口的 40% 左右，其次为浙江籍，占比约 20%，再次为安徽籍移民，占比在 3%～4% 左右，来自上述三省的移民人口占华界人口的一半以上。此外，广东移民也是近代上海人口的重要一部分，尤其在租界中的广东移民多于安徽移民，而在华界则反之。

表 2-4　　　　　　1930～1936 年上海华界江浙皖籍人口占比

年份	上海		江苏		浙江		安徽		华界总人口
	人数	占比 (%)	人数	占比 (%)	人数	占比 (%)	人数	占比 (%)	人数
1930	436337	25.8	669253	39.5	342032	20.2	60013	3.5	1692335
1931	455662	25.0	725470	39.8	367270	20.1	64882	3.6	1823989
1932	430875	27.4	619298	39.4	283625	18.1	65324	4.2	1571089
1933	473636	25.8	725510	39.5	341568	18.6	79852	4.3	1836629
1934	488631	25.5	751531	39.3	358364	18.7	86510	4.5	1914694
1935	513704	25.3	797843	39.3	384622	18.9	91726	4.5	2032399
1936	513810	23.9	868903	40.5	412583	19.2	94576	4.4	2145347

资料来源：邹依仁：《旧上海人口变迁的研究》，上海人民出版社 1980 年版，第 114～115 页。

人口的迁移在上海崛起的过程中扮演至关重要的作用。依靠本地人口的自然增长远远无法为上海经济的腾飞提供充足的劳动力，来自四面八方的移民汇聚上海，不仅为之提供了人才，还提供了商品、资金、技术，中国近代工业发端于上海即很大程度上受惠于此。

二、资 本

明清长江三角洲地区商品经济的发达带来了商业资本的繁荣，典当业与钱庄成为金融市场的主体。开办典当铺需要相当强的经济实力，其架本银从几千两到数万数十万两不等，典当与当地民生息息相关，农民、手工业者或商贩通过典押生产生活物资以缓解燃眉之急，其利息远低于高利贷，主要分布在长三角的丝、棉产区，这里商业资本充裕，而丝、棉与粮食季节性价差大，而典赎周期较短，故对于典当铺的需求很大，分布广泛。乾隆元年，苏州府所辖九县共有典当铺489家。① 由于长江三角洲地区贸易繁荣，银钱兑换需求旺盛，故出现了专事兑换的钱庄，清中期钱庄又开始从事借贷和存放款业务。据估计，乾隆中期苏州的钱庄可能多达150～200家（范金民，1998）。清代，江南商人结算开始使用会票，主要在苏州与北京、山西等的远距离交易中利用较多，早期会票业务由钱庄经营，道光年间出现专营汇兑的票号，这也是长三角地区金融市场繁荣的表现。

近代以来，贸易繁荣使得城市间资金往来更加频繁，票号、钱庄均经历了兴衰。上海开埠后，苏州的票号开始向上海转移，至1872年，山西票号在上海设立分号的有22家，并成立同业公会组织"山西汇业公所"，1882年票号增至25家，上海成为票号汇聚之地（黄鉴晖，2002）。19世纪70年代，上海钱庄也达到发展的顶峰，资本量较之前大为增强，此外长三角各大城市甚至市镇也有钱庄分布。进入20世纪后，由于银行业的兴起、战争与金融危机等因素，票号与钱庄相继衰落。

近代银行业以上海为中心，江浙两省是银行业最发达的地区。1846年英国丽如银行登陆上海是长三角地区近代银行业的开端，此后外资银行纷纷进入上海及国内各大口岸，至1936年，在华外商银行共27家，其中5家总行位于上海，22家设分行于上海。甲午战争后，民族资本的发展和收回利权运动的高涨以及政府兴办大型企业的需求都呼唤着华资银行的出现，1897年洋务派官员盛宣怀在上海创设中国通商银行，是中国人兴办的第一家华资银行。民族资本的繁荣更促进了民间资本发展新式金融行业，如表2-5所示，至1936年全国164家华商银行中，江浙两省共90家，占全国的54.9%，江浙皖三省银行分支总数占全国的41.4%，长三角地区各大城市几乎均设立有本地银行总行，中央、中国、交通及中国农民等四大国有银行总行均位于上海，在全国共开设了491家分行，其

---

① （乾隆）《苏州府志》卷一一，田赋四。

资产总额共 4.3 亿元，占全国银行资产总额的 58.9%。[①]

表 2 - 5　　　1936 年江浙皖三省及重要城市华商银行总行、分支行地别统计　　　单位：家

地点	总行数	分行数	共计
江苏省	**66**	**421**	**487**
上海	53	128	181
苏州	1	29	30
南京	2	56	58
常州	1	12	14
浙江省	**24**	**151**	**175**
杭州	6	21	27
绍兴	2	10	12
宁波	2	16	18
温州	3	4	7
安徽省	**1**	**79**	**80**
蚌埠	0	12	12
芜湖	1	7	8
三省合计	**91**	**651**	**742**
全国	**164**	**1627**	**1791**

资料来源：中国银行经济研究室编：《全国银行年鉴》(1937) 第十九章，汉文正楷印书局 1937 年版，第 33～43 页。

长三角地区近代工业也发端于上海开埠后。贸易的繁荣带动了外资兴办的船舶修造、产品加工行业的出现，二者成为开埠早期兴起的两大工业门类。至 1894 年，上海的外资工业企业共 45 家，总资本额约为 975.2 万元，大部分由英国资本投资开设，其中包括祥生、耶松等在内的 9 家船舶修造企业占上海工业总资本的 33.2%，其次为纺织加工、印刷、公用事业、制药、食品卷烟等。《马关条约》签订后，外国工业资本大量涌入，至 1911 年，棉纺、缫丝、面粉、卷烟、火柴、制药、机器及电力等 8 个行业的外资产值已达到 3543.9 万元，较 1895 年增加十倍以上。至 1936 年，上海的外国工业资本总额达到 4 亿元。洋务运动时期，官方在上海兴办了江南制造局、机器织布局等企业，此时上海的民族资本工

---

① 中国银行经济研究室编：《全国银行年鉴》(1937) 第十九章，汉文正楷印书局 1937 年版，第 60～65 页。

业仅有几家小型的工厂，至 1894，上海的民族资本工厂已达到 36 家，主要也从事船舶与机器修造、缫丝、印刷等行业，其中 31 家企业投资总额约 605.7 万元，绝大多数资本集中于缫丝业与棉纺织业（徐新吾和黄汉民，1998）。上海得天独厚的区位优势与贸易地位吸引了来自江浙两省甚至全国的民族资本，第一次世界大战期间，出现了民族资本工业的"黄金时期"，面粉、缫丝、棉纺织工业继续发展，形成了若干民族资本企业集团，包括荣氏企业集团、刘鸿生企业集团、南洋烟草公司等知名企业。表 2 - 6 显示了 1895 ~ 1947 年上海近代工业的估计产值。

表 2 - 6 　　　　　　　　1895 ~ 1947 年上海近代工业产值估计 　　　　　　单位：万元

行业	1895 年	1911 年	1925 年	1936 年	1947 年
棉纺织业	1711.5	4864.2	24520.7	45321.7	38563.2
缫丝业	313.9	1443.8	1727.6	1270.3	56.2
毛织业		35.0	38.9	2525.8	2430.2
面粉业		1530.0	7744.3	6891.7	2781.6
卷烟业	85.2	537.6	4871.2	10525.9	18900.8
造纸业	19.9	99.6	265.1	821.0	1540.7
火柴业	60.2	90.4	476.8	526.1	713.6
制药业		39.0	273.6	1001.6	2050.0
机器与船舶修造业	100.0	344.8	1314.0	2051.2	2051.2
电业	6.7	99.9	1469.9	4086.7	4154.6
其他行业	566.0	2894.9	16201.0	43203.5	41903.7
总计	2863.4	11979.2	58903.1	118225.5	115145.8

资料来源：徐新吾、黄汉民主编：《上海近代工业史》，上海社会科学院出版社 1998 年版，第 339 ~ 342 页。

　　长三角其他地区的近代工业最早也发端于洋务运动时期，安庆内军械所、苏州洋炮局、金陵制造局、杭州机器局等成为这些地区最早的近代工业。1890 年代以后，长三角各地民族资本工业开始兴起。江苏省的近代工业主要集中在苏州、无锡、常州、镇江、南京、南通等地，以缫丝、棉纺织、面粉、机器制造等工业为主。浙江省近代工业以杭州、宁波为主，安徽省则有芜湖、安庆。以 1933 年为例，大机器工业主要集中在长江沿岸以及沪宁铁路与沪杭甬铁路周边，包括上海、无锡、南通、南京、杭州等五个地区的工业资本占江浙两省工业资本总额的 85.61%（方书生，2011）。

三、商品

明清长江三角洲地区的商品流通以苏州、杭州为中心，并通过内河航路集散与转运。地区向外输送棉织品与丝织品，同时接纳外部输送而来的粮食等农产品。明清市镇的大量出现是这一地区商品经济发达的表现，商品流通的渠道表现为从商品生产者或消费者到中小型市镇所构成的初级市场，专业性或综合性市镇所构成的中级市场，例如以丝织业交易闻名的吴江县震泽镇、乌程县南浔镇，以绸业交易闻名的吴江县盛泽镇，以棉花交易闻名的嘉定县新泾镇，以棉布交易闻名的金山县治朱泾镇、宝山县罗店镇等。高级市场则是苏州、杭州等商业中心，例如苏州是最大的棉布交易集散地，产自苏州府与松江府的棉布到达苏州后，经过踹染等加工后，通过运河销往各地。

五口通商后，上海的贸易地位迅速提升。全国对外贸易中心逐步从广州移到上海。以 1844~1849 年中英贸易为例，上海一口的进出口货值从 99 万英镑提升至 241 万英镑，占中英贸易总货值的 35.8%（丁日初，1994）。至 1862 年，上海进出口贸易货值总额几乎达到了开埠前 30 倍。据研究，1864~1904 年间，上海的对外贸易总值大概维持在全国的一半左右，其中进口洋货的一半左右由上海转运国内各埠，而每年从上海转运全国各埠的出口土货也在全国出口货值中位于首位。[①] 从流通领域来讲，上海开埠使长江三角洲所产丝与茶的出口从广州转到上海从而极度加强了上海与长江三角洲地区的经济联系，上海在茶叶、生丝与丝织品贸易中的地位从原来的初级市场提升到高级市场，而传统的贸易中心苏州、杭州则不得不让位于上海，成为上海的商品集散地。

长三角地区各口岸形成了以上海为中心通过各埠转运内地的贸易网络。通过长江轮运航道，上海维持了与长三角地区乃至长江流域的经济联系，此外上海通过海运将中国南北方市场也纳入腹地之中。其中长三角地区是与上海经济联系最密集的地区，以 1936 年长三角各埠为例，如表 2-7 所示，向上海输出货值占该地输出总货值一半以上的有南京、杭州、宁波、温州，而由上海输入货物占该地输入货物 4/5 以上的包括芜湖、苏州、杭州、宁波、温州，至少在抗战爆发前，上海与长三角地区的经济联系空前紧密，这些地区的直接对外贸易货值并不大，国内外贸易基本依靠上海的转运，处于所谓上海埠际贸易的核心圈之内（熊月之，1999）。从货物种类来看，上海主要吸纳来自全国的农矿产品及初级加工品以供应本地的工业生产及出口贸易，包括棉花、小麦、烟叶等，而上海输出的商品除初级品外还主要包括机制加工品及进口产品，包括棉纱、机制面粉、针织

---

① 复旦大学历史地理研究中心主编：《港口——腹地和中国现代化进程》，齐鲁书社 2005 年版，第 112~113 页。

品、火柴、卷烟、肥皂等等。从海关数据来看，晚清民国长三角地区口岸间货物流量持续增长，其商品流通的格局虽然变化不大，但口岸间的网络化趋势加强，地区一体化程度加强，上海的贸易中心地位也得到加强。

表 2 - 7　　　1936 年长三角地区各埠向上海输出输入货值占该地输出
输入总货值比重　　　　　　　　单位：%

口岸	芜湖	南京	镇江	苏州	杭州	宁波	温州
输出上海货值占比	23.2	53.3	44.5	10.0	92.3	93.1	60.0
由上海输入货值占比	85.5	59.5	30.1	97.0	99.8	84.9	89.7

资料来源：郑友揆、韩启桐：《中国埠际贸易统计（1936～1940）》，中国科学院社会研究所丛刊第一种，1951 年，第 14～15、24～25 页。

开埠对城市商业的改变最为直观。开埠前后上海市场所售卖的零售商品主要是周边地区的农副产品与手工业品，还有从福建、广东转运而来的少量杂货与洋货。开埠后除了服务于外国移民的西式零售商店的出现之外，洋商依靠价格优势、赊销等方式利用土布的销售网络售卖洋布，并形成了专售洋布的新兴行业。内外贸易的迅速发展以及移民数量的增长又使得市场中出现了与传统杂货店不同的广货店与京货店等。民国上海城市商业进一步繁荣，消费人群愈加丰富，商品种类明显增加，19 世纪 20～30 年代上海的洋货品种较之民国初年增加了一倍，除了棉纺织品、日用品外还包括电器、汽车、娱乐品及奢侈品等。伴随着民族工业的兴起，国货的市场占有率也得到提高，其中国货产品替代洋货产品的品类有搪瓷、面粉、火柴、肥皂等，而卷烟、棉布、水泥等商品的市场占有率也得到提高。同时，商业行业类别增加，出现了一些新兴商业服务行业，以 1936 年为例，市区商业类别 55 种，店铺近 3.7 万家。[①] 繁荣的城市商业与激烈的竞争催生了大型百货公司，其中尤以先施、永安、新新、大新四大百货公司最为知名，这些百货公司以货不二价、罗萃环球商品为主打，建筑宏伟并附有剧院酒楼等，并经常推出花样繁多的营销与宣传活动，与今天城市中所见的大型商场已非常接近。

第三节　区际中心

近代上海崛起成为中国最大的通商口岸及经济中心的过程也是区域内经济中心从苏州转向上海的过程。明清上海只是松江府下属的一个县，清代由于苏松太

---

① 《时事新报》（上海），引自 1936 年 8 月 28 日。

兵备道设在上海，道县同城，上海政治地位有所提升，但区域内的经济中心首推苏州，其后为杭州，两地均位于京杭大运河航道之上，对于中央政府视为生命供给的漕运体系来说最为重要，所谓"东南财赋，姑苏最重"。[①] 明清苏州是东南第一都会，也是中国最大的商业都市，"四方万里，海外异域珍奇怪伟，希世难得之宝，罔不毕集，诚宇宙间一大都会也。"[②] 其背靠商品经济发达的长江三角洲地区，丝、棉等经济作物种植面积日益提高，而全国最重要的粮食产区已经从以往的长江三角洲地区转移至湖北、湖南两省，即所谓从"苏湖熟、天下足"转变为"湖广熟，天下足"的粮食生产格局。通过地区间的分工，由长江三角洲地区所生产的手工业品通过运河及长江输向全国，而这一地区的粮食供给则来自长江两岸各米市。明清苏州的商业腹地除了行政范围所辖地区外，更包含长江三角洲，以及施坚雅所谓"长江下游经济巨区"。

上海的航运地位因开埠通商而得到全面的扭转。以往上海在内河航运中扮演苏州外港的角色，其航路与南北向大运河及东西向长江航道是一种间接关系。以往出入上海的内河航船并非出吴淞口进入长江主航道，而是部分由肇嘉浜向西经蒲汇塘至松江府，至此向南至浙西，向北至苏、常、镇、扬，另一部分则经吴淞江上溯至苏州等地。[③] 出入上海的远洋航船仅到达日本与东南亚国家，上海在对外贸易中的地位远不能与广州相比。上海开埠后，洋商经营的轮船经吴淞口驶入黄浦江，并纷纷开设远洋航线，包括上海至香港、印度、伦敦、利物浦、马赛、巴黎、不莱梅、汉堡等的线路，欧亚远洋航线的终点从广州北移至上海，真正将全球航运与长江内河航运连缀起来，而上海则成为当仁不让的枢纽。

在贸易的驱动下，上海的近代工业得以蓬勃发展起来，而苏州则面临着传统工业的瓦解与近代工业艰难发展的困境。清代苏州的支柱产业为棉织品加工业、丝织业与丝织品加工业，并形成了发达的商品市场与专门化的劳动力市场及蓬勃兴盛的借贷业。此外，苏州的主要工业部门还包括成衣加工、碾米、酿酒、榨油、印刷、草编、砖瓦、铁器、珠宝等。内向化的经济及漕粮转运的帝国需求限制了苏州的发展空间，而市场从苏州转移至上海后，对外贸易的繁荣激活了地区经济，苏州客商纷纷迁往上海。从贸易角度来看，洋行、钱庄与银行互相作用，成就了上海的商业与金融，而依靠贸易发家的买办与银行家们得以有能力开始兴办上海的近代民族工业。

战争带来的人口损失沉重地打击了苏州的劳动力市场。太平天国运动时期，上海由于其独特的优势幸免于战火并接纳了大量的移民，而苏州则遭到了严重的蹂躏。从 1853 年太平军攻下南京到 1864 年天京陷落，苏南地区是交战双方争夺

① （清）沈寓：《治苏》，引自（清）贺长龄：《皇朝经世文编》卷二十三，第 14 页。
② （乾隆）《吴县志》卷二三·物产。
③ 《上海县志》，上海人民出版社 1993 年版，第 1222 页。

的焦点，1860 年太平军攻打至苏州时，清军大肆放火烧毁城外街区。连天的战火使得居民纷纷向东涌向有租界保护的上海，据估计，战争期间苏州府人口损失达到了 425 万。而直到 19 世纪 70 年代，苏州地区仍是"田畴尤未尽开垦，颓垣废址触目皆是"的状态。①

明代上海曾被称为"小苏州"，清代上海由于与日本及东南亚贸易的交往得到了"小广东"的称号。上海的开埠使得苏州繁荣的商品交易市场转移到上海，大宗货物纷纷通过上海转运海内外，短短十几年间，长江三角洲区域经济中心由苏州转向上海，"今则轮船迅驶，北自京畿、南达海徽者又不在苏而在沪矣。固时势为之，有不得不然者乎"。② 上海从"小苏州""小广东"变成了"大上海"，而长三角地区的嘉兴、无锡、宁波等则纷纷称自己为"小上海"。虽然苏州、杭州、南京等城市此后纷纷开埠通商，已然无法改变上海的经济中心地位。从"小苏州"到"大上海"的转变正体现了近代长三角地区经济中心的转移。

第四节　长三角概念的泛化

长江三角洲这个概念如今被学界、政府、社会广泛使用。但是长三角概念的所指示的地域范围难以界定，往往有多个版本。地理学意义下的长江三角洲以江苏仪征为顶点，向东沿扬州、泰州、海安、栟茶一线为北界，向东南沿大茅山、天目山东麓至杭州湾北岸一线为西南界与南界的冲积平原，面积 4 万平方公里。规划学意义下的广义的长三角则超出上述地域范围并在不断变动中，2010 年《长江三角洲地区区域规划》中，长江三角洲指上海、江苏、浙江两省一市，面积达 21.07 万平方公里。鉴于此，学术界讨论长三角问题时，往往需要为长三角加诸定语，特别说明其地域范围。而本书在讨论长三角城市群之前也有必要对长江三角洲概念进行一番梳理。

"三角洲"一词伴随着近代自然地理学知识传入中国。Delta 最初指的是尼罗河口的三角形平原，后来代指河口的冲击地貌。近代开埠以来，西方学者来华进行考察与探险，足迹遍布中国，同时在西方人掌控下的海关系统也屡屡派出具备专业知识的海关洋员们深入中国各地调查国情，这些活动加深了西方对中国的了解，在他们撰写并出版的一系列调查报告中，开始使用 Delta 一词概括中国各地江河口的地貌，并逐渐形成了诸如 Canton Delta、Delta of Yangtze River、Delta of Pearl River 等用法。与之相应，在同一时期的中文报刊中也出现了"三角洲"的译法，在一些地理学译著中也出现了例如"叠尔泰""三棱洲"等译法。

①② （同治）《苏州府志》卷首。

　　长江三角洲地区对于开埠以后列强在华的航道开辟与贸易拓展至关重要，很早就为西方所关注。太平天国运动时期英国人查理·戈登（Charles George Gordon）带领洋枪队及工兵考察了长江三角洲地区，并于 1865 年在伦敦出版了 Military Plan of the Country Around Shanghai（《上海周边乡村区域军事图》）一图。1877《北华捷报》前主笔马诗门（Samuel Mossman）根据该图撰写了 Delta of the Yangtsze River in China（《中国的长江三角洲》），这是西方人对长江三角洲最早的地理学论述。长江三角洲拥有近代中国最大的贸易港口上海港，其水文条件往往直接关系到西方人的在华利益，19 世纪晚期黄浦江滩与吴淞口淤塞加剧，使上海港的通航条件恶化，故疏浚黄浦江、苏州河与吴淞口拦门沙成为各国在沪商人的共同需求。在浚浦工程局的委托下，近代中国地理学先驱丁文江先生考察了这一地区并于 1919 年撰写了 "Report on the Geology of the Yangtze Valley below Wuhu"（《芜湖以下扬子江流域地质报告》），该文首次系统论述了长江三角洲的形成。

　　早期对于长江三角洲的提法并不确定，同时流行的还有"大江三角洲""扬子江三角洲"等不同称呼，20 世纪 30 年代"长江三角洲"逐渐固定下来。概念的传播主要得益于地理教科书的流行，清末新政改革包含军事、教育、官制等方面，其中 1902 年清政府颁布《钦定学堂章程》改定了学制，地理开始成为国家大中小学教育课程之一。受到西方地理学的区划理论的影响。许多中外地理学家都提出了有关中国自然地理的区划理论，长江三角洲往往作为一个独立的自然地理单元在地理教科书中出现。

　　长江三角洲虽然是一个独立的自然地理单元，经济文化上具有天然的联系，但在明初以来其行政区划上却分属不同的高层政区。顾炎武在《天下郡国利病书》中批评将江南一地分属江浙二省的做法"譬之人身恰至腰膂分为两截"。近代开埠以来，长江三角洲地区在贸易、交通、航运等方面的一致性进一步增强。同时受到清末民初割据状况的触动，民国时期政区改革的讨论非常热烈，有关江南江北分省的讨论备受关注。学者与官员们提出了例如废除省级行政区，升道为高级行政区，或把省区缩小的方案，其中蕴藏着有关长三角地区独立设省的论调。张其昀认为江南地区水路相通、民情相通、唇齿相依，虽然分属两省六百年而仍有联合的要求，故应当设立太湖省以便将政治区划符合地理形势与民生需求（张其昀，1931，1932）。在区域经济转变的背景下，同时受到地理区划论的影响，长江三角洲从最初的自然地理概念逐渐衍生出人文地理学中经济区的含义。

　　新中国成立后推行以"自然地理综合体"的原则划分自然区域，抛弃了以气候、地形、植被、土壤等单一因素划分区域的方式，于是作为地貌单元的长江三角洲在新区划方案中的地位有所下降。1958 年中科院自然区划工作委员会的区划方案以服务农业生产为目的，故着重降水、热量、植被与土壤等因素，长江三角洲按照这一标准被归于江淮下游平原丘陵。同时在中华人民共和国成立后有关经济协作区的划分中，长江三角洲地区一般被划在华东区内，直到"文革"结束后，1978 年，五届一次会议中，依旧提倡"六大经济协作区"。

改革开放后，为了打破以往条块分割的限制，探索区域协同发展的模式，长江三角洲以经济区概念被重新提出。1982 年国务院决定"以上海为中心，包括长江三角洲的苏州、无锡、常州、南通和杭州、嘉兴、湖州、宁波等城市"成立上海经济区。1990 年，党中央、国务院作出了开发浦东的决定，并将之作为发展长江三角洲和长江流域经济的重要政策抓手。1992 年长江三角洲经济协调办主任联席会议机制建立，首批参加的城市包括上海、无锡、宁波、舟山、苏州、扬州、杭州、绍兴、南京、南通、常州、湖州、嘉兴、镇江等 14 个，1997 年在此基础上召开了长江三角洲城市经济协调会，除了上述 14 个城市外，又加入了新成立的泰州市。长江三角洲概念在长江三角洲城市经济协调会成立后出现了非常明显的泛化。协调会至今已召开了 18 次市长联席会议，从 1997 年成立时的 15 个城市经过 3 次扩容，增长至今天的 30 个城市，除了包括上海、江苏、浙江的全境之外，还包括安徽的 5 个城市，2018 年又增加了 5 个地级市。在新的经济形势下，区域合作的本质是城市合作，故当前的长三角研究中，城市、城市群、都市区成为了研究的热点。2008 年胡锦涛总书记提出了泛长三角的区域分工和合作，沪江浙皖被视为泛长三角，泛长三角的研究也在 2008 ~ 2010 年间掀起一股热潮。2010 年国务院批准《长江三角洲地区区域规划》，长江三角洲被明确为江浙沪两省一市。至此，长江三角洲概念已经完全突破了自然地理学概念的限制，形成了一个地域范围远远超出本体的规划层面的经济区概念。2018 年 3 月，江浙沪皖三省一市各自抽调数名政府工作人员于上海成立长三角区域合作办公室并开始编制《长三角一体化发展三年行动计划》，规划层面的长三角概念已达到三省一市范围。11 月 5 日，习近平总书记在首届中国国际进口博览会开幕式上发表演讲指出："将支持长江三角洲区域一体化发展并上升为国家战略。"① 于是有关于长江三角洲区域一体化的讨论更掀起一波热潮。此时规划意义上的长江三角洲已经包括三省一市近 36 万平方公里的土地，远远超越最初地理学意义的 4 万平方公里的地域范围。可以发现，长江三角洲概念的转变与泛化，其实是学术研究、区域发展、国家政策多方因素共同作用的结果。

---

① 习近平：《共建创新包容的开放型世界经济——在首届中国国际进口博览会开幕式上的主旨演讲》，载《人民日报》2018 年 11 月 6 日，第 2 版。

第三章

长三角城市群区域合作与
相关规划的演进特征

　　长三角一直以来就是地域相近、人缘相亲、文化相依，具有一体化发展的历史渊源和坚实基础。而在改革开放之后，随着城市化和工业化的快速推进，长三角城市群各个城市之间的联系更加密切，城市群的发展水平也取得了较大的提升，不仅成为我国最为发达的地区，也逐渐成为全球第六大城市群。对于长三角城市群的发展和演进，除了"自上而下"得到国家相关规划的推动和指导，更为重要的是，长三角城市群"自下而上"形成了较为完善的区域合作机制，这种区域间自发的交流与合作奠定了城市群发展的基础，一定程度上推动了产业的分工协作和要素的自由流动，从而有利于实现城市群应有的发展优势。

第一节　长三角城市群的区域合作实践

一、上海经济区的初步探索

　　早在1982年，包括上海、苏州、无锡、常州、南通、杭州、嘉兴、湖州、宁波、绍兴10个城市的上海经济区就被批准设立，并在次年成立了上海经济区规划办公室，这也形成了长三角城市群的雏形。此后几年上海经济区的范围又不断增大，扩展到了安徽、江西等省份。然而，作为长三角城市群区域合作的初步探索，上海经济区的发展过程中也出现了一些问题，特别是由于面临着体制机制的障碍，地区间沟通协调的成本较大，这也导致了上海经济区的作用不断弱化，在1988年办公室被撤销。虽然有一定的波折，但长三角各地区之间进行合作的意愿并没有削减，同一时期，江浙两省与上海之间的民间合作不断深入，例如苏南、浙北地区的部分乡镇企业，为解决自身发展中的技术瓶颈，采用"星期日工程师"等方式，从上海聘请相关专家来进行技术指导。

二、长三角城市经济协调会

20 世纪 90 年代初，浦东的开发开放为长三角城市群的发展提供了更多的机会，在不改变已有行政管理体制的情况下，各个城市之间也更加积极地寻求合作，探索建立可行的合作机制。1992 年上海、无锡、宁波、舟山、苏州、扬州、杭州、绍兴、南京、南通、常州、湖州、嘉兴、镇江 14 个城市成立了长三角十四城市协作办（委）主任联席会，在此基础上，1997 年这 14 个城市与新成立的泰州通过平等协商自发成立了长三角城市经济协调会这一新的经济协调组织，长三角的区域合作进入一个新的阶段。伴随长三角的不断发展与融合，城市经济协调会的范围也在不断扩展，2003 年台州市被纳入为正式成员，2010 年增加了合肥、盐城、马鞍山、金华、淮安、衢州 6 个城市，2013 年又正式吸收徐州、芜湖、滁州、淮南、丽水、温州、宿迁、连云港 8 座城市加入，从而会员城市扩容至 30 个，2018 年审议通过了安徽铜陵、安庆、池州、宣城 4 个城市的加入，成员进一步扩展至 34 个，2019 年黄山、蚌埠、六安、淮北、宿州、亳州、阜阳 7 个城市加入，从而范围包括了上海、江苏、浙江、安徽三省一市全部 41 个城市。

长三角城市经济协调会设常务主席方和执行主席方，常务主席方由上海市担任，执行主席方由除上海市外的其他成员市轮流担任，协调会在上海市设有办公室作为常设办事机构，负责日常工作。长三角城市经济协调会最初每两年举行一次会议，后改为每年一次，至 2020 年已成功举办了二十届市长联席会议。依托城市经济协调会和市长联席会议，长三角城市群的各个城市签署了多项协议，先后组织实施了商贸网点发展、旅游协作、国企重组、世博经济、物流信息一体化、交通规划衔接、科研设施共享、旅游标志设置、协作信息互换、港口联动、人才规划编制、交通卡互通、高校毕业生就业、资料信息中心建设、环保合作、医保合作、金融合作、会展合作、园区合作、农业合作、专利合作、口岸合作、品牌建设、新型城镇化建设等多个专题项目，取得了较大的成果，具体如表 3 - 1 所示。以长三角城市经济协调会为主体的区域合作是长三角城市群发展的本质特征和重要动力，对推动城市群经济绩效的提升产生了至关重要的作用（徐现祥、李郇，2005；张学良等，2017）。

表 3 - 1　　　　　　　　长三角市长联席会议历次会议相关内容和成果

会议届次	会议时间	承办城市	会议主题或主要内容	主要成果
一	1997 年 4 月	扬州	探索长三角城市群整体优势和建立更高层次的协调关系	通过《长江三角洲城市经济协调会章程》，确定了由杭州市牵头的旅游专题和由上海市牵头的商贸专题为长三角区域经济合作的突破口
二	1999 年 5 月	杭州	区域合作与旅游商贸专题的深化	加强区域科技合作、推进国企改革资产重组、研究筹建国内合作信息网和旅游商贸专题进一步深化
三	2001 年 4 月	绍兴	抓住机遇、发展大旅游	明确提出在长三角共建大旅游圈；深化专题协作活动，研究编制区域发展规划，引导合作方向
四	2003 年 8 月	南京	世博经济与长江三角洲联动发展	通过《关于以承办世博会为契机，加快长江三角洲城市联动发展的意见》，以世博为契机在基础设施、人才、旅游、环保等方面进行合作；组织专题报告会，举行合作项目的签约仪式，签约项目 30 个，投资总额近 172 亿元
五	2004 年 11 月	上海	完善协调机制，深化区域合作	签订《城市合作协议》，确定信息、规划、科技、产权、旅游、协作六项专题工作，重点推进物流信息一体化、区域规划衔接、科研仪器设施公用平台建设、产权交易市场一体化、旅游景点指引标志统一和区域合作交流
六	2005 年 10 月	南通	促进区域物流一体化，提升长三角综合竞争力	签订《长江三角洲地区城市合作（南通）协议》，就推进长三角区域物流规划对接、通关对接、信息对接和政策法规对接达成共识
七	2006 年 11 月	泰州	研究区域发展规划，提升长三角国际竞争力	听取《长江三角洲地区区域规划纲要》编制情况，签订《长江三角洲地区城市合作（泰州）协议》，设立交通一卡互通、高校毕业生就业、长三角资料信息中心筹建 3 个方面合作专题
八	2007 年 12 月	常州	落实沪苏浙主要领导座谈会精神，推进长三角协调发展	签订《长江三角洲地区城市合作（常州）协议》，在港口合作、旅游标志规范、交通卡互通、信息共享、环境保护、统一市场、世博主题体验之旅等进一步深化合作
九	2009 年 3 月	湖州	贯彻国务院指导意见精神，共同应对金融危机，务实推进长三角城市合作	签订《长江三角洲地区城市合作（湖州）协议》，批准继续深化长三角世博主题体验之旅、协调会自身建设两个合作专题，新设长三角金融合作、长三角医疗保险合作两个专题和长三角会展合作课题
十	2010 年 3 月	嘉兴	利用好世博机遇、放大世博效应，推进长三角城市群科学发展	签订《长江三角洲地区城市合作（嘉兴）协议》，继续深化长三角医疗保险合作、金融合作、会展合作 3 个合作专题，新设园区共建专题和异地养老合作、现代物流业整合提升 2 个课题
十一	2011 年 3 月	镇江	高铁时代的长三角城市合作	签订《长江三角洲地区城市合作（镇江）协议》，批准继续深化长三角园区共建合作专题，新设长三角农业合作专题，新设高速交通发展中长三角经济区域空间结构重塑研究等九个课题

会议届次	会议时间	承办城市	会议主题或主要内容	主要成果
十二	2012 年 4 月	台州	陆海联动，共赢发展—长三角城市经济合作	签订《长江三角洲地区城市合作（台州）协议》，新设长三角地区专利运用合作体系建设和长三角城市群口岸合作两个专题，新设长三角民营中小企业转型发展等十个合作课题
十三	2013 年 4 月	合肥	长三角城市群一体化发展新红利—创新、绿色、融合	签订《长三角城市合作（合肥）协议》《长三角城市环境保护合作（合肥）宣言》《长三角城市实施创新驱动推进产学研合作（合肥）宣言》，新设长三角品牌建设合作专题和多项课题
十四	2014 年 3 月	盐城	新起点、新征程、新机遇—共推长三角城市转型升级	签订《长江三角洲地区城市合作（盐城）协议》，特设长三角协调会新型城镇化建设专业委员会、品牌建设专业委员会、旅游专业委员会和会展专业委员会 4 个专业委员会，新设长三角城镇化提升主要路径及智能支持研究专题
十五	2015 年 3 月	马鞍山	适应新常态、把握新机遇—共推长三角城市新型城镇化	签订《长江三角洲地区城市合作（马鞍山）协议》，批准成立长三角协调会健康服务业专业委员会，设立 7 项课题
十六	2016 年 3 月	金华	"互联网＋"长三角城市合作与发展	签订《长江三角洲地区城市合作（金华）协议》和《互联网＋长三角城市合作与发展共同宣言》，批准成立创意经济产业合作专业委员会、长三角青年创新创业联盟和长三角新能源汽车联盟
十七	2017 年 3 月	淮安	加速互联互通，促进带状发展—共推长三角城市一体化	签订《长江三角洲地区城市合作（淮安）协议》，并发表了《淮安宣言》。审议通过了协调会聘请的第二届专家咨询委员会的成员名单
十八	2018 年 4 月	衢州	建设大花园，迈入新时代—协同打造绿色美丽长三角	签订《长江三角洲地区城市合作（衢州）协议》，批准成立长三角协调会大数据应用专业委员会、新能源产业专业委员会以及长三角协调会智慧医疗发展联盟、智慧城区合作发展服务联盟、教育人才服务联盟、产业特色小镇发展联盟等 2 个专业委员会和 4 个合作联盟
十九	2019 年 10 月	芜湖	构筑强劲活跃增长极的长三角城市担当与作为	学习了《长江三角洲区域一体化发展规划纲要》及 2019 年长三角地区主要领导座谈会精神，签订了《长三角城市合作芜湖宣言》，就共同贯彻落实长三角一体化发展国家战略达成多项共识
二十	2020 年 9 月	连云港	长三角城市合作：新动能　新格局　新作为	深入学习领会近期在合肥召开的扎实推进长三角一体化发展座谈会精神，审议通过《长江三角洲城市经济协调会重点合作事项管理办法》等文件，首次印发年度工作计划，明确了 2020 年度共 121 个合作事项

资料来源：笔者整理得到。

三、长三角地区主要领导座谈会

除了城市层面的长三角城市经济协调会，为了更好地解决区域合作中跨省域的问题，长三角区域合作机制的层级也上升到省级层面。这主要包括两个内容：一是由沪苏浙两省一市常务副省（市）长主持，各地发改委和专题合作组负责人等相关人员参加的"沪苏浙经济合作与发展座谈会"制度；二是由各省市主要领导参加的"长三角地区主要领导座谈会"定期会晤机制。前者始于 2001 年，后者则开始于 2005 年，由时任浙江省委书记习近平提议设立，旨在就长三角地区一体化发展中的重大问题进行集中磋商。

长三角地区主要领导座谈会在初期是由江浙沪两省一市的领导参加，2008年安徽省党政领导应邀出席会议并于次年成为正式成员，座谈会的范围扩大到三省一市。在总结当年长三角合作成果的基础上，长三角地区主要领导座谈会结合宏观形势，在更高的层次上讨论区域发展的战略问题，明确各省市间合作与交流的总体思路与重点工作，具体如表 3 - 2 所示。基于此，长三角的区域合作也在组织架构上形成了以长三角地区主要领导座谈会为决策层，以长三角城市经济协调会和市长联席会议为协调层，以联席会议办公室、重点合作专题组、城市经济合作组为执行层的"三级运作"机制。

表 3 - 2　　　　　　　长三角地区主要领导座谈会历次会议相关内容

会议时间	空间范围	承办城市	会议主题或主要内容
2005 年 12 月	两省一市	杭州	"十一五"期间要加强科技合作，联动提升区域自主创新能力；加强产业分工与协作，联动推进结构调整；加强体制机制创新，联动推进改革开放；加强环境政策、法规、技术等的交流与合作，联动建设资源节约型、环境友好型社会；加强区域生产力布局研究，联动推进区域协调互动发展
2006 年 12 月	两省一市	扬州	交流了全面落实科学发展观、构建和谐长三角的进展情况，讨论修改完善国家长三角区域发展规划的相关问题，磋商加强长三角合作与交流需要着重推进的主要工作
2007 年 11 月	两省一市	上海	围绕在新的历史起点上推动长三角地区率先发展、科学发展进行深入探讨，并对进一步完善与提升区域协调机制，推进长三角地区合作向全方位、深层次发展等提出了新要求
2008 年 12 月	三省一市	宁波	安徽省党政领导应邀参加会议，会议商议区域合作机制框架和新一轮重点合作专题，加快推进长三角地区一体化发展，联手应对挑战，进一步增强区域发展的抗风险能力、可持续发展能力和国际竞争力，确保经济平稳较快发展
2009 年 11 月	三省一市	苏州	贯彻实施《关于进一步推进长江三角洲地区改革开放和经济社会发展的指导意见》，进一步携手应对国际金融危机、加大区域统筹力度、推进一体化发展

续表

会议时间	空间范围	承办城市	会议主题或主要内容
2010 年 12 月	三省一市	上海	做好相关规划的调整衔接，加强重大基础设施建设、产业布局、城镇体系建设等方面的对接，在"十二五"规划中充分体现长三角地区一体化的发展目标和主要任务
2011 年 11 月	三省一市	合肥	重点围绕"加快转型发展、推动产业转移"的主题，就推动产业有序转移和科学承接、联动实施多个国家区域发展战略、深化重点专题合作等议题进行了充分讨论，明确了新一轮合作方向和重点
2012 年 9 月	三省一市	杭州	总结交流落实"稳增长、调结构、惠民生"各项政策举措的做法和经验，重点围绕"联动实施国家战略，共同推进创新发展"主题，就加快结构调整、推动创业创新、强化公共服务、深化合作开放等议题进行座谈讨论
2013 年 12 月	三省一市	南京	重点围绕"加快转型升级、共同打造长三角经济'升级版'"的主题，就推动经济转型升级、联动实施国家战略、深化重点专题合作、完善合作发展机制等事项进行了深入讨论
2014 年 12 月	三省一市	上海	积极参与"一带一路"和长江经济带建设，在新的起点上推进长三角地区协同发展；深度融入国家战略、推动经济转型升级、深化重点专题合作、完善合作发展机制
2015 年 12 月	三省一市	合肥	牢固树立创新、协调、绿色、开放、共享的发展理念，以率先全面建成小康社会为总目标，进一步提高发展质量和效益，在现代化建设中继续走在前列，共同谱写"十三五"长三角协同发展的新篇章
2016 年 12 月	三省一市	杭州	重点围绕"创新、协同、融合：共建世界级城市群"的主题，强化创新、协同、融合，进一步推进要素自由流动、资源高效配置、市场统一开放、设施互联互通，合力打造区域一体化发展新格局
2018 年 1 月	三省一市	苏州	围绕"创新引领，携手打造世界级城市群"的目标，以创新、优化、协同为路径，以更加有效的区域协调发展新机制为保障，加快构建现代化经济体系，加快建设长三角世界级城市群，推动质量变革、效率变革、动力变革，实现高质量发展
2018 年 6 月	三省一市	上海	认真贯彻了习近平总书记对长三角一体化发展的重要指示精神，以"聚焦高质量，聚力一体化"为主题，审议和原则同意《长江三角洲一体化发展三年行动计划》和《长三角合作近期工作要点》，提出了共建繁荣、协同、美丽、共享的长三角的重点任务
2019 年 5 月	三省一市	芜湖	以"共筑强劲活跃增长极"为主题，全面分析了长三角一体化发展上升为国家战略的新内涵和新要求，总结交流了三年行动计划的工作成效，审定了《长三角一体化发展 2019 年工作计划》，部署了落实《长江三角洲区域一体化发展规划纲要》的重大事项

续表

会议时间	空间范围	承办城市	会议主题或主要内容
2020 年 6 月	三省一市	湖州	深入学习贯彻习近平总书记关于长三角一体化发展的重要论述精神,以"战疫一盘棋、夺取双胜利"为主题,全面分析新形势下长三角一体化发展的新要求新使命,着重就落实"六稳""六保"、践行"两山"理念、深化应急协同、加强产业链供应链协同等进行了深入讨论

资料来源:笔者整理得到。

四、都市圈尺度上的次级区域合作

由于城市群涵盖的范围仍相对较大,城市之间的联系会存在不够密切的情况,这需要继续探索在更小的空间尺度上进行更为精准化的合作,而都市圈正是要素突破城市行政边界进行跨区域流动的基本空间单元。一般而言,都市圈、经济区等小范围城市合作,发展程度相当、发展问题更加集中、协调沟通成本也相对更低,有助于推动更高层面的区域协调发展(张学良等,2018)。同时,中心城市与周边毗邻县市区共同构成的都市圈也更加有利于发挥中心城市的引领作用。可以说,都市圈是城市群建设与区域协调发展的关键抓手,也是城市群发展一个无法跨越的阶段。

在"三级运作"机制的基础上,长三角城市群内部更小空间尺度上的次级区域合作也在不断完善,主要以都市圈、经济区建设为主要形式,开展省内城市和省际城市间的合作,例如上海都市圈、南京都市圈、杭州都市圈、合肥都市圈、浙东经济合作区等。这种次级区域合作也会采用市长联席会议制度等形式,搭建小范围内的合作平台,同时在市长联席会议制度的基础上以专业组的形式进行专题合作,保障合作机制的高效率和专业性。以浙东经济合作区为例,宁波、绍兴、舟山、台州在 1986 年就创建了浙东四地市协作联谊会,1994 年改称为浙东经济合作区市长联席会议,成为浙东经济合作区最高协调机构,2008 年嘉兴市加入,目前已成功召开了 25 次会议,围绕不同时期的发展目标和战略有效开展了多方面的合作。

五、长三角区域合作进入新阶段

2018 年以来,长三角区域合作进行了更深一步的实质推进。2018 年 3 月,长三角区域合作办公室正式成立,标志着长三角地区在突破行政区划限制、实现一体化发展方面迈出重要一步,有利于推动长三角区域合作项目的不断落实。

2018 年 4 月，习近平总书记对长三角实现更高质量一体化发展做出重要批示，对长三角区域一体化发展指明了方向。2018 年 6 月，长三角地区主要领导座谈会在上海召开，取得了丰硕成果，特别是就《长三角地区一体化发展三年行动计划（2018～2020 年）》达成充分共识，为长三角一体化发展明确了任务书、时间表和路线图。2018 年 11 月，习近平总书记在首届中国国际进口博览会开幕式上宣布"支持长江三角洲区域一体化发展并上升为国家战略"，标志着长三角进入了更高质量一体化发展的新的历史阶段。

2019 年 5 月，中央政治局会议审议了《长江三角洲区域一体化发展规划纲要》，会议指出，"把长三角一体化发展上升为国家战略是党中央作出的重大决策部署，要坚持稳中求进，坚持问题导向，抓住重点和关键，要树立'一体化'意识和'一盘棋'思想，深入推进重点领域一体化建设，强化创新驱动，建设现代化经济体系，提升产业链水平"。2020 年 8 月 20 日，习近平总书记在合肥主持召开扎实推进长三角一体化发展座谈会并发表重要讲话，指出要深刻认识长三角区域在国家经济社会发展中的地位和作用，率先形成新发展格局、勇当我国科技和产业创新的开路先锋、加快打造改革开放新高地，实施长三角一体化发展战略，"要紧扣一体化和高质量两个关键词，以一体化的思路和举措打破行政壁垒、提高政策协同，让要素在更大范围畅通流动，有利于发挥各地区比较优势，实现更合理分工，凝聚更强大的合力，促进高质量发展。"① 在新时期下，为了更好地指导长三角地区的区域合作，将长三角一体化的各项任务要求落到实处，一方面在国家层面成立了推动长三角一体化发展领导小组，另一方面上海、江苏、浙江和安徽四地也分别成立了领导小组，同时各地积极召开了推进长三角一体化发展动员大会，共同形成全面贯彻《长江三角洲区域一体化发展规划纲要》的强大合力。

此外，长三角区域合作的抓手和平台也在不断丰富，围绕重点领域和重点区域进行突破，以点带面加快一体化进程。由上海青浦、江苏吴江、浙江嘉善构成的长三角生态绿色一体化示范区是实施长三角一体化发展战略的先手棋和突破口，自 2019 年 11 月揭牌以来，就一直探索将生态优势转化为经济社会发展优势，探索从区域项目协同走向区域一体化制度创新，推动改革的系统集成和率先突破，形成了 30 多项具有开创性的制度创新成果，聚力生态环保、互联互通、创新发展和公共服务四大领域，全力推进 60 多个亮点项目。其中两省一市共同编制了《长三角生态绿色一体化发展示范区国土空间总体规划（2019～2035 年）》，首次实现跨省级不同行政区"一张蓝图管全域"的制度创新目标，同时示范区在生态环境"三统一"制度、出台统一的跨省域产业项目准入标准等方面

---

① 《习近平在扎实推进长三角一体化发展座谈会上强调紧扣一体化和高质量抓好重点工作，推动长三角一体化发展不断取得成效》，载《人民日报》2020 年 8 月 23 日。

也都取得了突破。通过在这些一体化制度方面的不断突破、创新、完善，形成可复制可推广的经验，可以更好地发挥对整个长三角一体化发展的示范带动作用。进入"十四五"开局之年，2021年3月和4月，《虹桥国际开放枢纽建设总体方案》《长三角G60科创走廊建设方案》相继发布，将为推动长三角区域一体化提供更加强劲的动力。

第二节　长三角城市群的相关规划演进

在全球城市区域日益兴起和我国城市化快速推进的背景下，"十一五"以来我国的区域发展战略逐渐向城市群扩展和延伸，以此来促进大中小城市和小城镇的协调发展。长三角作为我国发展基础最好的城市群，国家也出台了多项与其发展相关的规划，从《长江三角洲地区区域规划》到《长江三角洲城市群发展规划》，再到《长三角地区一体化发展三年行动计划（2018～2020年）》，再到2019年《长江三角洲区域一体化发展规划纲要》。通过这些规划，也力求推动城市群发育的不断完善，进一步发挥其对全国经济社会发展的支撑和引领作用。

一、《国务院关于进一步推进长江三角洲地区改革开放和经济社会发展的指导意见》

2008年国务院发布了《国务院关于进一步推进长江三角洲地区改革开放和经济社会发展的指导意见》，这是国家关于长三角发展较早的指导文件。根据该指导意见，长江三角洲地区包括上海市、江苏省和浙江省两省一市，未来要"进一步深化改革、扩大开放，着力推进经济结构战略性调整，着力增强自主创新能力，着力促进城乡区域协调发展，着力提高资源节约和环境保护水平，着力促进社会和谐与精神文明建设，实现科学发展、和谐发展、率先发展、一体化发展，建设成为亚太地区重要的国际门户、全球重要的先进制造业基地、具有较强国际竞争力的世界级城市群"。为了推动长三角的发展，要加快编制《长江三角洲地区区域规划》，切实加强各地区、各部门的统筹协调，此外还要"积极探索新形势下管理区域经济的新模式，坚持政府引导、多方参与，以市场为基础、以企业为主体，进一步完善合作机制，着力加强基础设施建设、产业分工与布局、生态建设与环境保护等方面的联合与协作"。

二、《长江三角洲地区区域规划》

在《国务院关于进一步推进长江三角洲地区改革开放和经济社会发展的指导

意见》（以下简称《指导意见》）的基础上，国家在 2010 年正式出台了《长江三角洲地区区域规划》，规划的范围包括上海市、江苏省和浙江省，以上海市和江苏省的南京、苏州、无锡、常州、镇江、扬州、泰州、南通，浙江省的杭州、宁波、湖州、嘉兴、绍兴、舟山、台州 16 个城市为核心区，同时统筹两省一市发展，辐射泛长三角地区。该规划对《指导意见》中关于长三角地区发展的主要目标与重点内容进行了细化和完善，指出长三角要"努力建设成为实践科学发展观的示范区、改革创新的引领区、现代化建设的先行区、国际化发展的先导区"，同时再次强调了其"亚太地区重要的国际门户、全球重要的现代服务业和先进制造业中心、具有较强国际竞争力的世界级城市群"的战略定位。

长三角要"围绕上海国际经济、金融、贸易和航运中心建设，打造在亚太乃至全球有重要影响力的国际金融服务体系、国际商务服务体系、国际物流网络体系，提高开放型经济水平，在我国参与全球合作与对外交流中发挥主体作用"，也要"围绕培育区域性综合服务功能，加快发展金融、物流、信息、研发等面向生产的服务业，努力形成以服务业为主的产业结构，建设一批主体功能突出、辐射带动能力强的现代服务业集聚区。加快区域创新体系建设，大力提升自主创新能力，发展循环经济，促进产业升级，提升制造业的层次和水平，打造若干规模和水平居国际前列的先进制造产业集群"，同时"发挥上海的龙头作用，努力提升南京、苏州、无锡、杭州、宁波等区域性中心城市国际化水平，走新型城市化道路，全面加快现代化、一体化进程，形成以特大城市与大城市为主体，中小城市和小城镇共同发展的网络化城镇体系，成为我国最具活力和国际竞争力的世界级城市群"。

为了实现发展目标和战略定位，《长江三角洲地区区域规划》从空间、产业、创新、基础设施、生态环境、公共服务、体制改革和对外开放等方面提出了相应的要求。空间上要构造以上海为核心，沿沪宁和沪杭甬线、沿江、沿湾、沿海、沿宁湖杭线、沿湖、沿东陇海线、沿运河、沿温丽金衢线为发展带的"一核九带"空间格局，同时各个城市要立足自身优势、发挥各自的功能。在产业发展方面，长三角要建设成为全球重要的现代服务业中心和先进制造业基地，并形成优势互补、资源共享、互利共赢的具有国际竞争力的区域创新体系。此外，长三角地区还要着力提升交通、能源、水利、信息等基础设施的共建共享和互联互通水平，加强环境保护和生态建设，推进义务教育、公共卫生、公共文化等基本公共服务均等化。在此过程中，既要深化改革，"着力推进重点领域和关键环节改革攻坚，在新的更高起点上再创体制机制新优势"，也要扩大开放，"充分利用国际国内两个市场、两种资源，在更大范围、更广领域、更高层次上参与国际合作与竞争"。

三、《长江三角洲城市群发展规划》

随着长三角城市群的不断发展，其辐射范围也在不断扩张，同时在新时期下，城市群的发展也面临着新的机遇和新的挑战，对此，2016 年国家出台了最新的《长江三角洲城市群发展规划》。该规划范围扩大到了安徽省，由以上海为核心、联系紧密的多个城市组成，包含上海、南京、无锡、常州、苏州、南通、盐城、扬州、镇江、泰州、杭州、宁波、嘉兴、湖州、绍兴、金华、舟山、台州、合肥、芜湖、马鞍山、铜陵、安庆、滁州、池州、宣城等 26 市。在此空间内，长三角城市群的发展需要"发挥上海龙头带动的核心作用和区域中心城市的辐射带动作用，依托交通运输网络培育形成多级多类发展轴线，推动南京都市圈、杭州都市圈、合肥都市圈、苏锡常都市圈、宁波都市圈的同城化发展，强化沿海发展带、沿江发展带、沪宁合杭甬发展带、沪杭金发展带的聚合发展，构建'一核五圈四带'的网络化空间格局"。

在前期规划的基础上，《长江三角洲城市群发展规划》进一步提到长三角城市群发展要"贯彻落实创新、协调、绿色、开放、共享的新发展理念，着力加强供给侧结构性改革，加快培育新的发展动能"，总体定位则是"打造改革新高地、争当开放新尖兵、带头发展新经济、构筑生态环境新支撑、创造联动发展新模式，建设面向全球、辐射亚太、引领全国的世界级城市群"。围绕总体定位，城市群要着力建设成为最具经济活力的资源配置中心、具有全球影响力的科技创新高地、全球重要的现代服务业和先进制造业中心、亚太地区重要国际门户、全国新一轮改革开放排头兵、美丽中国建设示范区。对此，规划在优化区域空间布局、推动创新转型发展、健全基础设施网络、深化对外开放水平、促进生态环境共建以及完善区域一体化发展机制等方面提出了新的目标和要求。

四、《长三角地区一体化发展三年行动计划（2018～2020 年）》

为了切实推动长三角城市群更高质量一体化发展，2018 年 6 月，长三角地区主要领导座谈会审议通过了《长三角地区一体化发展三年行动计划（2018～2020 年）》，明确了长三角一体化发展的时间表和路线图。相对于其他规划，《长三角地区一体化发展三年行动计划（2018～2020 年）》是开门编制，三省一市多方积极参与，而且计划内容更加细致和具体，形成了一批项目化、可实施的工作任务。计划指出，到 2020 年，长三角要基本形成经济充满活力、创新能力跃升、空间利用高效、高端人才汇聚、资源流动畅通、安全美丽共享的世界级城市群框架，努力在促进区域协调发展、构筑现代化经济体系方面走在全国前列，全国新一轮改革开放排头兵地位更加凸显，服务全国、辐射亚太的门户地位基本确立，配置全球资源的枢纽作用加快显现，国际影响力和竞争力显著增强。在内容方面，三年行动计划覆盖12个合作专题，聚焦交通互联互通、能源互济互保、产业协同创新、信息网络高速泛在、环境整治联防联控、公共服务普惠便利、市场开放有序等重点领域。根据三年行动计划，要共建互联互通综合交通体系，建设畅达便捷长三角；提升能源互济互保能力，建设安全高效长三角；共筑现代产业集群新动能，建设协同创新长三角；共建高速泛在的信息网络，建设数字智慧长三角；合力打好污染防治攻坚战，建设绿色美丽长三角；共享普惠便利的公共服务，建设幸福和谐长三角；共创有序透明的市场环境，建设开放活力长三角；加快建立健全更加有效的区域协调发展新机制。

五、《长江三角洲区域一体化发展规划纲要》

在长三角一体化发展上升为国家战略的新阶段，也需要有相关的新的规划来进行指导，而由国家发改委牵头，会同国家有关部委和上海市、江苏省、浙江省、安徽省制定的《长江三角洲区域一体化发展规划纲要》在2019年12月正式印发。这是国家层面对长三角一体化发展国家战略的顶层设计，也是当前和今后一个时期长三角一体化相关工作的重要依据。此次规划范围包括上海市、江苏省、浙江省、安徽省全域，以上海、南京、无锡、常州、苏州、南通、扬州、镇江、盐城、泰州、杭州、宁波、温州、湖州、嘉兴、绍兴、金华、舟山、台州、合肥、芜湖、马鞍山、铜陵、安庆、滁州、池州、宣城27个城市为中心区，辐射带动长三角地区高质量发展；以上海青浦、江苏吴江、浙江嘉善为长三角生态绿色一体化发展示范区，示范引领长三角地区更高质量一体化发展。

该规划纲要明确了长三角"一极三区一高地"的战略定位，即通过一体化发展，长三角要成为全国经济发展强劲活跃的增长极，成为全国经济高质量发展的样板区，率先基本实现现代化的引领区和区域一体化发展的示范区，成为新时代改革开放的新高地。同时从推动形成区域协调发展新格局、加强协同创新产业体系建设、提升基础设施互联互通水平、强化生态环境共保联治、加快公共服务便利共享、推进更高水平协同开放、创新一体化发展体制机制、高水平建设长三角生态绿色一体化发展示范区、高标准建设上海自由贸易试验区新片区等方面提出了具体任务和要求。

六、长三角城市群发展的其他相关规划

长三角城市群在我国经济社会发展中具有重要的战略作用，因此除了上述规

划，也有其他的一些国家规划也都涉及了长三角的发展。2010 年出台的《全国主体功能区规划》就将长三角城市群作为我国国土空间中的主要优化开发区域并将其定位于"长江流域对外开放的门户，我国参与经济全球化的主体区域，有全球影响力的先进制造业基地和现代服务业基地，世界级大城市群，全国科技创新与技术研发基地，全国经济发展的重要引擎，辐射带动长江流域发展的龙头"，提出打造以上海作为核心城市，南京、杭州、苏州、宁波、无锡作为次级中心城市，常州、南通、扬州、镇江、泰州、湖州、嘉兴、绍兴、台州、舟山作为重要节点的发展空间。

《国家新型城镇化规划（2014～2020 年）》也将长三角城市群的发展看作是优化我国城镇化空间布局的重要手段，指出长三角"是我国经济最具活力、开放程度最高、创新能力最强、吸纳外来人口最多的地区，要以建设世界级城市群为目标，继续在制度创新、科技进步、产业升级、绿色发展等方面走在全国前列，加快形成国际竞争新优势，在更高层次参与国际合作和竞争，发挥其对全国经济社会发展的重要支撑和引领作用"。此外，《长江经济带发展规划纲要》也以长三角城市群作为长江经济带发展的龙头，而国家"十三五"规划进一步提出要将长三角城市群打造成为世界级城市群。

除了国家出台的指导意见和发展规划，长三角城市群内部各个地区在制定经济社会发展规划时，也都逐渐注重与其他地区的合作与协同，从城市群的空间视角来推动自身的发展。《上海市国民经济和社会发展第十四个五年规划和二〇三五年远景目标纲要》就明确将推动长三角更高质量一体化发展作为一项重点任务提出，对于上海的发展，要"放在国家对长三角发展的总体部署中来谋划和推动，充分发挥龙头带动作用，强化一体化思维和主动服务意识，与苏浙皖三省各扬所长，深化分工合作，相互赋能提速，共同打造强劲活跃增长极，辐射带动更广大区域发展"。此外，江苏、浙江、安徽等也都分别在"十四五"规划中提到"协同推进长三角高质量一体化发展"，"扎实推进长三角一体化和长江经济带发展"，"扎实推进长三角一体化发展，共同打造全国发展强劲活跃增长极"。

在更小的空间尺度上，长三角城市群内部主要都市圈的发展也得到了相关规划的支持。《上海市城市总体规划（2016～2040）》着重提到了在与周边毗邻县和毗邻市共同形成的上海都市圈范围内来推动上海城市的发展，目前上海大都市圈的有关规划也在编制中。此外，《江苏省城镇体系规划（2015～2030 年）》《浙江省城镇体系规划（2015～2030 年）》《安徽省新型城镇化发展规划（2016～2025 年）》《南京都市圈规划》《杭州都市经济圈发展规划》《合肥都市圈城镇体系规划》也都对相关的南京都市圈、杭州都市圈、宁波都市圈、合肥都市圈的发展具有重要的指导作用。

第三节　长三角城市群空间范围的讨论

一、长三角城市群空间范围的演变

从上文分析中可以发现，无论是长三角区域合作的实践，还是国家的相关规划，长三角城市群的空间范围都在发生着变化，存在着扩容的特征（张学良等，2017）。长三角城市经济协调会早期的 16 个会员城市上海、南京、苏州、无锡、常州、镇江、扬州、泰州、南通、杭州、宁波、湖州、嘉兴、绍兴、舟山、台州构成了长三角城市群的核心区，这在 2010 年发布的《长江三角洲地区区域规划》和《全国主体功能区规划》中也都得以明确。随着 2005 年长三角两省一市主要领导座谈会的召开，长三角的范围逐渐扩展到上海、江苏、浙江两省一市的所有 25 个城市，经过 2010 年和 2013 年的两次扩容，长三角城市经济协调会的成员也涵盖了两省一市的所有地区。2008 年"泛长三角"概念的提出以及安徽省出席长三角地区主要领导座谈会，则标志着安徽纳入到长三角区域合作范围，《长江三角洲地区区域规划》提到了要"辐射整个泛长三角地区"，2016 年出台的《长江三角洲城市群发展规划》明确地将规划范围扩大到了安徽省，包括 26 个城市。而 2018 年 11 月，长三角区域一体化发展上升为国家战略，以及 2019 年出台的《长江三角洲区域一体化发展规划纲要》，区域范围则都指的是上海、江苏、浙江、安徽三省一市。此外，安徽省的城市也不断成为长三角城市经济协调会的成员，2019 年 10 月，长三角城市经济协调会第十九次会议吸收黄山、蚌埠、六安、淮北、宿州、亳州、阜阳 7 个城市加入，由此协调会成员包括了上海、江苏、浙江和安徽三省一市的全部 41 个城市。长三角城市群空间演进的历程如表 3－3 所示。

表 3－3　　　　　　　　　长三角城市群空间演进的重要节点

时间	事件
1982 年 12 月 22 日	国务院决定成立上海经济区，形成长三角城市群的最早雏形
1983 年 3 月 22 日	上海经济区规划办公室成立，上海经济区的范围包括上海、苏州、无锡、常州、南通、杭州、嘉兴、湖州、宁波、绍兴等 10 个城市
1983 年 8 月 18 日	召开第一次上海经济区规划工作会议，建立包括上海、苏州和浙江"两省一市"在内的"首脑"会议制度
1984 年 12 月 6 日	安徽省成为上海经济区成员

续表

时间	事件
1988 年 6 月 1 日	国家计划委员会撤销上海经济区规划办公室
1992 年	上海、无锡、宁波、苏州、扬州、舟山、杭州、绍兴、南京、南通、常州、湖州、嘉兴、镇江等 14 市建立长三角城市协作部门主任联席会议制度
1997 年	15 市（泰州加入）成立长三角城市经济协调会
2003 年 8 月 19 日	台州加入长江三角洲城市经济协调会，成员城市扩大至 16 个
2005 年 12 月 25 日	首次长三角两省一市主要领导座谈会在杭州召开
2008 年 12 月	安徽省党政领导参加长三角地区主要领导座谈会
2010 年 3 月 26 日	合肥、盐城、马鞍山、金华、淮安、衢州 6 个城市加入长三角城市经济协调会，成员城市达到 22 个
2010 年 5 月	《长江三角洲地区区域规划》将上海、南京、苏州、无锡、常州、镇江、扬州、泰州、南通、杭州、宁波、湖州、嘉兴、绍兴、舟山、台州 16 个城市作为长三角的核心区
2010 年 12 月	《全国主体功能区规划》提出上海作为核心城市，南京、杭州、苏州、宁波、无锡作为次级中心城市，常州、南通、扬州、镇江、泰州、湖州、嘉兴、绍兴、台州、舟山作为重要节点的发展空间
2013 年 4 月 13 日	长三角城市经济协调会正式吸收徐州、芜湖、滁州、淮南、丽水、温州、宿迁、连云港等 8 个城市成为长三角城市经济协调会成员，至此，协调会会员城市扩容至 30 个，包括上海市、江苏省、浙江省全境以及安徽省的合肥、芜湖等 5 个城市
2016 年 6 月	最新的《长江三角洲城市群发展规划》将规划范围扩大到了安徽省，包含上海、南京、无锡、常州、苏州、南通、盐城、扬州、镇江、泰州、杭州、宁波、嘉兴、湖州、绍兴、金华、舟山、台州、合肥、芜湖、马鞍山、铜陵、安庆、滁州、池州、宣城等 26 市
2018 年 4 月 13 日	长三角城市经济协调会审议通过铜陵、安庆、池州、宣城等 4 城市加入长三角城市经济协调会的相关提案，协调会成员城市达到 34 个
2018 年 11 月 5 日	习近平总书记在首届中国国际进口博览会开幕式上宣布支持长三角区域一体化发展并上升为国家战略，区域包括上海、江苏、浙江和安徽三省一市
2019 年 10 月 15 日	长三角城市经济协调会吸收黄山、蚌埠、六安、淮北、宿州、亳州、阜阳 7 个城市加入，协调会成员城市包括了上海、江苏、浙江和安徽三省一市的 41 个城市
2019 年 12 月	印发《长江三角洲区域一体化发展规划纲要》，规划范围包括上海、江苏、浙江和安徽三省一市

资料来源：笔者整理得到。

二、长三角城市群与长三角地区

从理论上讲，在集聚力和分散力的共同作用下，区域空间结构会经历从无序均衡到中心—外围再到多中心多外围复合网络式发展的过程，形成一种"城市—都市圈—城市群—巨型城市区域"的空间体系。在此过程中，人口和经济活动首先从中心城区向城市郊区及周边毗邻区迁移并形成多个城市次中心，从而城市逐渐向都市区演化，而由若干个密切联系且空间分布紧密的都市区则会构成城市群。进一步地，随着交通基础设施的发展、技术的革新和产业的升级，城市群的辐射和影响范围也会不断扩展，在更大的空间上形成城市区域。但相比于城市区域，城市群在内涵上有着更为严格的要求，不仅是特定空间中城市的集合体，"群"的概念还蕴含着各个城市之间需要相互整合、相互协调，实现要素和资源在市场规律下的跨区域流动与优化配置。在城市群内，各个城市都会参与到群内的分工体系中，各自承担着不同的功能，在此基础上形成一种网络化的联系，每个城市作为网络中的节点既接受其他城市的辐射，也会对其他城市产生影响，形成人流、物流、资本流以及信息流在各城市节点的频繁流返。可以说，城市群是特定空间内由不同规模等级的城市在分工与协作基础上形成的具有密切联系的一体化功能区域，需要建立在要素的高度集聚、交通的高度发达、产业的深度分工以及市场的深度扩张基础之上（张学良，2013）。

具体到本书的分析，我们认为分工合作、要素流动、资源共享等城市群发展的特征目前在上海、江苏和浙江两省一市的范围内相对更为明显。由于经济发展存在着一定的差距，安徽与江浙沪之间的经济联系会受到一定影响，从下文分析中能够发现，对于长三角当前的联系网络，安徽各个城市的中心度相对较低。另外从长三角的自然地理和历史地理来看，江浙沪地区在空间演进和经贸往来上也是更加聚合。有研究也发现，以长三角城市经济协调会为代表的区域合作会带来效率提升，而这种影响也主要集中于两省一市的核心区（张学良等，2017）。因此，本书以长三角城市群作为研究对象，主要是以上海、江苏和浙江两省一市作为其空间范围，但对于"长三角地区"的概念，则应该是包含上海、江苏、浙江和安徽三省一市。从2008年"泛长三角"提出以来，随着经济的发展、功能的转变、产业的升级以及交通基础设施特别是高铁网络的完善，城市间的经济联系日益紧密，区域合作的空间范围也不断扩大，安徽融入长三角的程度在不断地提高，已成为长三角的一个重要组成部分。对于长三角区域一体化发展的国家战略，也应该在三省一市的范围内来考虑和推进。对此，本书也进行了相关的考虑，在以两省一市作为主体样本对长三角城市群进行分析的基础上，也加入安徽省样本对比分析了长三角地区的情况。

第二部分
实 证 篇

第四章

长三角城市群的空间结构特征分析[*]

　　城市群是工业化和城市化发展到高级阶段形成的一种空间组织形式，体现了要素在超越单个城市的更大范围的城市体系内的集聚与空间配置。在此过程中各个城市通过内在的经济关联和相互作用会在空间上呈现出一定的结构体系和分布特征，如城市间的规模等级分布、空间形态分布以及联系网络分布等，这种空间结构特征是城市群最基本的属性和最直观的体现，也是决定城市群整体经济绩效的重要因素。长三角城市群作为我国发育最为成熟的城市群，目前形成了相对较为完善的城市体系和密集的城市分布，一直以来在支持全国经济增长、促进区域协调发展中发挥着重要的作用。随着长三角区域一体化发展上升为国家战略，长三角城市群进入了新的发展时期，也提出了更高的要求，而要实现长三角更高质量一体化，需要以区域内各个城市所形成的空间结构作为支撑。在此背景下，本章从城市规模分布、空间形态分布和联系网络分布等多个角度对长三角城市群的空间结构进行分析，并在此基础上讨论了长三角城市群的空间一体化发展。

第一节　长三角城市群的城市规模分布特征

　　首先我们对长三角城市群城市间的规模分布特征进行识别，考虑到长三角具有较高的城市化水平且县域经济较为发达，我们将分析扩展到县级层面，以城市群内所有地级市市辖区、县级市和县作为基本的统计单元，主要数据来源为对应年份的《中国县域统计年鉴》《上海统计年鉴》《江苏统计年鉴》《浙江统计年鉴》以及 2000 年和 2010 年人口普查的分县数据。将城市按人口规模分为 500 万以上、300 万~500 万、100 万~300 万、50 万~100 万和 50 万以下五类，表 4-1 显示了基于 2010 年人口普查数据的城市分布情况。整体来看，长三角的城市较

---

　　* 本章主要内容已发表于《安徽大学学报（哲学社会科学版）》2019 年第 2 期。

为密集，各个规模等级的城市都有分布而且城市数量相对较多，这样的城市体系构成了长三角城市群分工和协调的基础。

表4-1　　　　　　　　　　长三角城市群的城市分布概况

级序	级别划分	城市名称
1	>500万人	上海市、南京市、杭州市、苏州市
2	300万~500万人	常州市、无锡市、宁波市、徐州市、温州市
3	100万~300万人	绍兴市、扬州市、盐城市、淮安市、南通市、连云港市、台州市、昆山市、泰州市、江阴市、沭阳县、常熟市、慈溪市、邳州市、宿迁市、瑞安市、乐清市、温岭市、湖州市、如皋市、兴化市、张家港市、宜兴市、义乌市、嘉兴市、镇江市、苍南县、诸暨市、沛县、金华市、泰兴市、睢宁县、临海市、余姚市
4	50万~100万人	如东县、东台市、启东市、丰县、丹阳市、滨海县、东海县、新沂市、泗洪县、海门市、射阳县、海安县、涟水县、阜宁县、舟山市、泗阳县、灌云县、桐乡市、海宁市、衢州市、东阳市、永嘉县、平阳县、宝应县、溧阳市、高邮市、建湖县、永康市、太仓市、崇明县、靖江市、嵊州市、平湖市、盱眙县、宁海县、长兴县、灌南县、句容市、玉环县、嘉善县、临安市、仪征市、兰溪市、响水县、象山县
5	<50万人	德清县、奉化市、江山市、安吉县、丽水市、浦江县、海盐县、建德市、桐庐县、天台县、新昌县、龙游县、缙云县、武义县、仙居县、淳安县、青田县、扬中市、三门县、洪泽县、金湖县、开化县、常山县、龙泉市、泰顺县、文成县、岱山县、遂昌县、松阳县、磐安县、庆元县、云和县、景宁畲族自治县、嵊泗县

进一步地，我们在表4-2中对不同年份各个规模城市的数量和人口占比情况进行了统计和比较。横向来看，100万人以上大城市的人口占比要高于中小城市，规模分布呈现出一定的在大城市集中的特征，同时又可以发现，长三角城市群具有较多高规模等级的城市，因此这种分布是一种多中心的集聚。而通过不同年份的纵向比较，大城市的人口比重还在不断提升，规模分布的集聚特征具有日益增强的趋势，尤其是对500万人以上和300万~500万人的大城市，城市数量都有显著增加，规模的占比也分别从10.60%和2.68%提高到了28.74%和13.16%，相比之下，低规模等级城市的数量和人口占比则都是逐渐减少。

表4-2　　　　　　　长三角城市群不同规模城市分布的基本特征

规模类别	2000年		2010年		2017年	
	城市数量	人口占比（%）	城市数量	人口占比（%）	城市数量	人口占比（%）
500万人以上	1	10.60	3	22.88	4	28.74
300万~500万人	1	2.68	5	11.17	6	13.16

规模类别	2000 年		2010 年		2017 年	
	城市数量	人口占比（％）	城市数量	人口占比（％）	城市数量	人口占比（％）
100 万 ~ 300 万人	46	43.01	37	32.49	33	30.96
50 万 ~ 100 万人	60	32.24	53	26.08	44	21.18
50 万人以下	47	11.46	37	7.38	31	5.96

为更加准确地识别长三角城市群规模分布的特征，我们也计算了最大城市首位度、四城市首位度、位序—规模系数、标准赫芬达尔指数以及空间基尼系数等研究城市规模分布常用指标。对于城市首位度指标，将 k 首位度定义为前 k 个大城市人口之和与总人口之比，首位度越大表明城市群的规模分布越集中在少数大城市中；位序—规模系数的计算如式（4-1）所示，$R(s_i)$ 为城市 i 在城市群中的排名，s_i 为城市 i 的人口规模，通过对式（4-1）取对数进行回归分析，β为位序—规模系数，系数的值越小表示城市规模分布越离散，人口集聚程度越高；赫芬达尔指数最初是用来测度产业集中度的指数，这里以城市作为个体并对指数进行标准化处理，可以用来衡量城市规模分布的离散程度，如式（4-2）所示，式中 s 为长三角地区总的规模，n 是城市数量；基尼系数用来衡量收入分配的主要指标，当研究对象为城市规模时，也可用来表示规模分布的分散程度，即空间基尼系数。标准赫芬达尔指数与空间基尼系数的取值范围都为 0 到 1，越接近 1 表示城市人口分布越集中，越接近 0 表示分布越均匀。

$$R(s_i) = As_i^{-\beta} \qquad (4-1)$$

$$H = \frac{\sqrt{\sum_{i=1}^{n}\left(\frac{s_i}{s}\right)^2} - \sqrt{\frac{1}{n}}}{1 - \sqrt{\frac{1}{n}}} \qquad (4-2)$$

利用这些指标测度长三角城市群在不同年份的常住人口规模分布情况，结果如表 4-3 所示。可以发现，从 2000 年到 2010 年再到 2017 年，首位度、标准赫芬达尔指数、空间基尼系数等指标的值都在逐渐增大，位序—规模系数的值逐渐减小，规模分布变得更加离散，进一步验证了人口向大城市集聚的趋势。分析这种变化的原因，一方面可能是源于更多的人口主动流向大城市，另一方面也可能是由于撤县设区等行政区划调整导致的中小城市数量减少和大城市数量增加。对此我们也以 2017 年的行政区划作为基准对 2000 年和 2010 年的数据进行了处理，以剔除行政区划调整带来的影响，此时人口集聚的趋势仍然存在，但变化幅度特别是 2010 年到 2017 年有所减弱。这种集聚的特征既是由于撤县设区导致的大城市扩张，也能够反映市场规律下大城市集聚经济效应的进一步释放。

表4-3　　　　　　　　　长三角城市群常住人口规模分布的指标估计结果

年份	最大城市首位度	前四城市首位度	位序—规模系数	标准赫芬达尔指数	空间基尼系数
按当年行政区划计算					
2000	0.1060	0.1650	1.2186	0.0595	0.3728
2010	0.1429	0.2549	1.0267	0.0991	0.4827
2017	0.1502	0.2874	0.9639	0.1084	0.5265
剔除行政区划调整影响					
2000	0.1221	0.2344	1.0520	0.0794	0.4693
2010	0.1478	0.2819	0.9668	0.1055	0.5207
2017	0.1502	0.2874	0.9639	0.1084	0.5265

　　作为对比，我们基于2010年人口普查数据对城镇人口和高技能人口的规模分布也进行了考察，表4-4报告了估计结果。使用城镇人口数据计算的位序—规模系数为0.9010，小于表4-3中对应的1.0267，其他指标则明显大于基于常住总人口计算的值，一定程度上表明了大城市的非农化水平要高于中小城市。考察拥有大学及以上学历的人口，规模分布的离散程度则要更大，集聚趋势更加明显，这也验证了高技能人群更加偏好于大城市的群分效应（Combes et al.，2008），由于具有更多高能级的产业和更好的生活便利性，大城市能够吸引更多的高技能人群在此集聚。在讨论人口规模的基础上，我们也采用2017年的数据对长三角城市群经济活动的规模分布情况进行了分析，相比总人口，地区生产总值和社会消费品零售总额的规模分布更加不均匀，大城市的集聚经济效应能够带来生产效率和消费能力上的优势，从而具有更高的人均产出和人均消费。从投资来看，地区间固定资产投资的差距相对较小，中小城市的发展具有较强的投资驱动特征，但是其吸引外资的能力却相对较为有限，外商直接投资在城市之间分布的不均等程度较高。

表4-4　　　　　　　　　　其他规模表征变量的估计结果

年份	变量	最大城市首位度	前四城市首位度	位序—规模系数	标准赫芬达尔指数	空间基尼系数
2010年人口普查	城镇人口	0.1992	0.3401	0.9010	0.1576	0.5905
	大学及以上人口	0.3254	0.5932	0.7646	0.3128	0.7947

续表

年份	变量	最大城市首位度	前四城市首位度	位序—规模系数	标准赫芬达尔指数	空间基尼系数
2017 年	地区生产总值	0.1773	0.3597	0.7786	0.1482	0.6448
	社会消费品零售总额	0.1750	0.3782	0.7751	0.1542	0.6682
	固定资产投资	0.0810	0.2452	0.8504	0.0794	0.5639
	实际利用外资	0.2833	0.5009	0.3538	0.2563	0.7875

第二节　长三角城市群的空间形态分布特征

上文对长三角城市群人口和经济产出的规模分布特征进行了分析，在此部分我们进一步识别这种规模分布在空间上所呈现出的格局和形态特征。总体而言，长三角城市群在空间上形成了一定的多层复合"中心—外围"式的分布特征。从城市群整体的空间层面来看，人口主要集中在由"南京—上海—杭州—宁波"所构成的"之"字形沿线，即上海及与其相近的江苏南部和浙江北部地区构成了城市群整体的中心。而且随着时间的推进，这种趋势变得愈发明显，"中心"地区的人口增加得更快，而"外围"地区的人口增加较慢甚至出现了城市收缩的现象。相对于总人口，城镇人口和高技能人口在空间上的分布则更加集中，上海、南京、杭州、苏州、宁波等核心城市及以其为节点的轴线形成的"中心"地区所具有的城镇人口和高技能人口比重更大，"外围"地区的占比则更小。从经济活动变量来看，类似的形态特征仍然显著存在。与上文分析相呼应，人口不仅在规模分布上更加偏向于大城市，而且承载了较多人口和经济产出的主要城市在空间上也较为集中。

都市圈发展所形成的更小空间尺度上的"中心—外围"结构是长三角城市群空间形态呈现出的另外一个重要特征。作为我国经济发展水平最高的区域，长三角的各个城市之间交流较为密切，特别是主要核心城市与其毗邻的周边县市之间，在空间上逐渐呈现出连片发展的形态，从而形成了多个都市圈。如上海与毗邻区启东、太仓、昆山、吴江、嘉善、平湖所形成的上海都市圈，以及类似的南京都市圈、杭州都市圈、宁波都市圈等，这些都市圈相互连接构成了长三角城市群的基本发展空间（张学良，2018）。

为进一步识别长三角城市群的空间形态分布特征，我们采用 Moran 指数对长三角城市群人口和经济产出的空间自相关性进行检验，指数的构造形式如式（4-3）所示。

$$\text{Moran'I} = \frac{n \sum\limits_{i=1}^{n} \sum\limits_{j=1}^{n} w_{ij} (x_i - \bar{x})(x_j - \bar{x})}{\sum\limits_{i=1}^{n} \sum\limits_{j=1}^{n} w_{ij} \sum\limits_{i=1}^{n} (x_i - \bar{x})^2} \qquad (4-3)$$

其中 n 为分析单元的个数，w_{ij} 为空间权重矩阵中相应的元素，x 为反映城市人口和经济规模的相关变量，Moran 指数的取值在 [-1, 1] 范围内，大于 0 表明区域存在着空间正相关，小于 0 表明存在空间负相关，如果等于 0，则表明不存在显著的空间相关性，指数的绝对值大小代表了空间相关性的强弱。分别采用邻接空间权重矩阵和距离倒数空间权重矩阵，本章计算的相关指标的 Moran 指数值如表 4 -5 所示。

表 4 -5　　　　　　　长三角城市群人口和经济空间分布自相关估计结果

	邻接权重矩阵			距离权重矩阵		
	Moran 指数	Z 统计量	P 值	Moran 指数	Z 统计量	P 值
2000 年常住人口	0.041	1.162	0.245	0.019	0.590	0.555
2010 年常住人口	0.071	1.938	0.053	0.025	0.775	0.439
2017 年常住人口	0.066	1.822	0.068	0.022	0.716	0.474
城镇人口	0.055	1.709	0.087	0.016	0.627	0.531
大学及以上人口	0.019	0.727	0.467	0.006	0.354	0.724
地区生产总值	0.145	3.475	0.001	0.067	1.632	0.103
社会消费品零售总额	0.065	1.629	0.103	0.025	0.699	0.485
固定资产投资	0.141	2.697	0.007	0.082	1.541	0.123
实际利用外资	0.110	3.220	0.001	0.044	1.369	0.171

对于长三角城市群人口分布的空间相关性特征，Moran 指数的值都为正，结果与上文的分析基本一致，长三角城市群的人口在空间上具有一种集中分布的特征，大城市的空间分布总体上较为密集，因此呈现出了正向空间相关的关系。但同时长三角地区在较小的空间尺度上也日益呈现出都市圈化的特征，大城市的周边围绕着一定的中小城市，共同构成了都市圈的空间发展形态，从而指数有逐渐减小的趋势，正向相关的显著性也受到了一定的抑制。对经济发展相关变量的空间分布 Moran 指数进行估计，也仍然都为正值，而且指数的大小和显著性水平要高于人口变量，比较而言，长三角城市群的经济活动具有更加明显的空间正相关性。

第三节　长三角城市群的联系网络分布特征

除了规模和形态分布上的特征，群内各个城市之间所形成的联系网络也是反映城市群空间结构特征的一个重要方面。这里我们对长三角地区各个城市间的联系强度进行度量，并在此基础上分析其网络结构特征。引力模型是分析城市间联系强度最为常用的方法，但其在估计时也存在一些不足和问题，比如模型参数较多且选择不够严谨、会产生异常值及系统性偏误等。对于度量城市之间的联系特别是人员的通勤和流动，通过与现实数据进行对比，辐射模型所得结果相比引力模型更加准确（Simini et al.，2012）。因此本章主要使用辐射模型来进行估计，模型基本思想主要是从劳动力跨区域流动的区位选择角度出发来衡量城市之间潜在的联系强度，形式如式（4-4）所示：

$$R_{ij} = R_i \frac{m_i n_j}{(m_i + s_{ij})(m_i + n_j + s_{ij})} \qquad (4-4)$$

其中，R_{ij} 表示城市 i 向城市 j 的辐射强度，R_i 反映了城市 i 总的对外联系，其与城市 i 的规模以及整个区域总的流动人口成正比例，这里我们用每个城市的交通运输量来近似表示，m_i 和 n_j 分别表示城市 i 和城市 j 的规模，s_{ij} 则表示以城市 i 为圆心、以 i 到 j 的距离为半径所构成的圆内的总人口，考虑到高速铁路的建设大大压缩了城市的时空距离，扩展了人员的活动半径，仅采用地理距离来划定并不完全准确，因此这里我们采用城市间的时间距离来作为半径，如果城市间有高铁线路，则选择高铁通行的最短时间，如果没有高铁线路，则选择两地间驾车的最短时间，数据来源于12306网站和百度地图。另外，我们也将研究样本扩展到了县级市层面，包含25个地级市市辖区和40个县级市共65个城市样本。

基于辐射模型，我们估计了群内两两城市间的联系强度。总的来说，长三角城市群基本形成了较为密切的联系网络，而结合上文分析，目前城市间的联系主要集中在"中心"地区，"外围"地区的融入度仍需要提高。此外，我们还计算了每个城市作为节点在城市群联系网络中的中心度，由于辐射模型是一种有向估计，因此这里将网络中心度分为点出度 R_O 和点入度 R_I，前者表示一个城市作为地区间经济和人员交流合作的来源地所产生的对外辐射的平均强度，反映了一个城市在联系网络中的影响力和辐射能力，后者则表示一个城市作为经济和人员流动的目的地所接受到其他地区辐射的平均强度，反映了城市的集聚力和潜在的发展能力。

$$R_{Oi} = \sum_{j \neq i}^{n} R_{ij}/(n-1) \qquad (4-5)$$

$$R_{Ii} = \sum_{j \neq i}^{n} R_{ji}/(n-1) \qquad (4-6)$$

表4-6和表4-7分别显示了各个城市点出中心度和点入中心度的大小和排名，从结果可以看出，上海、南京、杭州、苏州、宁波、无锡、常州、温州等作为长三角的主要核心城市和次级区域中心城市，在地区的联系网络中起着重要的节点作用，具有较强的资源配置能力，网络中心度较高。其中上海具有最高的点出中心度，长三角城市群的发展要通过上海经济中心、金融中心、贸易中心、航运中心和科创中心的建设来发挥带动和引领作用，而在点入中心度方面，杭州逐渐超越上海，具有较大的要素吸引力和发展潜力。此外对比来看，城市行政级别越高，在联系网络中的中心度越大，地级市的排名总体要高于县级市；我们也计算了开通高铁城市和没有开通高铁城市在城市群网络中的作用，前者与所有城市的平均联系强度为63.61，后者的平均联系强度为31.51，高速铁路的开通极大地提高了城市的空间可达性，有利于城市更好地融入城市群联系网络，城市联系网络与主要交通干线，特别是高铁线路具有一定的重合性，网络中心度较高的城市大都位于高铁沿线。

表4-6　　　　　　　　　　长三角城市群联系网络点出中心度排名

排名	城市	点出度	排名	城市	点出度	排名	城市	点出度	排名	城市	点出度
1	上海市	236.87	18	台州市	47.68	35	镇江市	36.71	52	泰兴市	21.79
2	南京市	225.35	19	宿迁市	47.20	36	金华市	35.60	53	嵊州市	21.67
3	杭州市	217.33	20	慈溪市	46.96	37	临海市	32.85	54	太仓市	21.28
4	苏州市	135.52	21	昆山市	45.56	38	余姚市	32.85	55	靖江市	20.59
5	宁波市	126.00	22	常熟市	44.83	39	东台市	29.43	56	平湖市	20.53
6	常州市	115.15	23	乐清市	44.40	40	丹阳市	29.33	57	句容市	18.74
7	徐州市	95.23	24	瑞安市	44.18	41	启东市	28.55	58	临安市	18.54
8	温州市	92.85	25	温岭市	42.93	42	舟山市	27.66	59	兰溪市	17.82
9	淮安市	78.36	26	邳州市	42.74	43	新沂市	27.21	60	仪征市	16.79
10	扬州市	71.66	27	湖州市	41.63	44	海门市	27.07	61	江山市	14.98
11	南通市	68.61	28	嘉兴市	38.94	45	海宁市	26.27	62	丽水市	14.88
12	绍兴市	63.09	29	义乌市	37.55	46	桐乡市	26.24	63	建德市	14.11
13	无锡市	62.29	30	兴化市	37.48	47	东阳市	26.17	64	扬中市	10.27
14	连云港	61.61	31	张家港	37.39	48	衢州市	25.97	65	龙泉市	7.46
15	盐城市	57.99	32	宜兴市	37.38	49	永康市	23.58			
16	江阴市	48.46	33	如皋市	37.35	50	溧阳市	22.80			
17	泰州市	48.30	34	诸暨市	36.87	51	高邮市	22.19			

表 4 – 7　　　　　　　　长三角城市群联系网络点入中心度排名

排名	城市	点入度	排名	城市	点入度	排名	城市	点入度	排名	城市	点入度
1	杭州市	223.83	18	新沂市	58.08	35	温岭市	33.62	52	太仓市	12.92
2	上海市	195.73	19	金华市	57.82	36	溧阳市	32.53	53	江山市	11.94
3	苏州市	179.81	20	江阴市	57.09	37	乐清市	32.46	54	兰溪市	9.38
4	南京市	175.60	21	宜兴市	56.96	38	淮安市	31.79	55	平湖市	8.87
5	无锡市	160.66	22	桐乡市	55.27	39	东台市	31.74	56	丽水市	8.48
6	常州市	142.38	23	兴化市	51.54	40	临海市	26.86	57	仪征市	8.05
7	绍兴市	125.68	24	如皋市	49.10	41	海门市	26.59	58	启东市	7.50
8	宁波市	87.22	25	邳州市	48.17	42	泰兴市	25.98	59	慈溪市	6.99
9	温州市	84.47	26	海宁市	47.23	43	靖江市	23.29	60	嵊州市	5.04
10	义乌市	82.22	27	嘉兴市	44.82	44	连云港	21.64	61	扬中市	3.29
11	泰州市	78.83	28	宿迁市	44.29	45	盐城市	21.16	62	建德市	2.05
12	台州市	71.70	29	诸暨市	43.78	46	句容市	20.08	63	舟山市	1.90
13	扬州市	69.49	30	丹阳市	42.31	47	永康市	19.97	64	临安市	1.48
14	南通市	66.67	31	徐州市	37.81	48	衢州市	19.62	65	龙泉市	0.41
15	镇江市	63.75	32	瑞安市	37.09	49	东阳市	16.91			
16	昆山市	63.65	33	湖州市	36.05	50	常熟市	15.60			
17	余姚市	59.68	34	张家港	35.06	51	高邮市	13.63			

　　为进一步检验所得结论，在表 4 – 8 中我们分别按高铁开通、行政等级和行政区划等城市特征进行分类以识别不同类型城市间的联系强度大小。根据结果，有高铁开通城市间的平均联系强度要明显高于没有高铁开通城市之间的联系，再次说明了高速铁路对城市网络的影响，高铁的开通能够在很大程度上改变要素和产品的流动方向和流动强度，从而对城市体系产生一定的重塑（陈建军等，2014）。从行政等级分类来看，地级市与县级市的联系高于县级市之间的联系，而地级市相互之间则具有更高的联系强度，城市的行政等级也是影响长三角城市群联系分布特征的重要因素，跨行政等级的合作目前仍存在着一定的不足。相比而言，行政区划对城市联系网络的影响则更为明显，同一地级市的城市间的平均联系强度远高于不同地级市间的联系，而从省份尺度来看，同省城市间的联系也要强于跨省的城市，地区行政壁垒的存在也仍然对城市间的联系产生了一定的阻碍作用。

表4-8　　　　　　　　长三角城市群联系网络的分类比较

	按是否开通高铁分类		
	高铁城市－高铁城市	高铁城市－非高铁城市	非高铁城市－非高铁城市
平均联系强度	107.65	16.00	40.41
	按行政等级分类		
	地级市－地级市	地级市－县级市	县级市－县级市
平均联系强度	146.29	44.18	19.83
	按行政区划分类		
	同一地级市内	同省不同地级市	不同省份之间
平均联系强度	364.38	64.42	16.40

第四节　长三角地区空间结构的特征分析

正如本书第三章所提到的，我们在两省一市的范围内对长三角城市群的空间结构特征进行了识别，而作为对比，这里我们进一步考虑安徽省，分析整个长三角地区的情况。表4-9和表4-10分别显示了加入安徽省城市样本后，长三角地区城市规模分布的基本特征和相关指标估计结果。从横向比较来看，此时中小城市的数量有了较大的提高，其人口占比也要大于不考虑安徽省样本时的值，但大城市特别是300万以上大城市的数量并没有明显变化，其所占的人口比重则是有所下降。相较于其他地区，安徽省的规模分布主要是以中小城市为主，大城市的数量较少。对应指标的估计结果也对此提供了证据，相比表4-3，以加入安徽省样本后的长三角地区为研究对象，城市首位度、标准赫芬达尔指数、空间基尼系数等指标的值都明显下降，位序－规模系数的值则有所上升。而从时间上的纵向比较来看，前文分析的结论此时仍然成立，在整个长三角地区范围内，城市规模分布也是变得更加不均匀，具有向大城市集聚的趋势。

表4-9　　　　　长三角地区城市规模分布的基本特征（加入安徽省样本）

规模类别	2000年		2010年		2017年	
	城市数量	人口占比（%）	城市数量	人口占比（%）	城市数量	人口占比（%）
500万人以上	1	7.38	3	16.57	4	20.70
300万~500万人	1	1.87	6	9.62	7	11.19
100万~300万人	68	44.99	57	35.58	54	35.27
50万~100万人	89	32.85	86	29.44	77	25.53
50万人以下	74	12.91	61	8.79	53	7.31

表4－10　　　长三角地区城市规模分布的指标估计结果（加入安徽省样本）

年份	最大城市首位度	前四城市首位度	位序－规模系数	标准赫芬达尔指数	空间基尼系数
按当年行政区划计算					
2000	0.0738	0.1149	1.2449	0.0390	0.3536
2010	0.1035	0.1846	1.0882	0.0695	0.4461
2017	0.1082	0.2070	1.0401	0.0765	0.4839
剔除行政区划调整影响					
2000	0.0848	0.1629	1.1433	0.0529	0.4236
2010	0.1070	0.2040	1.0510	0.0747	0.4756
2017	0.1082	0.2070	1.0401	0.0765	0.4839

　　利用辐射模型，我们也构造了考虑安徽省城市样本的长三角地区联系网络，此时主要的联系仍然是集中在上海、江苏和浙江的城市之间，安徽省内各个城市之间以及省内城市与省外城市之间形成的联系强度连线相对较为稀疏。我们计算了各个城市的联系网络中心度，并按地区进行了平均，根据表4－11显示的结果，无论是点出中心度，还是点入中心度，上海都具有明显的优势，江苏和浙江省处于第二梯队，且平均值较为接近，安徽省则都是处于较低的水平。在长三角地区的联系网络中，上海的核心作用较为明显，江苏和浙江作为长三角的核心区，各个城市间形成了较好的合作基础，联系也较为密切，比较之下安徽目前仍处于相对的外围，网络中心度较低，需要更好地融入长三角联系网络。也正是如此，我们在本书中将长三角城市群的主体范围划定为两省一市。

表4－11　　　长三角地区不同省份的联系网络中心度（加入安徽省样本）

省份	点出中心度	点入中心度
上海市	184.53	127.57
江苏省	32.26	34.00
浙江省	31.24	30.83
安徽省	14.42	14.86

第五节　本章小结

　　推动长三角城市群更高质量的发展，在促进产业协同和合作机制建设的同时，也需要关注其空间结构的演进特征，这是集聚区域最基本的属性，也是实现区域一体化的重要支撑。本章从城市间的规模等级分布、空间形态分布和联系网络分布等多个角度对长三角城市群的空间结构进行了识别，相关结论为长三角的空间一体化发展提供了一定的启示：

（1）城市群本质是特定空间内由不同规模等级的城市在分工与协作基础上所形成的具有密切联系的一体化功能区域，作为我国城市化和工业化水平最高的地区，长三角已经形成了较为完整的城市体系，既有多个特大城市和大城市可以作为中心发挥带动和辐射作用，又有充分多的中小城市能够作为发展腹地接受大城市的辐射，形成对大城市的补充，这样的城市体系有利于长三角地区的分工和协调，奠定了城市群一体化发展的基础。

（2）长三角城市群的规模分布存在着向大城市集聚的趋势，特别是对于城镇人口和高技能人口，在大城市的集中分布更加明显，相对于人口，大城市在主要经济指标上的占比则更高。不仅在规模分布上更加偏向于大城市，承载了较多人口和经济活动的高规模等级城市在空间上也存在一定的正相关性，地理上的分布较为集中。总的来说，集聚仍是长三角地区现阶段发展的主要特征和趋势，虽然城市群的形成要伴随着空间扩散的过程，但这是建立在大城市的集聚经济效应得到充分实现和发挥的基础之上，这样再通过辐射作用带动中小城市发展，从而在集聚中走向平衡。

（3）从理论上说，城市群的演进会形成多中心的空间体系，不同中心在发展和空间上相互联系、组合，而每个经济中心又都会有与其规模相应的大小不一的外围地区，从而产生若干规模不等的"中心—外围"结构。在上述过程中，经济活动和人口首先会从中心城区向城市郊区及周边毗邻区迁移，使得城市逐渐向都市圈演化，由若干规模和功能不同但联系紧密并在空间上连绵分布的都市圈则构成了城市群。长三角城市群目前在空间上初步表现出了"中心城区—都市圈—城市群"的多层次嵌套型的结构，这符合区域经济空间的演化规律，有利于实现一体化发展。

（4）城市不是孤立存在的，而是与周围地区存在着多方面的作用和交流，区域一体化最为核心的特征就是城市间在要素充分流动的基础上形成紧密的经济联系。长三角城市群作为我国发展水平最高的地区，城市之间进行交流与合作的意愿要更加强烈，目前基本形成了以中心城市作为主要资源配置节点向外辐射的较为密切的联系网络，特别是高速铁路的发展，提高了城市间的可达性，在降低要素和商品流通时间的同时扩大了其流动空间。但是，由于行政等级的不一致和行政壁垒的存在，城市间的联系也会受到一定的阻碍。

基于本章的研究结论和启示，未来要进一步完善长三角城市群空间一体化发展，有以下几点建议：

第一，尊重劳动力跨区流动的市场规律。城市群更高质量的一体化发展需要以合理的城市规模分布作为基础，从目前长三角城市群的发展来看，即使存在户籍制度和土地制度的阻碍，人口和经济活动向大城市集聚的趋势仍然存在。城市群未来的发展要更加尊重劳动力和其他要素在地区间流动的这种客观规律，减小户籍制度和土地制度对城市化进程和城市体系形成所带来的扭曲，逐步弱化城市二元结构，并有条件地推动土地跨区域的占补平衡。

第二，发挥都市圈对城市群的支撑作用。都市圈已成为长三角空间结构的一个重要特征，作为城市群的主要构成单元，都市圈具有小尺度、精准化、跨区域的特点，能够推动核心城市的功能疏解和结构优化，更好地发挥其辐射带动作用，同时在都市圈内城市之间的协调成本更小，也有利于区域协调政策的针对性和有效性。因此，要推动出台相关都市圈的发展规划，完善都市圈的合作和交流机制，以都市圈来带动长三角地区的一体化发展。

第三，完善长三角的交通基础设施网络。高铁和高速公路能够大幅度地提高城市间的可达性，有利于城市融入地区的联系网络。长三角的一体化发展要以更为完善的交通基础设施作为基础，要更加注重建设的空间层次性。在长三角城市群的整体层面要逐步增加高铁线路，增大高铁网络覆盖的城市范围，同时有条件地增加主要城市之间的高铁直达班次，而在都市圈层面则要加强城际轨道和郊铁轨道的建设。此外还要注重不同地区的规划对接，切实解决"断头路"问题。

第四，进一步减弱行政壁垒的阻碍作用。虽然长三角具有相对较为完善的区域合作与协调机制，但行政壁垒的影响仍然存在。一方面要加强各地区的认同感，主动融入长三角的整体发展，另一方面要通过加强地区间的利益协调来弱化地方保护，如推动建立合作发展基金以及围绕重大议题的专项基金，此外加强财税制度的相关创新，通过税收分成和财政转移支付来进行利益协调，重点建立科学合理的跨省市投资、产业转移、园区共建、科技成果落地等项目的收益分配体制。

第五章

长三角城市群产业分析

　　自唐五代以来，长三角经济开始渐入佳境，宋元时期进入高潮阶段，随后便一直处于全国的发展优势地位。长三角城市群如今的经济地位是在长期的历史演变与发展过程中逐渐形成的。纵观长三角经济发展史，长三角的经济区域格局在明清时期已形成雏形，并在近代化过程中得到加强，改革开放以来沿海区域的开放以及浦东开发开放等政策同时加速了该地区世界级城市群的形成，时至今日，长三角城市群早已成为我国综合实力最强的区域（陈剑峰，2008）。2018 年 11 月 5 日，习近平总书记提出将长三角一体化上升为国家战略，长三角城市群的产业发展也翻开了崭新的一页。本章将从产业视角，对长三角城市群产业结构调整、长三角城市群产业集聚等内容进行介绍。

第一节　长三角城市群产业结构调整历程及其演变

　　根据结构主义经济理论的观点，产业结构的变动是影响区域经济增长的主要因素之一。根据上海市、浙江省与江苏省历年统计年鉴，长三角两省一市 1978 年 GDP 为 645.77 亿元，至 2016 年 GDP 增加为 151516.18 亿元，GDP 增长的同时产业结构也发生了很大的改变，从 1978 年的"二一三"型产业结构到 1985 年首次实现"二三一"型产业结构，再到 2016 年三产占比分别为 4.1%、41.7% 与 54.3% 的以第三产业为主的"三二一"型结构，这些都表明长三角城市群产业结构变动显著。研究表明，长三角由产业结构变动及产业结构的高度化对经济增长的贡献较大，该贡献大于全国的平均水平（靖学青，2009），《长江三角洲城市群发展规划》中也提出，加快推进产业跨界融合，重点发展高附加值产业、高增值环节和总部经济，加快培育以技术、品牌、质量、服务为核心的竞争新优势，打造若干规模和水平居国际前列的先进制造产业集群，形成服务经济主导、智能制造支撑的现代产业体系，是长三角两省一市未来产业结构调整与发展的重要方向。

　　长三角城市群自改革开放以来的产业发展大体上可分为三个阶段，第一个阶段是 1978 ~ 1989 年的工业化前中期，第二个阶段是 1989 ~ 1998 年的工业化中期至中后期，第三个阶段是 1999 年至今的工业化后期与后工业化时期。

一、工业化前中期阶段（1978 ~ 1989 年）

　　改革开放以来，长三角城市群首先经历了一段经济调整与平缓增长阶段，这一期间的经济发展与产业结构调整均不迅速，在自身区位优势的帮助下，长三角城市群第三产业比重在 1979 年后呈现逐年上升，第二产业比重先是维持上下浮动，随后表现为逐年下降，第一产业比重总体保持稳定（见表 5 - 1）。1978 年长三角两省一市的第一产业生产总值占三产总值比重为 19.6%，第二产业占比 61.3%，第三产业占比最低，仅为 19.1%；至 1989 年，两省一市第一产业占比改变为 19.7%，第二产业降低至 52.6%，第三产业变动较为明显，占比增加为 27.7%。在这一阶段内，长三角内部两省一市并非是均衡发展：首先是两省一市各自的产业结构变动情况，上海市第一产业占比在十一年间一直维持在 4% 左右的水平，第二产业占比由 1978 年的 77.4% 逐渐减少为 66.9%，第三产业发展迅速，占比逐年增加，至 1989 年占比达到 28.8%，上海的工业化进程在这 11 年中一直处于工业化中后期阶段，在长三角两省一市处于领先地位；江苏省与浙江省则处于工业化前期阶段，江苏省原先的第二产业和第三产业发展水平普遍高于浙江省，但是改革开放后浙江省凭借高速的发展逐渐拉近了与江苏省的发展距离，至 1989 年浙江省第二产业占比与江苏省的差距从 1978 年的 9.3% 缩小为 4.2%，第三产业占比实现了 3.9% 的反超。

表 5 - 1　　　　　　　1978 ~ 1989 年长三角及两省一市生产总值结构　　　　　单位：%

年份	第一产业				第二产业				第三产业			
	长三角	上海	江苏	浙江	长三角	上海	江苏	浙江	长三角	上海	江苏	浙江
1978	19.6	4.0	27.6	38.1	61.3	77.4	52.6	43.3	19.1	18.6	19.8	18.7
1979	24.6	4.0	34.8	42.8	57.4	77.2	47.3	40.6	17.9	18.8	17.9	16.6
1980	20.8	3.2	29.5	35.9	60.1	75.7	52.3	46.7	19.1	21.1	18.2	17.4
1981	21.5	3.3	31.3	33.7	58.8	75.2	50.8	46.2	19.7	21.5	17.9	20.1
1982	24.3	3.9	34.6	36.3	55.5	74.0	47.6	42.1	20.2	22.1	17.8	21.7
1983	23.6	3.8	34.4	32.1	55.3	72.6	48.2	44.0	21.1	23.6	17.4	23.8
1984	24.4	4.4	34.5	32.3	54.1	70.5	48.3	43.8	21.5	25.1	17.2	23.9

年份	第一产业				第二产业				第三产业			
	长三角	上海	江苏	浙江	长三角	上海	江苏	浙江	长三角	上海	江苏	浙江
1985	21.9	4.2	30.0	28.9	55.8	69.8	52.1	46.3	22.3	26.0	17.9	24.8
1986	21.9	4.0	30.1	27.1	54.3	68.5	50.5	46.0	23.9	27.5	19.4	26.9
1987	20.6	4.0	26.8	26.3	54.9	66.8	53.5	46.4	24.5	29.2	19.7	27.4
1988	20.6	4.2	26.4	25.4	52.3	66.8	48.5	46.0	27.1	29.0	25.1	28.6
1989	19.7	4.3	24.5	24.8	52.6	66.9	49.7	45.5	27.7	28.8	25.8	29.7

资料来源：根据上海市、浙江省与江苏省历年统计年鉴整理得到。

再看两省一市在整个长三角的产业结构状况：首先看第一产业，上海市第一产业在长三角的比重由1978年的8.7%下降为5.2%，江苏省相反，1989年的第一产业占整个长三角比重为57.4%，相较1978年提高了3.2%，浙江省占比保持稳定，变动比例仅为0.2%，由此可以发现，1978~1989年间，长三角两省一市的第一产业比重可能由上海市向江苏省实现了部分的转移；再看第二产业与第三产业，浙江省第二、第三产业在此期间均呈现明显上升趋势，比重增长分别达12.0%与11.9%，江苏省第二产业同样有着超过10%的增长，但第三产业占比变动较小，相较1978年增长仅2.9%，这也体现出两省一市的非均衡发展态势。

二、工业化中期至中后期阶段（1990~1999年）

1990年，国务院通过了浦东开发开放的决策，于1992年批复设立浦东新区，党的十四大也进一步作出了"以上海浦东开发开放为龙头，带动长江三角洲和整个长江流域地区经济的新飞跃"的重大战略部署，内外环境的改善充分释放了长三角的经济潜力，使长三角的发展进入了一个崭新的阶段，开始超越珠江三角洲，重新恢复了在全国经济中的领先位置和中心地位。在国家的一系列优惠政策帮助下，长三角积极促进产业结构的调整：从表5-2可以看出，长三角两省一市的第一产业占比降幅明显，1999年占比为9.9%，远低于工业化中期阶段所要求的20%，第二产业占比变化体现为先增后减，但总体保持稳定，第三产业占比除1993~1994年有所下降外，其余时间均持续增长，由1990年的28.4%增加为1999年的38.9%，但仍低于第二产业占比，这表明长三角在这一期间内依然处于工业化中期阶段，但距离第一产业占比达10%以下、第二产业发展达到顶点的工业化后期要求已经比较接近。根据对两省一市历年统计年鉴的观察，第一产业方面，两省一市均有较大降幅，上海在较低的一产占比情况下仍实现2.6%的下降，浙江与江苏两省降幅均超过10%，产业向外转移现象显著；第二产业方面，上海市第二产业占比始终表现为下降态势，浙江省恰好相反，第二产业占比保持上升，十年内占比增长达 9.5%，江苏省第二产业与长三角总体变化态势相同，体现为先增后减但变化不显著；最后看第三产业，上海在这一期间内第三产业发展极为迅速，1999 年占比相较 1990 年增长接近 20%，达到 50.7%，而这也是上海市自改革开放以来首个第二产业占比低于第三产业的年份，这表明上海已经在工业化后期的道路上迈出了一大步，与此同时江苏与浙江两省也都开始进入工业化中后期阶段，产业结构开始逐渐向第三产业偏移。

表 5-2　　　　　　　　1990~1999 年长三角及两省一市生产总值结构　　　　　　单位：%

年份	第一产业				第二产业				第三产业			
	长三角	上海	江苏	浙江	长三角	上海	江苏	浙江	长三角	上海	江苏	浙江
1990	19.8	4.4	25.1	24.9	51.8	64.7	48.9	45.1	28.4	30.9	26.0	30.0
1991	17.4	3.8	21.5	22.5	51.3	61.6	49.6	45.4	31.3	34.6	28.9	32.1
1992	14.9	3.1	18.4	19.1	53.0	60.8	52.4	47.5	32.1	36.1	29.2	33.4
1993	13.1	2.5	16.4	16.4	54.1	59.4	53.3	51.1	32.8	38.1	30.3	32.5
1994	13.4	2.4	16.9	16.3	54.2	57.7	53.9	52.0	32.4	39.9	29.2	31.7
1995	13.1	2.4	16.8	15.5	53.4	56.8	52.7	52.1	33.4	40.8	30.5	32.4
1996	12.5	2.3	16.5	14.2	52.5	54.0	51.2	53.3	34.9	43.7	32.3	32.5
1997	11.6	2.1	15.5	13.2	52.3	51.6	51.1	54.5	36.1	46.3	33.4	32.3
1998	10.8	1.9	14.5	12.1	51.6	49.3	50.6	54.8	37.7	48.8	34.9	33.2
1999	9.9	1.8	13.5	11.1	51.3	47.5	50.9	54.6	38.9	50.7	35.6	34.2

资料来源：根据上海市、浙江省与江苏省历年统计年鉴计算得到。

三、工业化后期以及局部后工业化阶段（2000 年至今）

进入 21 世纪后，长三角的经济先是维持了 20 世纪末的高速发展，随后开始进入以发展质量为主的中高速发展阶段。长三角城市群是中国经济最为活跃的地区之一，是中国经济发展的核心与战略支撑，同时也是中国参与国际竞争的最前沿板块。21 世纪以来，国家分别批准实施了《长江三角洲地区区域规划》与《长江三角洲城市群发展规划》，内外条件的共同作用持续助力长三角的区域发展，加速长三角城市群现代产业体系的形成。在经济持续稳步发展的同时，产业结构也进一步优化（见表 5-3）：长三角两省一市第一产业转移迅速，占比由 2000 年的 9.0% 下降为 2016 年的 4.1%，第二产业占比自 2006 年达到最高值后呈稳定下降趋势，2016 年第二产业占比相对于 2006 年的 53.7% 下降了 12.0%，第三产业占比于 2014 年首次超过半数达到 50.5%。通过分析两省一市各自产业结构变动可以发现，上海市第二产业占比自 1994 年起已经开始表现出达到顶峰后的稳定下降趋势，而浙江省与江苏省要晚许多，两省第二产业占比分别于 2007 年与 2005 年才开始较为明显地体现出这一趋势；上海市第三产业发展也要领先于浙江省和江苏省，产业占比方面高出两省各接近 20%；同时第一产业的转移也要迅速于另外两省，上海市第一产业占比仅为 0.4%，浙江省与江苏省分别为 4.2% 与5.4%。这些都表明，在产业结构方面，上海已经进入了后工业化时期，而浙江省与江苏省均处在工业化后期阶段，距离进入后工业化阶段仍有一定距离。

表 5 – 3　　　　　　　2000 ～ 2016 年长三角及两省一市生产总值结构　　　　单位：%

年份	第一产业				第二产业				第三产业			
	长三角	上海	江苏	浙江	长三角	上海	江苏	浙江	长三角	上海	江苏	浙江
2000	9.0	1.6	12.2	10.3	51.0	46.4	51.9	53.3	40.0	52.0	35.9	36.4
2001	8.5	1.5	11.6	9.6	50.5	46.2	51.9	51.8	41.0	52.3	36.5	38.6
2002	7.7	1.4	10.5	8.6	50.6	45.8	52.8	51.1	41.7	52.8	36.7	40.3
2003	6.8	1.2	9.3	7.4	52.3	48.1	54.6	52.5	40.9	50.7	36.1	40.1
2004	6.5	1.0	9.1	7.0	53.5	48.4	56.3	53.6	40.0	50.6	34.6	39.4
2005	5.9	1.0	7.9	6.7	53.5	47.5	56.6	53.4	40.7	51.5	35.6	39.9
2006	5.3	0.9	7.1	5.9	53.7	47.2	56.5	54.1	41.0	51.9	36.4	40.0
2007	5.1	0.8	7.0	5.3	52.8	44.8	55.6	54.1	42.2	54.4	37.4	40.6
2008	5.0	0.8	6.8	5.1	52.1	43.5	54.8	53.9	42.9	55.7	38.4	41.0
2009	4.9	0.7	6.5	5.1	50.3	40.2	53.9	51.6	44.9	59.1	39.6	43.4
2010	4.6	0.7	6.1	4.9	50.0	42.3	52.5	51.1	45.3	57.0	41.4	44.0
2011	4.7	0.6	6.3	4.9	49.2	41.6	51.3	50.5	46.1	57.8	42.4	44.6
2012	4.8	0.6	6.3	4.8	47.7	39.2	50.2	48.9	47.5	60.2	43.5	46.3
2013	4.5	0.6	5.8	4.7	46.2	36.6	48.7	47.8	49.4	62.8	45.5	47.5
2014	4.3	0.5	5.6	4.4	45.2	35.1	47.4	47.7	50.5	64.4	47.0	47.9
2015	4.3	0.4	5.7	4.3	43.3	32.2	45.7	45.9	52.4	67.4	48.6	49.8
2016	4.1	0.4	5.4	4.2	41.7	29.8	44.1	44.8	54.3	69.8	50.5	51.0

资料来源：根据上海市、浙江省与江苏省历年统计年鉴计算得到。

四、长三角城市群产业集聚

本节主要使用标准区位熵（standardized location quotient，SLQ）来识别长三

角城市群 25 个城市的优势产业以及产业集聚的情况，标准区位熵是区位熵（location quotient，LQ）的标准化形式，在计算 SLQ 指数之前，首先需要计算 LQ 指数，其计算公式如下：

$$LQ_{ij} = (G_{ij}/G_j)/(G_i/G) \qquad (5-1)$$

式（5-1）中，LQ_{ij} 为 i 部门 j 地区的区位熵，G_{ij} 表示 i 部门 j 地区的从业人员数，G_j 表示 j 地区全部产业的从业人员数，G_i 表示长三角城市群 i 部门的从业人员数量，G 表示长三角城市群所有产业的从业人员数量。在使用 LQ 指标衡量产业的集聚优势时，往往以 1 作为临界值，LQ 大于 1 表示某产业在该地区的集聚长度高于全国水平，具有集聚优势，反之，则不具有集聚优势。随着 LQ 指数的广泛使用，学者们发现了 LQ 指数本身存在如下的缺陷：首先，LQ 的分界点缺乏统计学意义。学者们在用 LQ 衡量产业集聚程度时，确定 LQ 的临界值时，通常具有随意性，对于 LQ 的临界值学界尚没有统一的定论，学者们往往根据自己研究的需要来确定 LQ 的临界值。其次，LQ 在测度产业集聚程度时没有考虑到地区产业规模，由于 LQ 的大小主要取决于分子的大小，这使得一个产业规模较小地区的 LQ 值大于一个产业规模较大地区的 LQ 值成为可能。鉴于此，学者们在 LQ 的基础上提出了 SLQ，其计算步骤如下：

第一，利用单样本 K－S 检验法检验上述 LQ 是否服从正态分布；若不服从，则对 LQ 值取对数（log），再用 K－S 检验法拟合正太分布；

第二，若 LQ 或者 logLQ 服从正态分布，则将 LQ 或者 logLQ 进行标准化（求得 Z 值），$Z = (LQ - u)/\sigma$ 或者 $Z = (logLQ - u)/\sigma$ 转化为标准正态分布，其中 u 和 σ 分别为 LQ 或者 logLQ 正态分布的均值和标准差；

第三，查标准正态分布表得到 5% 显著性水平下的分界点 M。由于我们寻找的是大于 M 的值，所以利用单边检验更为合适，查表可得 5% 显著性水平下的单边分界点为 1.6449，所以 SLQ 值大于 1.6449 的地区为该产业的强集聚地区。

各产业的集聚情况如表 5-4 所示，SLQ 值大于 1.6449 的地区为该产业的强集聚地区。制造业 SLQ 大于 1.6449 的地区为无锡、苏州和嘉兴，可见，制造业在这两个城市具有强集聚优势。南通、泰州、温州为建筑业的强集聚地区，这也与现实相符合，南通的建筑在全国范围内具有较高的知名度。作为中心城市和副中心城市的上海、南京和杭州均在信息传输、计算机服务和软件业，批发和零售业，科学研究、技术服务和地质勘查业具有集聚优势，此外，上海的交通运输、仓储及邮政业，房地产业，租赁和商业服务业均具有明显的集聚优势，值得一提的是，在 SLQ 的反映下，上海的金融业和教育业等尚没有形成明显的集聚优势。总体来看，经济发展水平较高的上海、南京、杭州第三产业的专业化程度尚不是很高，优势并非十分突出，仍需要进一步加强。

表5-4

2016年长三角城市群25个城市13部门标准区位熵

城市	制造业	电力煤气及水生产和供应业	建筑业	交通仓储邮电业	信息传输、计算机服务和软件业	住宿餐饮业	金融业	房地产业	租赁和商业服务业	科研、技术服务和地质勘查业	水利、环境和公共设施管理业	居民服务和其他服务业	教育业	卫生、社会保险社会福利业	文化、体育和娱乐业	公共管理和社会组织
上海	0.60	-0.37	-1.11	1.36	2.54	1.54	0.45	2.95	2.91	2.61	0.36	1.41	-0.58	-0.50	0.82	-0.89
南京	-0.25	-0.28	0.29	0.79	4.16	0.90	-0.59	1.06	1.48	2.50	-0.04	0.58	-0.34	-0.52	1.07	-0.54
无锡	1.65	-0.54	-1.07	-0.53	0.30	0.46	-0.46	-0.25	-0.68	-0.36	-0.65	0.32	-0.67	-0.60	-0.31	-0.87
徐州	-0.66	-0.43	0.66	0.01	-0.63	-0.83	-0.55	-0.70	0.20	-0.47	0.15	-0.31	-0.10	-0.09	-0.45	-0.07
常州	1.42	-0.50	-0.75	-0.43	-0.44	0.76	-0.40	-0.55	0.64	-0.07	0.23	-0.70	-0.38	-0.35	0.71	-0.44
苏州	2.12	-1.51	-1.41	-0.65	-0.39	-0.06	-0.76	-0.29	-0.68	-0.83	-1.26	-0.13	-0.94	-0.94	-1.26	-1.48
南通	-1.16	-1.85	2.03	-0.86	-0.86	-1.73	-0.79	-1.26	-0.70	-0.85	-1.66	-0.96	-0.94	-1.02	-2.08	-1.91
连云港	-0.31	0.44	0.47	0.70	-0.19	-0.58	0.14	-0.65	1.20	0.19	0.76	0.90	0.14	0.02	-0.36	0.40
淮安	-0.15	-0.75	0.81	-0.50	-0.57	-0.52	-0.59	-0.47	-0.69	-0.85	0.01	-0.05	-0.36	-0.66	-0.85	-0.56
盐城	-0.41	-0.59	0.97	-0.40	-0.63	-0.21	-0.43	-0.64	-0.10	-0.74	-0.24	0.21	-0.39	-0.49	-0.27	-0.35
扬州	-0.79	-1.11	1.59	-0.65	-0.57	-0.46	-0.82	-0.90	-0.57	-0.57	-1.11	-0.45	0.73	-0.91	-0.97	-1.20
镇江	1.57	0.13	-0.96	-0.51	-0.56	-0.10	-0.28	0.19	0.15	0.16	0.26	-0.57	-0.41	-0.38	-0.14	-0.17
泰州	-0.85	-1.47	1.68	-0.66	-0.76	-1.43	-0.78	-1.13	-1.02	-0.90	-1.42	-0.85	-0.86	-0.90	-1.80	-1.36
宿迁	0.25	-0.57	0.45	-0.68	-0.52	-1.03	-0.85	-0.80	-1.75	-1.10	0.35	-1.87	-0.01	-0.40	-1.17	-0.35
杭州	-0.50	-0.73	0.90	-0.10	2.09	0.84	-0.16	1.98	1.41	2.23	-0.46	0.51	-0.50	-0.43	0.43	-0.62
宁波	0.86	-0.42	-0.21	-0.24	-0.48	-0.24	-0.03	-0.27	0.92	-0.38	-0.45	0.20	-0.62	-0.50	-0.21	-0.39

续表

	制造业	电力煤气及水生产供应业	建筑业	交通仓储邮电业	信息传输、计算机服务和软件业	住宿餐饮业	金融业	房地产业	租赁和商业服务业	科研、技术服务和地质勘查业	水利、环境和公共设施管理业	居民服务和其他服务业	教育业	卫生、社会保险和社会福利业	文化、体育和娱乐业	公共管理和社会组织
温州	0.00	0.31	0.65	-0.34	-0.64	0.05	0.08	0.01	0.44	-0.66	-1.05	-0.47	-0.18	-0.16	0.06	0.27
嘉兴	1.82	0.11	-1.17	-0.65	-0.68	-0.20	-0.53	0.17	0.74	-0.47	-0.19	-0.77	-0.57	-0.52	-0.40	-0.61
湖州	0.32	0.02	0.27	-0.75	-0.58	0.31	-0.34	-0.66	-0.60	-0.78	-0.46	-0.88	-0.62	-0.55	-0.10	-0.42
绍兴	-1.07	-0.75	1.92	-0.90	-0.91	-1.18	-0.83	-1.30	-1.82	-1.07	-1.20	-0.89	-0.90	-0.95	-1.26	-1.60
金华	-1.40	-0.31	2.21	-0.56	-0.58	-0.56	-0.38	-0.94	-0.30	-0.97	0.06	0.05	-0.58	-0.46	-0.28	-0.24
衢州	1.13	1.21	-0.73	-0.29	0.24	0.17	1.80	-1.24	0.19	-0.14	-0.20	-0.35	0.49	0.80	0.77	1.48
舟山	-0.54	-0.18	-0.23	0.89	0.60	2.35	-0.64	0.26	1.21	-0.47	-0.02	1.90	-0.85	-0.78	0.89	-0.39
台州	-0.10	-0.15	0.83	-0.81	-0.74	-0.70	-0.09	-0.92	-0.96	-0.80	-0.98	-0.93	-0.60	-0.54	-0.80	-0.30
丽水	0.63	2.75	-0.92	0.71	1.39	0.98	4.45	-0.38	1.89	2.62	1.92	0.59	3.62	4.35	2.22	2.69

第二节　长三角城市群制造业结构演变

随着 21 世纪的到来与经济全球化的发展，世界产业格局处在不断变化的状态中，最明显的特征应属于发达国家的制造业向发展中国家的转移，而长三角凭借其特有的区位、劳动力、技术等一系列优势，成为全国承接国际制造业转移的主要地区，如今长三角已成为我国最重要的制造业基地。目前，长三角城市群形成了一大批优势产业，如通信设备、计算机及其他电子设备制造业、化学原料及化学制品制造业、交通运输设备制造业、黑色金属冶炼及压延加工业等行业。长三角城市群集中了国内外一大批实力雄厚的大型企业，并且围绕这些企业形成了完整的分工体系和产业链。在现在以及未来很长一段时间内，制造业仍将是长三角城市群经济发展的基本支撑和重要驱动力量（上海财经大学区域经济研究中心，2011）。

作为世界第六大城市群，长三角城市群在经济社会发展方面的一个重要特征是，在经济发展水平快速提升的同时，长三角城市群已逐步形成一个具有密切联系的一体化经济网络。随着地区内一体化水平的提高，长三角两省一市间的壁垒逐渐减弱，经济与非经济的联系持续加强，制造业体现出了由上海为中心的传统制造业基地向外围地区扩散的显著演化布局趋势。本节将首先回顾改革开放以来长三角城市群制造业的发展历程与结构变动，随后分析长三角城市群的制造业集聚状况。

一、长三角城市群制造业发展历程

长三角的商品经济早在明清时期便已较为发达，当时重要的农产品（粮食和棉花）和手工业品（棉织品）的商品化程度非常高，在国内其他地区甚至国际市场上均受到欢迎。自五口通商以来，上海成为了整个东亚最大的工业与金融贸易中心（周彩红，2009）。中华人民共和国成立后计划经济的实施，使得长三角非公有制工业几乎消失殆尽，上海失去了其国际性经济贸易中心地位。改革开放后国家经济发展方式的改变，使得长三角重新崛起，长三角制造业也在全球化的进程中逐步嵌入国际经济体系，并呈现重化工业化的趋势。我们可以将长三角制造业的发展自改革开放起大致分为三个阶段：

第一个阶段是 1979～1989 年，该阶段为长三角制造业起步阶段。在党的"一个中心、两个基本点"的基本路线的确立和我国沿海地区改革开放新格局的展开下，中国由计划经济逐渐转向市场经济，苏南与浙北的乡镇企业在对国有企业放权让利的过程中迅速发展，同时 1979 年颁布的《中华人民共和国中外合资经营企业法》揭开了我国经济积极参与国际循环的序幕。随着 1984~1985 年连云港、南通、上海、温州等 14 个沿海港口城市的开放与 1986~1987 年一系列关于鼓励外商投资的规定与法规的制定与颁布，长三角制造业发展在国家的大力支持下得到了较大的推动，但这一时期我国对外开放的重心主要在东南沿海尤其是珠江三角洲区域，因此长三角外向型经济的发展相对较慢，这也使得长三角制造业融入国际生产体系的进程也较为缓慢。

第二个阶段是 1990~2000 年，即浦东开发开放至中国加入 WTO 的前一年，这是长三角外向型经济与制造业快速发展的新阶段。随着全世界制造业生产技术水平的提高，生产制造过程也不断细化，国际产业分工自然更加细化，国际制造业的转移也随着国际产业分工的不断细化而变化，最终形成了 20 世纪 50 年代以来的第三次国际产业转移，而中国作为这次产业转移的主要目的地，成为了这次浪潮的最大受益者之一（刘志彪、江静，2009）。1990 年浦东开发开放决策的通过，推动上海成为跨国公司地区总部的聚集地，浙江与江苏凭借毗邻上海的地理与开放优势也得到了较大的发展机遇，浙江在上海建立研发中心与销售中心，而江苏以上海为窗口大力吸引外资，例如苏州与无锡分别成为了台资与日资的聚集地。至 2000 年，长三角进出口商品总额达 725.7 亿元，相较 1992 年增长 307%；外资企业投资总额达 2028.5 亿美元，相较 1992 年增长 9 倍多；长三角的经济总量也由 1992 年的 4626.4 亿元增长至 2000 年的 19506.87 亿元，增长了约 4.2 倍。虽然经济增长非常迅速，但这一阶段的长三角在经济的外向程度方面仍低于珠三角（见表 5-5）：长三角 2000 年的外贸依存度为 55.6%，而珠三角 2000 年的经济总量虽仅为长三角的一半，但外贸依存度却达到了 145.6%，同时在实际利用外资与国际投资的开放度方面也相对较低。在这一时期，长三角制造业进入跨国公司全球体系的主要方式为劳动密集型的加工代工生产，这种垂直分工并不包括起到关键作用的创新型技术，跨国公司仍然对技术开发、产品设计以及主要工艺装备与关键零部件的生产保持着高度垄断地位。另外，江苏与浙江的乡镇企业在股份制改革下逐渐发展壮大，而上海选定了包括汽车工业、电子通信设备制造业、钢铁工业等六大支柱产业作为其发展重点，这体现出长三角逐渐向重化工业化方向发展。

表 5-5　　　　　　　2000 年长三角与珠三角经济开放度比较

项目	江苏	浙江	上海	长三角	珠三角	全国
GDP（亿美元）	1036.76	729.17	549.8	2315.69	1167.16	8629.61
外贸进出口额（亿美元）	456.38	278.33	547.1	1281.8	1701	4742.9

续表

项目	江苏	浙江	上海	长三角	珠三角	全国
外贸依存度（%）	44.02	38.17	99.52	55.6	145.6	44
实际利用外资（亿美元）	64.3	16.1	31.6	112	128.3	407.2
国际投资开放度（%）	6.2	2.21	5.75	4.84	10.99	4.72

资料来源：周彩红：《新型国际分工与长三角制造业》，科学出版社 2009 年版。

第三个阶段是 2001 年至今的全面融合发展阶段。在加入世界贸易组织之后，长三角制造业发展进入了一个新的阶段。外资在长三角布局生产，以上海作为研发中心，以江浙作为生产中心，江浙沪基本形成了产业链的水平分工。而随着实力的增强和区域内部的产业整合，长三角制造业开始在资本密集型产业与技术密集型产业的加工制造环节形成了一定的比较优势。苏浙沪都提出要发展先进制造业，特别是先进装备制造业，并鼓励自主创新。2005 年长三角高新技术产业增加值为 2432.79 亿元高新技术产品出口额达 951.57 亿美元，占长三角出口额的32.75%。2016 年两省一市先进制造业总产值达 117568.83 亿元，远超 2005 年的29463.64 亿元。

二、长三角城市群制造业结构变动

长三角城市群的制造业不仅总量上有了很大的发展，内部结构也经历了显著变化。在空间维度上，本节选取了长三角城市群两省一市的 25 个城市作为考察目标，这 25 个城市分别为上海，江苏省的南京、无锡、常州、徐州、苏州、南通、盐城、扬州、镇江、泰州、连云港、宿迁、淮安，浙江省的杭州、宁波、嘉兴、湖州、衢州、绍兴、金华、舟山、台州、丽水、温州，时间维度上选取 2008年与 2016 年这两年的数据来度量。

首先看一下这 25 个城市在 2016 年的制造业产值。从图 5-1 中我们可以看出很明显的梯队特征，第一梯队是苏州与上海，这两座城市的制造业发展水平在产值方面要远远超过另外的 23 座城市；第二梯队为产值在 10000 亿元以上的七座城市，它们分别是南通、无锡、宁波、徐州、南京、泰州与杭州，虽说列属第二梯队，但这些城市的制造业产值与第一梯队有着超过 1 倍的差距；剩下的制造业产值低于 10000 亿元的 16 座城市为第三梯队，它们是扬州、绍兴、盐城、镇江、嘉兴、常州、淮安、连云港、金华、温州、湖州、宿迁、台州、舟山、丽水与衢州。苏州与上海的制造业规模在两省一市中遥遥领先，制造业产值分别为30193.41 亿元与 29613.65 亿元，共占两省一市制造业产值总量的 24.84%，衢州的制造业规模最小，产值仅为 1457.61 亿元，所占比重为 0.6%。可以说在制造业方面，苏州与上海共同形成了长三角城市群的一个双核结构，而其他的城市处在一个紧紧围绕苏州与上海进行合作发展的地位，共同形成长三角城市群制造业的区域网络化组织，在更大范围内实现资源的优化配置。

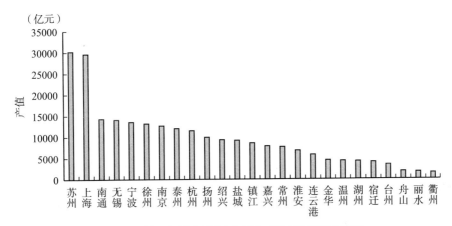

图 5-1　长三角城市群 25 个城市 2016 年制造业产值

注：以上数据均来源于 25 个城市的统计年鉴，由于数据的可得性问题，盐城制造业产值使用 2016 年的工业总产值进行替代，嘉兴与衢州的制造业产值为 2015 年数据，台州数据为工业销售产值。

接下来针对两省一市制造业分行业发展状况进行考察，在考察之前我们先对后文将要涉及的产业分类进行说明，具体分类情况见表 5-6。

表 5-6　　　　　　　　　　　　行业分类情况

行业名称	内部细分行业
装备制造业	金属制品业；通用设备制造业；专用设备制造业；交通运输设备制造业；电气机械及器材制造业；计算机、通信设备及其他电子设备制造业；仪器仪表及文化、办公用机械制造业
石化工业及精细化工业	石油加工、炼焦及核燃料加工业；化学原料及化学制品制造业；化学纤维制造业；橡胶及塑料制品业；非金属矿物制品业
纺织服装制造业	纺织品业；纺织服装、鞋、帽制品业
食品工业	农副食品加工业；食品制造业；饮料制造业；烟草制造业
日用轻工业	皮革、毛皮、羽毛（绒）及其制品业；木材加工及木、藤、棕、草制品业；家具制造业；造纸及纸制品业；印刷和记录媒介复制业；文教体育用品制造业

资料来源：2017 年国民经济行业分类（GB/T 4754—2017）。

（1）装备制造业是为国民经济各部门提供技术装备的生产制造部门，是制造业的重要组成部分，它代表了一个国家的技术水平、经济实力、国防能力以及管理水平，是国际综合经济实力的体现。

（2）石化工业及精细化工业是石油和天然气为原料，生产有机化工原料、合成树脂和塑料、合成橡胶、合成纤维、合成氨及其他化工产品的产业，它在国民经济发展中占有及其重要的地位。

（3）纺织服装制造业包含众多子行业，分别为纺织业、服装业、化纤业以及纺织机械等，其中纺织业分为棉纺、毛纺、麻纺、制成品、针织等行业，其主要产品涉及纱、布、印染布等。

（4）食品消费是人类生存的第一需要，在国民经济中占重要地位，因此，食品工业的发展成为各省市所重视，根据数据可得性我们剔除了烟草制造业。

（5）日用轻工业主要包括以下六个行业："皮革、毛皮、羽毛（绒）及其制品业""木材加工及木、藤、棕、草制品业""家具制造业""造纸及纸制品业""印刷业和记录媒介复制业""文教体育用品制造业"。

参照中国统计局对相关指标的解释及国际产业分类方法，我们还能对制造业进行另一种分类：第一类是轻制造业，主要提供生活消费品和制作手工工具的制造业，分为以农产品为原料的轻制造业和以非农产品为原料的轻制造业。第二类为重制造业，是为国民经济各部门提供物质技术基础的主要生产资料的制造业。按其生产性质和产品用途，可分为原材料重制造业和重加工制造业。

长三角城市群制造业的内部结构变化见表5－7。

表5－7　　　　　　　　　　长三角城市群制造业内部结构变化

制造业行业	1995 年		2000 年		2008 年		2016 年	
	产值（亿元）	比重（%）	产值（亿元）	比重（%）	产值（亿元）	比重（%）	产值（亿元）	比重（%）
农副食品加工业	454.07	3.37	625.62	2.79	2167.73	1.80	5595.11	2.41
食品制造业	217.67	1.61	295.03	1.32	906.13	0.75	2615.97	1.13
饮料制造业	186.94	1.39	332.63	1.49	920.44	0.77	3096.43	1.33
纺织业	1926.43	14.28	2368.82	10.58	9200.60	7.65	12192.12	5.25
纺织服装、鞋、帽制造业	607.02	4.5	1060.22	4.73	3944.45	3.28	6189.72	2.66
皮革、毛皮、羽毛（绒）及其制品业	267.18	1.98	425.73	1.9	1096.53	0.91	1962.21	0.84
木材加工及木、竹、藤、棕、草制品业	80.17	0.59	236.58	1.06	1141.63	0.95	4207.87	1.81

续表

制造业行业	1995 年		2000 年		2008 年		2016 年	
	产值（亿元）	比重（%）	产值（亿元）	比重（%）	产值（亿元）	比重（%）	产值（亿元）	比重（%）
造纸及纸制品业	177.51	1.32	432.14	1.93	1921.31	1.60	2944.91	1.27
印刷业和记录媒介复制业	91.52	0.68	166.85	0.75	632.91	0.53	2025.96	0.87
以农产品为原料的轻制造业	4087.45	30.31	6131.61	27.39	21931.75	18.76	40830.29	24.94
家具制造业	45.49	0.34	94.83	0.42	846.88	0.70	1742.60	0.75
文教、工美、体育和娱乐用品制造业	138.37	1.02	258.26	1.15	1028.03	0.85	3095.55	1.33
医药制造业	235.18	1.74	442.09	1.97	1965.56	1.63	6112.84	2.63
化学纤维制造业	436.67	3.24	696.03	3.11	2835.00	2.36	5206.57	2.24
以非农产品为原料的轻制造业	855.71	6.34	1491.48	6.65	6675.48	5.55	16157.56	6.96
石油加工、炼焦及核燃料加工业	295.26	2.19	704.31	3.15	3687.37	3.07	6023.10	2.59
非金属矿物制品业	641.1	4.75	752.89	3.36	3089.32	2.57	7532.28	3.24
黑色金属冶炼及压延加工业	833.33	6.55	1176.26	5.25	9587.39	7.97	13291.39	5.72
有色金属冶炼及压延加工业	293.58	2.18	460.85	2.06	3835.23	3.19	6771.94	2.92
原材料重制造业	2063.27	15.67	3094.31	13.82	20199.31	16.80	33618.71	14.47
化学原料及化学制品制造业	1066.61	7.91	1858.75	8.3	10254.73	8.53	5206.57	2.24
橡胶和塑料制品业	525.21	6.66	896.9	4	2835.00	3.42	7253.66	3.12
金属制品业	167.88	4.01	971.35	4.34	5252.32	4.37	9994.04	4.30
通用设备制造业	357.33	6.58	1434.64	6.41	9000.95	7.49	15043.06	6.48
专用设备制造业	541.02	3.98	711.9	3.18	3516.46	2.92	8908.73	3.84
交通运输设备制造业	887.41	7.03	1602.9	7.16	8417.79	7.00	24615.46	10.60
电气机械及器材制造业	537.09	6.98	1722.74	7.69	10647.91	8.85	22769.16	9.80

续表

制造业行业	1995 年		2000 年		2008 年		2016 年	
	产值（亿元）	比重（%）	产值（亿元）	比重（%）	产值（亿元）	比重（%）	产值（亿元）	比重（%）
计算机、通信和其他电子设备制造业	948.99	4.73	2023.96	9.04	16666.06	13.86	25631.01	11.03
仪器仪表制造业	942.33	1.18	326.44	1.46	2094.07	1.74	4494.54	1.93
其他制造业	638.33	1.39	124.72	0.56	1105.95	0.92	645.72	0.28
重加工制造业	6434.71	47.68	11674.3	52.14	69797.24	50.58	124561.95	53.63

资料来源：1995 年与 2000 年数据来自周彩红著：《新型国际分工与长三角制造业》（科学出版社 2009 年版），2008 年与 2016 年数据来源于两省一市 2009 年与 2017 年统计年鉴，由于数据统一性与烟草行业的特殊性原因，表中未列出"烟草制造业"与"废弃资源和废旧材料回收工业"。

如图 5 - 2 所示，1995 年长三角重加工制造业占制造业比重为 47.68%，2016 年比重增加为 53.63%，以农产品为原料的轻制造业正好相反，由 1995 年占比 30.31% 下降为 2016 年的 53.63%。原材料重制造业方面比重有小幅下降，而以非农产品为原料的轻制造业变动不明显。这表明经过这些年的发展，长三角制造业结构得到了不小的升级。

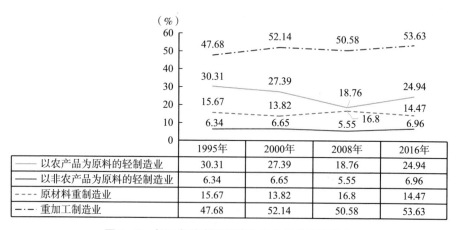

	1995年	2000年	2008年	2016年
—— 以农产品为原料的轻制造业	30.31	27.39	18.76	24.94
—— 以非农产品为原料的轻制造业	6.34	6.65	5.55	6.96
---- 原材料重制造业	15.67	13.82	16.8	14.47
—·— 重加工制造业	47.68	52.14	50.58	53.63

图 5 - 2　长三角城市群制造业细分行业比重变动

我们还可以按照两省一市划分考察各个地级市的优势产业及 2008 年至今优势产业的变化情况，首先看上海市。表 5 - 8 列出了上海市 2008 年与 2016 年产值排名前十的制造业产业，我们可以看出，一系列高附加值的制造业产业占据了榜单，改革开放以来上海的制造业结构调整成就显著，在短时间内便实现了从纺织业与食品产业等劳动密集型与资源密集型产业向以深加工为主的现代化、高附加值的资金密集型与技术密集型结构的转换。结合图 5 - 3 与图 5 - 4 分析两年的产业排名可以发现，上海的优势制造业产业在 2008 ~ 2016 年间几乎没有发生变动，前十产业中有 9 个在两年中均有出现，例如计算机、通信和其他电子设备制造业，交通运输设备制造业通用设备制造业与化学原料及化学制品制造业等，其中装备制造业更是占据五席，而装备制造业代表的是一个国家的工业化基础，这也从另一方面体现出上海的制造业发展水平之高与改革开放以来发展之迅速。

表 5 - 8　　　　　　　　上海市 2008 年与 2016 年制造业产值排名

制造业细分行业	产值 （2008 年） （万元）	制造业细分行业	产值 （2016 年） （万元）
计算机、通信和其他电子设备制造业	52666800	交通运输设备制造业	82564400
交通运输设备制造业	25717200	计算机、通信和其他电子设备制造业	43020600
通用设备制造业	22165300	通用设备制造业	36282100
化学原料及化学制品制造业	18621900	化学原料及化学制品制造业	27825900
电气机械及器材制造业	17405800	黑色金属冶炼及压延加工业	25132800
黑色金属冶炼及压延加工业	16389700	电气机械及器材制造业	23179000
石油加工、炼焦及核燃料加工业	12034400	专用设备制造业	17359600
金属制品业	9736000	医药制造业	12168800
专用设备制造业	8536800	橡胶和塑料制品业	10898400
橡胶和塑料制品业	7175700	金属制品业	10516500

资料来源：根据《上海统计年鉴（2009）》与《上海统计年鉴（2017）》整理。

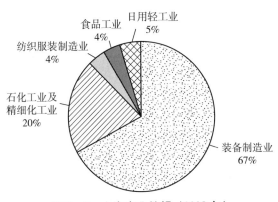

图 5 - 3　上海产业份额（2008 年）

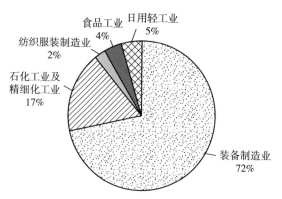

图 5 − 4　上海产业份额（2016 年）

　　再来看江苏省，江苏省以其制造业规模连续多年占据全国第一而闻名，其制造业产值占 GDP 总量的 45% 左右，省内拥有大批规模大、效益好、活力强的本土企业，在《2016 年民营企业 500 强》中江苏的制造业企业占据了其中 57 个席位。显而易见，制造业是全省国民经济发展的重要支柱（宣烨，2017）。2015 年 6 月，江苏省委、省政府发布的《中国制造业 2025 江苏行动纲要》提出，到 2025 年建成国内领先、有国际影响力的制造强省，但受自然条件、资源禀赋和人文环境等影响，江苏省制造业南北差距较大，地级市制造业发展的不平衡性较为显著（李廉水，2017）。如图 5 − 5、图 5 − 6 与表 5 − 9 所示，地处苏南的南京、常州、无锡、苏州、镇江、扬州与泰州以计算机、通信和其他电子设备制造业，电气机械及器材制造业等高端装备制造业为主，而地处苏北的徐州、宿迁、淮安与连云港在制造业产业结构方面要相对落后于苏南地区各地级市，例如宿迁市 2016 年产值排名前三的产业分别为木材加工及木、竹、藤、棕、草制品业，纺织业与农副食品加工业，这些产业均属于制造业中附加值相对较低的一部分，观察其余三市也有类似情况。

表 5 − 9　　　　　　　　江苏省 2008 年与 2016 年制造业产值排名

	第一位（2008 年）	第一位（2016 年）	第二位（2008 年）	第二位（2016 年）	第三位（2008 年）	第三位（2016 年）
南京	计算机、通信和其他电子设备制造业	计算机、通信和其他电子设备制造业	化学原料及化学制品制造业	交通运输设备制造业	黑色金属冶炼及压延加工业	化学原料及化学制品制造业
无锡	黑色金属冶炼及压延加工业	电气机械及器材制造业	计算机、通信和其他电子设备制造业	计算机、通信和其他电子设备制造业	电气机械及器材制造业	化学原料及化学制品制造业

续表

	第一位 （2008 年）	第一位 （2016 年）	第二位 （2008 年）	第二位 （2016 年）	第三位 （2008 年）	第三位 （2016 年）
常州	黑色金属冶炼及压延加工业	电气机械及器材制造业	化学原料及化学制品制造业	化学原料及化学制品制造业	电气机械及器材制造业	黑色金属冶炼及压延加工业
苏州	计算机、通信和其他电子设备制造业	计算机、通信和其他电子设备制造业	黑色金属冶炼及压延加工业	电气机械及器材制造业	纺织业	黑色金属冶炼及压延加工业
南通	纺织业	交通运输设备制造业	医药制造业	石油加工、炼焦及核燃料加工业	化学原料及化学制品制造业	金属制品业
扬州	电气机械及器材制造业	电气机械及器材制造业	化学原料及化学制品制造业	交通运输设备制造业	交通运输设备制造业	化学原料及化学制品制造业
镇江	化学原料及化学制品制造业	化学原料及化学制品制造业	电气机械及器材制造业	电气机械及器材制造业	金属制品业	交通运输设备制造业
泰州	交通运输设备制造业	电气机械及器材制造业	石油加工、炼焦及核燃料加工业	交通运输设备制造业	电气机械及器材制造业	化学原料及化学制品制造业
连云港	无	石油加工、炼焦及核燃料加工业	无	非金属矿物制品业	石油加工、炼焦及核燃料加工业	橡胶和塑料制品业
宿迁	木材加工及木、竹、藤、棕、草制品业	木材加工及木、竹、藤、棕、草制品业	有色金属冶炼及压延加工业	纺织业	饮料制造业	农副食品加工业
淮安	农副食品加工业	计算机、通信和其他电子设备制造业	黑色金属冶炼及压延加工业	农副食品加工业	化学原料及化学制品制造业	黑色金属冶炼及压延加工业
徐州	通用设备制造业	化学原料及化学制品制造业	木材加工及木、竹、藤、棕、草制品业	木材加工及木、竹、藤、棕、草制品业	黑色金属冶炼及压延加工业	农副食品加工业

注：由于数据可得性问题，表中缺少盐城市 2008 年、2016 年制造业产业产值排名与连云港市 2008 年制造业产业产值排名。

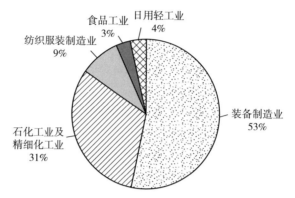

图 5 - 5　江苏产业份额（2008 年）

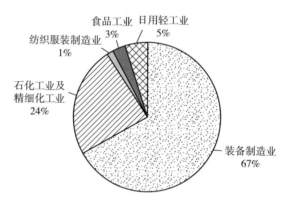

图 5 - 6　江苏产业份额（2016 年）

最后来看浙江省的情况，浙江省是全国为数不多的几个轻型工业结构省份之一，加工工业与轻纺工业始终处于浙江省产业发展的中心，素有"丝绸之府"的美称。1978 年浙江省轻工业比重占全部工业的 60.2%，至 1990 年达到 65.2%，如此高的产业份额一举确立了浙江轻纺大省的地位之后随着沿海港口的发展，能源与原材料等重化工业也得到一定程度的发展，导致轻纺工业比重逐步下降，浙江制造业结构开始呈现部分高加工变化趋势，但轻工业优势依然明显（刘亭等，2006）。结合图 5 - 3 至图 5 - 8 的两省一市产业份额图进行分析发现，浙江省纺织服装制造业与日用轻工业发展程度在两省一市中领先，2008 年产值份额占总体比重分别为 16% 与 7%。浙江早已是全球主要的纺织品出口加工地之一，棉纺、丝绢、针织构成浙江纺织三大支柱产业，杭州、嘉兴、湖州等市皆成为浙江纺织业重要生产基地。日用轻工业方面，自改革开放以来发展成效显著，占比由 2008 年的 7% 增加至 2016 年的 12%，企业规模与实力明显提高，国际竞争力不断加强，浙江的日用轻工业发展在两省一市范围内独占鳌头，在国民经济和社会发展中也起到了举足轻重的作用。而在装备制造业方面，浙江近年一直在大力推动支持先进制造业的发展，装备制造业中有很大一部分属于先进制造业，因此浙江的装备制造业发展态势良好，但由于起步阶段的相对落后与上海、江苏的高速发展，在长三角城市群中仍有进一步的提高空间。

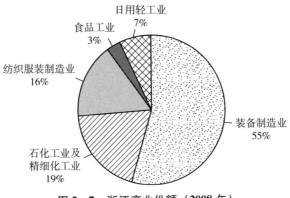

图 5-7　浙江产业份额（2008 年）

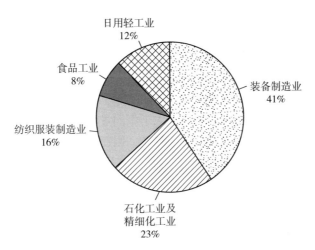

图 5-8　浙江产业份额（2016 年）

三、长三角城市群制造业集聚状况

随着制造业从以上海为中心的传统制造业基地向外围地区扩散以及各地先进制造业的大力发展，长三角城市群的制造业格局正不断发生变化。根据我国国民经济行业分类代码表中对国民经济活动的分类，制造业行业门类可以分为 30 个大类，本小节将通过对制造业各子行业的描述性统计来说明长三角制造业集聚的现状。本节通过使用 SLQ 指标与 DO 指数分别对长三角两省一市制造业的二位码行业与三位码行业的集聚状况进行描述。首先进行二位码行业分析。

（一）数据与指标说明

首先进行使用数据的说明。本章采用数据均为长三角各地级市 2017 年统计年鉴与江苏省与浙江省 2017 年统计年鉴，长三角两省一市共 24 个地级市与上海这一直辖市。由于缺少盐城市的数据，因此，后续分析中仅包含除盐城外的 24 座城市。另外，由于烟草制造业的特殊性，多个地级市年鉴中并未包含该项数据，因此在后续分析中将其排除。最后，淮安市与舟山市的"废弃资源综合利用业"数据、丽水市的石油加工、炼焦及核燃料加工业数据，舟山市的皮革、毛皮、羽毛（绒）及其制品业与木材加工及木、竹、藤、棕、草制品业数据存在缺失，我们通过平均值法对如上数据进行补全。

我们再对 LQ 指数的计算进行注释：在选择 LQ 的指标量时，有总产值、增加值、就业人数等多种选择，国外文献较为常用的是就业人数，而国内学者则多数采用增加值或总产值数据，由于研究需要或者数据限制，也有不少文献使用企业数量、销售收入等指标。对于增加值和总产值谁优谁劣的问题，存在一些争议。文玫（2004）指出，倾向于采用增加值的学者认为，由于产值中所含的要素投入和中间投入有些是从别的省份或国家进口的，它并不能反映该地区对一个行业的真实贡献，所以用增加值计算更能说明问题；而倾向于使用总产值的学者则认为，厂商在选择地理位置时通常已考虑了中间投入的运输费用并与其生产规模紧密相关，而总产值能更好地反映生产规模，因此用总产值更合适。这两种观点在不同的情形下都有一定的道理（上海财经大学区域研究中心，2012）。本节选用总产值数据进行计算。

（二）SLQ 指标计算与分析

首先我们给出如图 5-9 与图 5-10 所示的长三角分地区先进制造业与传统制造业的 LQ 值，其中先进制造业包含："医药制造业""金属制品业""通用设备制造业""专用设备制造业""交通运输设备制造业""电器机械及器材制造业""仪器仪表制造业"与"计算机、通信和其他电子设备制造业"。其余制造业行业均归为传统制造业。

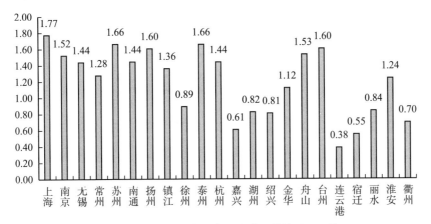

图 5-9　长三角城市群先进制造业分地区 LQ 值

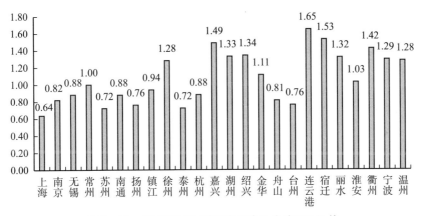

图 5-10　长三角城市群传统制造业分地区 LQ 值

　　将各城市 LQ 值与临界值对比后得到表 5-10，可以发现，在受分析的 24 座城市中不存在先进制造业的强集聚现象，通过 LQ 值反映出的先进制造业集聚效应最强的城市为上海，其 LQ 值为 1.77，先进制造业占整个制造业的比重为 66.9%，另外 6 座 LQ 值高于 1.50 的城市为苏州、泰州、扬州、台州、舟山与南京。传统制造业方面，连云港作为 24 座城市中唯一的一座表现出强集聚的城市，其 LQ 值为 1.65，传统制造业占整个制造业比重高达 85.5%，LQ 值高于 1.40 的城市有宿迁、嘉兴与衢州。

表 5 – 10　　　　　　LQ 指数衡量的制造业行业在长三角城市群的分布状况

行业	强集聚地区	一般集聚地区	非集聚地区
	M < LQ	1.2 < LQ < M	0 < LQ < 1
先进制造业	无	上海、苏州、泰州、扬州、台州、舟山、南京、南通、杭州、无锡、镇江、常州、淮安	徐州、宁波、丽水、湖州、绍兴、衢州、嘉兴、宿迁、连云港、金华、温州
传统制造业	连云港	宿迁、嘉兴、衢州、绍兴、湖州、丽水、宁波、徐州、温州	镇江、金华、淮安、常州、无锡、杭州、南通、南京、舟山、台州、扬州、泰州、苏州、上海

但是使用 SLQ 指数衡量产业集聚仍然存在问题，那就是未考虑所分析区域制造业产值绝对量的大小，例如在先进制造业方面表现出较强集聚的上海与舟山，上海先进制造业产值占长三角两省一市总产值的 19.5%，而舟山仅为 0.85%，如此低的占比对集聚的体现度并不高，因此我们加上各城市的两类产业比重后再次对长三角制造业的集聚进行分析：如图 5 – 11 所示，在加入先进制造业的比重后我们发现，上海与苏州既在 LQ 值上表现出较强的集聚，同时在长三角两省一市的整体占比也具有明显的优势。而同样体现出较强集聚态势的舟山与台州仅占 0.85% 与 1.82%，两相对比，差别非常明显。

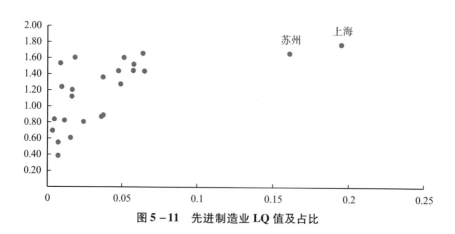

图 5 – 11　先进制造业 LQ 值及占比

对传统制造业也可以进行相同的分析，从图 5 – 12 中可以看出，在整个地区都有较高传统制造业产值占比的上海与苏州在 LQ 值方面并未体现出集聚现象；而拥有较高 LQ 值的衢州与丽水在产值占比方面均未超过 1%。

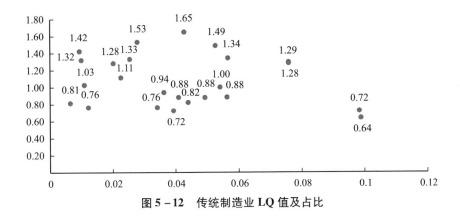

图 5 - 12 传统制造业 LQ 值及占比

综上所述，由于 LQ 指数只能衡量相对水平，在描述产业集聚水平时可能会带来一些误解，需要用绝对量的指标予以佐证。LQ 值更多是衡量相对于一个地区其他产业来说，本产业在该地区的地位，LQ 值较小的地区并不代表该产业在这一地区不存在集聚现象，经济规模是我们必须考虑在其中的一个关键变量。

第三节 长三角地区产业规划情况

产业规划尤其是各市的"五年规划"制定了本市产业发展的方向和目标，我们梳理了长江三角洲地区 41 个城市三次五年规划中的产业规划，并按照"国民经济行业分类"目录进行分类。此外，考虑到开发区在推动产业集聚和结构调整、促进就业和经济增长方面发挥了重要的作用（Alder et al.，2016；林毅夫等，2018），推动开发区在产业方面的协同发展是长江三角洲地区一体化发展的主要平台和重要抓手，梳理长江三角洲地区 41 个城市各种类型的国家级开发区、省级开发区的分布情况及其主导产业政策，有助于我们更好地认识开发区在长江三角洲地区产业发展中的重要作用以及存在的问题。

一、长三角地区"十一五"以来 3 次五年规划中的产业规划情况

地方的"十一五""十二五"以及"十三五"规划中对于本市的主导产业、支柱产业、优先发展、重点发展以及培育发展产业都有详细的描述，我们对这些产业进行了梳理，并根据"国民经济行业分类"目录进行归类，表 5 - 11 给出了

长江三角洲地区 41 个城市三次五年规划中的产业规划①，以及每一个行业在三次五年规划中被列为主导产业、支柱产业、优先发展、重点发展或者培育发展的城市的数量。

表 5 – 11　　　长江三角洲地区 41 个城市三次五年规划中的产业政策梳理

行业	"十一五"规划	"十二五"规划	"十三五"规划
现代农业	13	32	27
煤炭开采和洗选业	2	4	1
有色金属矿采选业	1	1	–
农副食品加工业	11	11	6
食品制造业	15	17	19
酒、饮料和精制茶制造业	5	4	4
烟草制品业	2	1	–
纺织业	18	16	9
纺织服装、服饰业	13	19	16
皮革、毛皮、羽毛及其制品和制鞋业	3	6	3
木材加工和木、竹、藤、棕、草制品业	5	4	1
造纸和纸制品业	9	4	1
印刷和记录媒介复制业	2	2	2
文教、工美、体育和娱乐用品制造业	3	5	4
石油、煤炭及其他燃料加工业	8	8	7
化学原料和化学制品制造业	26	25	15
医药制造业	32	26	26
生物产业	3	11	4
橡胶和塑料制品业	2	3	1
非金属矿物制品业	9	6	7
黑色金属冶炼和压延加工业	6	7	6
有色金属冶炼和压延加工业	2	–	1
金属制品业	6	4	4
通用设备制造业	2	3	7
专用设备制造业	14	5	11

---

　　①　我们的统计细分到了四位数行业，以及每一个行业所对应的具体的城市名称，但是限于篇幅，这里只给出了二位数行业的分布情况。此外，部分行业由于在多个城市的规划中频繁提及，所以我们没有根据"国民经济行业分类"进行匹配。正如宋凌云和王贤彬（2013）指出的，由于政府在规划中提到的产业并不能严格匹配"国民经济行业分类"目录中的行业，匹配中会有误差。

行业	"十一五"规划	"十二五"规划	"十三五"规划
汽车制造业	16	24	26
铁路、船舶、航空航天和其他运输设备制造业	14	11	16
电气机械和器材制造业	7	12	11
计算机、通信和其他电子设备制造业	12	6	3
(高端)装备制造	6	26	34
物联网	–	8	3
新材料	22	37	26
建材	12	14	11
电力能源	11	5	4
新能源	7	35	20
(节能)环保产业	9	30	22
建筑业	6	5	2
物流业(现代物流)	25	33	39
现代商贸	24	34	27
软件和服务外包	–	16	16
互联网和相关服务	–	–	5
电子信息产业	22	21	19
软件和信息技术服务业	20	23	23
新一代信息技术	–	7	12
金融业	21	34	36
房地产业	27	30	18
商务服务业	14	21	19
电子商务	1	4	24
专业技术服务业	15	8	20
科技推广和应用服务业	3	13	23
教育	3	4	11
健康产业	–	4	25
旅游业	22	25	21
文化艺术业	12	22	22
体育	2	2	9

注:表中数字表示城市数量,"-"表示无。根据长江三角洲地区41个城市的"十一五""十二五"以及"十三五"规划整理得到。

长江三角洲地区各个城市的产业规划的范围均涵盖了三次产业。第一,从第一产业来看，实现农业的现代化或者说发展现代农业成为了很多城市的发展目标，其中，值得一提的是，作为长江三角洲地区中心城市的上海分别在"十二五"和"十三五"规划中提出要"加快推进农业现代化"和"实现农业现代化"，杭州也分别在"十二五"规划和"十三五"规划中提出"发展高效生态农业"和"推进农业现代化"。总体来看，从"十一五"到"十三五"，分别有13个、32个以及27个城市提出发展现代农业，可见，长江三角洲地区有半数以上的城市十分重视农业的发展尤其是农业的转型发展。

第二，长江三角洲地区典型资源型城市或特色产业城市的产业规划主要立足于其资源禀赋，比如，淮北和淮南的主导产业主要是立足煤炭资源，淮北市的"十一五"规划、"十二五"规划以及"十三五"规划中的主导产业之一分别为煤化工、新型煤化工以及新型煤化工合成材料，此外，淮南的"十二五"规划和"十三五"规划中分别提出大力实施"四煤"战略"立足煤、延伸煤、不唯煤、超越煤"以及"立足煤炭资源，做优做精煤炭电力两大产业"；而铜陵的主导产业以"铜"为主，分别在"十一五""十二五""十三五"规划中提出"形成具有明显优势的铜、电子、纺织三大产业集群""打造世界级现代化铜产业中心""着力打造世界铜都"；黄山作为典型的旅游城市，在三次五年规划中均将旅游业作为其支柱产业；而以药闻名的亳州市在三次五年规划中均强调要大力发展"现代中药"；金华的传统优势产业为日用小商品制造以及五金机械制造；而南通在三次五年规划中都将建筑业作为优势产业，并在"十三五"规划中提出"建设全国一流现代建筑强市"。

第三，从制造业方面来看，医药制造业（生物医药）、汽车制造业、高端装备制造业、先材料、新能源、节能环保产业被半数以上的城市列为主导产业或者优先发展的产业。以汽车制造业为例，在三次五年规划中，分别有16、24、26个城市将汽车产业作为优势产业或者重点发展的产业，比如，上海在三次规划中都将汽车产业作为其优势产业，金华在三次五年规划中分别提出打造"浙中汽车产业基地""国家级汽车产业基地""重点扶持培育新能源汽车及零部件"。

第四，从服务业方面来看，几乎每个城市的五年规划中都提到要优先发展或者大力发展"现代服务业"，从表5-11可见，现代商贸、电子信息产业、软件和信息技术服务业、金融业、房地产业、商务服务业、旅游业等都被写进了长江三角洲地区半数以上城市的五年规划中。其中，以金融业为例，在"十一五""十二五""十三五"规划中，分别有21、34和36个城市提出优先发展、重点发展、培育发展或者积极发展金融业。此外，从表5-11中我们可以看出，现代物流业也成为了长江三角洲地区几乎每个城市都要重点发展的产业，在"十三五"规划中，提出要发展现代物流的城市多达39个。

二、长三角地区产业集聚与分工

下面考察长三角地区的产业集聚与分工情况。标准区位熵结果见表5-12，再次计算标准区位熵后发现，长三角城市群41个地级市的情况与表5-4基本相同，安庆是农林牧渔业的强集聚地区，淮南和淮北地区是采掘业的强集聚地区，上述结果与各个城市的五年规划相吻合，煤炭产业一直都是淮南和淮北市的主导产业。

表5-12 　　　　长江三角洲地区产业集聚情况（SLQ > 1.6449）

行业	2016年	2010年	2005年
农林牧渔业	安庆	安庆	安庆、连云港、淮安盐城、滁州
采掘业	淮南、淮北	淮南、淮北	淮南、淮北
制造业	苏州、嘉兴、无锡	苏州、嘉兴	苏州、嘉兴
电力煤气及水生产供应业	丽水、淮南、阜阳	丽水、淮南、安庆	丽水、淮南、宣城
建筑业	绍兴、南通、泰州、金华	绍兴、台州	绍兴、台州、宁波、金华
交通仓储邮电业	六安	上海、徐州、舟山	上海、南京、徐州、舟山、合肥
信息传输、计算机服务和软件业	上海、南京、杭州	南京、杭州、黄山	杭州、丽水、合肥、宣城
住宿餐饮业	舟山、黄山、六安	杭州、黄山	杭州、黄山
金融业	衢州、丽水、阜阳	衢州、黄山、池州	衢州、丽水、池州
房地产业	上海、杭州、黄山、亳州	上海、杭州、舟山、淮南	上海、舟山、巢湖
租赁和商业服务业	上海、丽水、六安	上海、舟山	上海、湖州、淮北
科研、技术服务和地质勘查业	上海、南京、杭州、丽水	上海、南京、杭州、合肥	上海、南京、杭州、合肥、蚌埠

行业	2016 年	2010 年	2005 年
水利、环境和公共设施管理业	丽水、黄山、亳州、池州	淮安、六安	宿迁、黄山、滁州、六安
居民服务和其他服务业	舟山、宿州、六安	上海	上海、镇江
教育业	丽水、阜阳、亳州	宿迁、苏州、亳州	宿迁、阜阳、六安、亳州
卫生、社会保险和社会福利业	丽水、黄山、阜阳	丽水、宣城	丽水、池州
文化、体育和娱乐业	丽水、黄山、六安、池州	池州	合肥、池州
公共管理和社会组织	丽水、黄山	丽水、黄山、池州、宣城	衢州、黄山、池州、宣城

产业结构灰色关联系数①反映了两个地区产业结构相似程度、产业结构专业化以及地区分工，这部分主要使用该指标对长江三角洲地区的产业分工情况进行测度。根据长江三角洲地区不同产业的灰色关联度排序，如表 5 - 13 所示，长江三角洲地区的产业结构具有较高的相似性，2016 年，居民服务和其他服务业的灰色关联系数在所有行业中排名最低，为 0.895，其他行业的灰色关联系数都在0.9 以上，尤其是房地产业、科研、技术服务和地质勘查业的相似度在所有行业中排名前两位，分别为 0.971 和 0.97。此外，从表 5 - 14 中长江三角洲地区不同城市的灰色关联度排序情况来看，再一次印证了长江三角洲地区较高的产业同构性，比如 2016 年，丽水市的产业结构灰色关联度在整个地区最低，但也达到了0.898，其余 40 个城市的产业结构灰色关联度均在 0.9 以上，尤其是杭州，灰色关联系数达到了 0.977，居第一位，南京排名第二，为 0.973，此外，上海和常州的灰色关联系数也高达 0.97，再次印证了长江三角洲地区产业结构相似性较高的事实。总体来看，几乎所有的城市都提出要发展先进制造业、现代服务业以及现代农业。

---

① 该指标主要以长江三角洲地区的产业结构为参照系，比较地区内各个城市与整个地区产业结构的相似程度。本章主要使用各城市 2005 年、2010 年、2016 年主要部门的单位从业人员数（数据来自 2006年、2011 年以及 2017 年《中国城市统计年鉴》），计算各个城市的产业结构灰色关联度指数。产业结构灰色关联系数的具体计算方法参见张学良：《2014 中国区域经济发展报告：中国城市群资源环境承载力》，人民出版社 2014 年版，第 137～138 页。

表 5 – 13　2005 年、2010 年及 2016 年长江三角洲地区各行业产业结构灰色关联度排序

行业	2016 年	行业	2010 年	行业	2005 年
房地产业	0.971	信息传输、计算机服务和软件业	0.981	金融业	0.976
科研、技术服务和地质勘查业	0.970	金融业	0.980	卫生、社会保险和社会福利业	0.973
卫生、社会保险和社会福利业	0.968	居民服务和其他服务业	0.978	信息传输、计算机服务和软件业	0.968
交通仓储邮电业	0.964	文化、体育和娱乐业	0.975	交通仓储邮电业	0.962
水利、环境和公共设施管理业	0.964	卫生、社会保险和社会福利业	0.974	文化、体育和娱乐业	0.962
文化、体育和娱乐业	0.963	水利、环境和公共设施管理业	0.971	水利、环境和公共设施管理业	0.961
教育业	0.963	交通仓储邮电业	0.971	科研、技术服务和地质勘查业	0.961
电力煤气及水生产供应业	0.962	房地产业	0.970	制造业	0.953
制造业	0.961	租赁和商业服务业	0.963	电力煤气及水生产供应业	0.952
金融业	0.960	科研、技术服务和地质勘查业	0.962	教育业	0.950
公共管理和社会组织	0.955	制造业	0.962	房地产业	0.949
住宿餐饮业	0.950	电力煤气及水生产供应业	0.959	建筑业	0.946
租赁和商业服务业	0.947	教育业	0.957	公共管理和社会组织	0.938
建筑业	0.940	建筑业	0.957	住宿餐饮业	0.922
农林牧渔业	0.931	住宿餐饮业	0.952	租赁和商业服务业	0.909
信息传输、计算机服务和软件业	0.931	公共管理和社会组织	0.949	采掘业	0.901
采掘业	0.927	采掘业	0.920	农林牧渔业	0.895
居民服务和其他服务业	0.895	农林牧渔业	0.916	居民服务和其他服务业	0.856

表5-14　2005年、2010年、2016年长江三角洲地区各城市产业结构的灰色关联度排序

排序	2016年	排序	2010年	排序	2005年
杭州	0.977	无锡	0.985	无锡	0.968
南京	0.973	宁波	0.983	常州	0.966
常州	0.970	湖州	0.980	杭州	0.966
上海	0.970	温州	0.980	镇江	0.965
宁波	0.968	镇江	0.979	宁波	0.963
镇江	0.967	常州	0.978	湖州	0.962
芜湖	0.967	芜湖	0.977	芜湖	0.959
合肥	0.967	台州	0.977	温州	0.958
无锡	0.966	嘉兴	0.976	金华	0.956
温州	0.964	金华	0.976	扬州	0.955
金华	0.964	南京	0.975	上海	0.955
嘉兴	0.964	泰州	0.975	南京	0.954
淮安	0.963	苏州	0.975	泰州	0.953
湖州	0.963	合肥	0.974	舟山	0.953
蚌埠	0.963	扬州	0.972	苏州	0.953
台州	0.960	南通	0.971	嘉兴	0.951
宿迁	0.960	杭州	0.970	铜陵	0.950
盐城	0.959	舟山	0.965	台州	0.950
扬州	0.958	衢州	0.964	南通	0.947
铜陵	0.958	马鞍山	0.963	衢州	0.945
苏州	0.956	巢湖	0.963	绍兴	0.945
连云港	0.956	盐城	0.963	亳州	0.942
泰州	0.955	铜陵	0.962	马鞍山	0.941
舟山	0.954	绍兴	0.962	阜阳	0.940
绍兴	0.954	宿迁	0.958	淮安	0.939
南通	0.953	淮安	0.958	合肥	0.938
衢州	0.948	上海	0.956	蚌埠	0.936
徐州	0.948	蚌埠	0.956	盐城	0.936
宿州	0.947	亳州	0.953	连云港	0.931
马鞍山	0.946	阜阳	0.951	黄山	0.928

续表

排序	2016 年	排序	2010 年	排序	2005 年
宣城	0.944	黄山	0.951	安庆	0.927
安庆	0.943	丽水	0.950	丽水	0.925
滁州	0.942	宣城	0.950	巢湖	0.925
亳州	0.941	连云港	0.949	宿迁	0.924
池州	0.940	滁州	0.943	滁州	0.924
阜阳	0.926	六安	0.942	徐州	0.921
黄山	0.923	池州	0.939	六安	0.920
淮北	0.918	宿州	0.937	宿州	0.918
淮南	0.904	安庆	0.934	淮南	0.914
六安	0.903	徐州	0.933	池州	0.909
丽水	0.898	淮南	0.931	宣城	0.909
		淮北	0.925	淮北	0.898

第六章

城市群的交通网络结构

长三角地区经过改革开放，尤其是 20 世纪 90 年代以后的大规模投资建设，区域交通服务水平和功能得到显著改善和提升。铁路方面建设稳步推进，高速铁路发展十分迅速，沪宁、沪杭两条重要的城际客运专线对于推进长三角一体化发展起到了十分重要的作用；公路建设方面，高速公路建设快速推进，已建成通车的高速公路有杭甬、沪宁、宁太、宁杭等数十条，基本连接起来长三角城区 10 万人口以上城市、主要港口及机场；城市间以高速公路顺直连接，中心城市间形成多线路、稳定可靠的高速公路通道。水运和航空运输也不断发展，港口建设、航道建设实现新突破，航线覆盖面大幅拓展，城市群的交通圈范围不断扩大，地区间的时空距离大大缩短，已初步形成四通八达、畅通便捷的铁路、公路、水运和航空综合交通网络。

第一节　长三角城市群交通基础设施的发展历程

改革开放以来，长三角综合交通运输实现了快速发展，形成了相对完备的综合交通运输体系，对经济社会发展起到了极大的推动和支撑作用。从长三角交通基础设施总的发展特点来看，大致可以分为综合运输全面起步阶段（1978～1995年）、高速公路网络化发展阶段（1996～2007 年）以及高速铁路同城化发展阶段（2008 年至今）。本节将主要回归长三角城市群交通基础设施的发展历程，对各阶段长三角交通基础设施的发展特点进行描述。

一、综合运输全面起步阶段（1978～1995 年）

改革开放以来，交通基础设施的限制导致地区经济发展受到了极大制约。在长三角，甚至全国范围内，由于资金限制、理念约束等，交通基础设施的发展在改革开放初期相对缓慢，交通基础设施发展更多地集中于道路基础设施方面。图 6－1 描述了 1978～1995 年长三角两省一市主要交通基础设施的发展状况。从中可以看出，长三角在这一时期交通基础设施建设主要是在公路建设方面，铁路建设较为缓慢，内河航道里程保持平稳变动趋势。长三角城市群内部通道建设在全国处于领先位置，1988 年上海开通了全国第一条高速公路——沪嘉高速公路，之后沪宁高速、杭甬高速等进行快速施工期，有效地加强了地区间的交通联系。

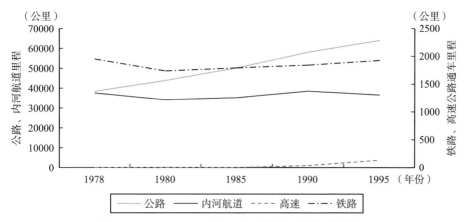

图 6－1　1978～1995 年长三角交通基础设施发展状况

资料来源：根据相关年份《中国统计年鉴》整理而得。

　　具体来看，公路方面，由于公路的覆盖面相比于其他类型的交通基础设施而言更高，因此公路运输对地区经济发展的影响相对更大，在地方发展中也相应地具有更高的重视程度。从表 6－1 的 1978～1995 年长三角分省公路通车里程数据来看，公路在长三角两省一市均实现了快速发展，其中在 1995 年上海和浙江两地的公路通车里程分别是 1978 年的 1.9 倍和 1.8 倍，1995 年江苏省的公路里程接近 1978 年的 1.5 倍。同期长三角公路发展快于全国平均水平，1978 年长三角公路通车里程约占全国的 4.3%，1995 年长三角公路通车里程约占全国的 5.5%，反映出长三角地区在这一时期实现了公路运输的快速发展。

表 6－1　　　　　　　　　　1978～1995 年长三角分省公路通车里程　　　　　　　　　　单位：公里

年份	上海市	江苏省	浙江省
	公路里程	公路里程	公路里程
1978	1978	17721	18621
1980	2116	19804	21856

年份	上海市	江苏省	浙江省
	公路里程	公路里程	公路里程
1985	2058	22436	25611
1990	3050	24772	30195
1995	3787	25970	34121

  1988 年上海至嘉定高速公路的开通是中国交通运输史上的一件具有里程碑意义的重大事件。尽管上海至嘉定高速通车里程仅 16 公里左右，然而这一道路的建设是中国探索高速公路发展的重要起点，不仅有利于加强上海中心城区与周边卫星城之间的联系，还为全国高速公路建设奠定了基础。

  铁路方面，1978～1995 年间，由于我国主要施行"内部挖潜为主，新线建设为辅"的铁路政策（张雪永，2018），因此铁路发展在长三角乃至全国层面上都未能实现快速发展。这一时期的铁路运输发展主要在于通过技术改造、运输时刻的调整等来实现铁路运输挖潜扩能。从表 6-2 的 1978～1995 年长三角铁路营运里程来看，上海、江苏、浙江两省一市的铁路营运里程均未发生太大变化，其中个别年份反而出现波动，这是由于这一时期长三角地区铁路设施较为落后，线路技术标准较低，导致列车通过速度慢，因此部分线路先后停用或者整修。进入80 年代后，按照铁道部部署，华东地区迅速掀起了波澜壮阔的"中取华东""强攻京九""再取华东"等铁路建设大会战，通过"短平快"的线路扩能改造工程，实现了铁路运力的大幅度提升。

表 6-2   **1978～1995 年长三角铁路营运里程**   单位：公里

年份	上海市	江苏省	浙江省
	铁路营运里程	铁路营运里程	铁路营运里程
1978	245	732	972
1980	245	714	775
1985	245	713	832
1990	259	748	833
1995	256	747	921

  内河航道方面，长三角地区内河资源丰富，水网密布，形成以上海为核心、联系长江沿线地区的航运体系。总的来看，1978～1995 年间，长三角两省一市的内河航道营运里程变化不大，保持总体平稳变化趋势。20 世纪 90 年代以来，在交通部"三主一支持"长远规划指导下，长三角地区重点加快了国道主干线、水

运主通道、主枢纽港的建设，优化了基础设施布局，初步形成了集装箱运输系统、能源运输系统和外贸物资运输系统。其中江苏省内河航道总里程接近 2.4 万公里，约占全国的 1/5，特别是长江横贯东西 370 公里、京杭运河纵穿南北 687 公里，基本形成了以长江和京杭运河为"十字形"骨架的内河航道网。

表 6－3 　　　　　　　　　1978～1995 年长三角内河航道营运里程 　　　　　单位：公里

年份	上海市	江苏省	浙江省
	内河航道里程	内河航道里程	内河航道里程
1978	2100	23657	11723
1980	—	23412	10620
1985	2058	22436	10620
1990	3050	24772	10617
1995	2100	23803	10592

二、高速公路网络化发展阶段（1995～2007 年）

1995～2007 年间，除了内河航道保持平稳状态之外，长三角地区公路和铁路基础设施实现了快速发展，其中一个最重要的特点在于高速公路的飞速发展。通过高速公路的大面积建设，长三角地区逐步形成了国道与省道互补、高速公路与一般公路交叉、公路与其他基础设施相衔接的网络化交通基础设施分布格局。图 6－2 为 1995～2007 年长三角交通基础设施的发展状况。从中可以看出，

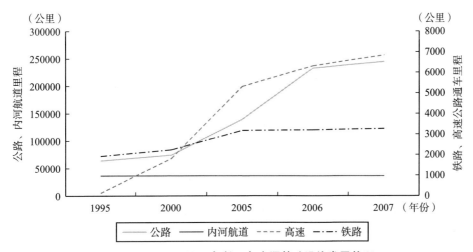

图 6－2　1995～2007 年长三角交通基础设施发展状况

资料来源：根据相关年份《中国统计年鉴》整理而得。

公路方面，尽管总体呈现出上升趋势，但是公路在 2000～2006 年期间具有更加明显的增长态势；铁路除了 2000～2005 年的建设发展之外，其他时间段内的增长并不十分明显；内河航道整体保持平稳；高速公路则在整个时间段内实现了极其快速的发展，年均增长率在 20% 左右。

具体来看，公路方面，表 6-4 为 1995～2007 年长三角分省公路通车里程数据，从中可以看出，公路在这一时期的长三角两省一市均实现了快速发展，其中在 2007 年上海和浙江两地的公路通车里程均是 1995 年的 2.9 倍，而 2007 年江苏省的公路里程则超过 1995 年的 5 倍，两省一市公路里程的年均增长率均超过 5%，公路的快速发展对长三角区域经济发展起到了极大的促进作用。同期长三角公路发展快于全国平均水平，1995 年长三角公路通车里程约占全国的 5.5%，2007 年长三角公路通车里程约占全国的 6.8%，长三角公路里程占全国里程的比重进一步上升，反映出长三角地区在这一时期实现了公路运输的快速发展。

表 6-4　　　　　　　　　　1995～2007 年长三角公路通车里程　　　　　　　单位：公里

年份	上海市	江苏省	浙江省
	公路里程	公路里程	公路里程
1995	3787	25970	34121
2000	4325	28198	41605
2005	8110	82739	48600
2006	10392	126972	95310
2007	11163	133732	99812

高速公路的快速发展是这一时期长三角交通基础设施建设最突出的成就。1992 年出台的"五纵七横"国家主干道规划以及 2004 年《国家高速公路网规划》提出的"7 条首都放射线、9 条南北纵向线以及 18 条东西横向线"（简称"7918"）工程建设的全面铺开，使得长三角地区高速公路实现了快速发展，并于 2007 年底形成了较为完备的高速公路网络，成为了区域交通主干道。长三角地区高速公路大通道建设发展迅速，京沪高速公路、沈海高速公路、长深高速公路以及沪昆高速公路、沪陕高速公路、沪蓉高速公路等高速公路的通车运行，使得长三角内部搭建起了完善的运输网络，有效地破解了地区间发展的交通瓶颈。图 6-3 反映了 1995～2007 年长三角地区开通高速公路的县市区统计信息，1996 年沪宁高速的开通加速了长三角地区高速公路网络的全面建设和基本形成，其中在 2001 年达到了一个顶峰，之后也同样保持增长态势，在 2007 年底有超过 75% 的长三角县市区开通了高速公路。

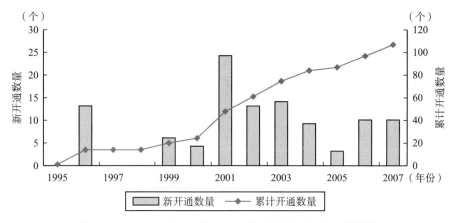

图 6 – 3 1995 ~ 2007 年长三角开通高速公路的县市区数量

表 6 – 5 为长三角地区 1996 ~ 2007 年的高速公路营运里程，从中可以看出长三角地区高速公路这一时期均实现了快速发展，年均增长率均超过 10%，高于长三角地区公路发展的速度。这一方面反映出长三角地区高速公路的快速发展，另一方面也反映出长三角地区高速公路占公路的比重在不断上升，长三角地区路网技术结构在不断优化。从长三角高速公路建设历程来看，长三角高速公路的建设在 2000 年之前主要集中于沪宁、沪杭和杭甬三条主干道，串联了南京、镇江、常州、无锡、苏州、上海、杭州、绍兴、宁波等长三角发达区域，形成"之"字形分布；之后进一步向外延伸、辐射，2005 年左右基本串联了地级以上城市。

表 6 – 5　　　　　　　　　1996 ~ 2007 年长三角高速公路通车里程　　　　　单位：公里

年份	上海市	江苏省	浙江省
	高速公路里程	高速公路里程	高速公路里程
1996	65	318	158
2000	98	1090	627
2005	560	2886	1866
2006	581	3354	2383
2007	635	3558	2651

铁路方面，由沪宁、沪杭、杭甬、浙赣、宣杭等铁路组成的国家干线运输网，在长三角地区货运运输以及对外经济联系方面发挥了重要作用，长三角地区铁路网是我国铁路运输负荷最大、运输效率最高的铁路网之一（张学良，2012）。长期以来，铁路建设作为长三角地区交通基础设施建设的重点，在扩大路网规

模、改善路网质量、提高运输能力服务长三角地区乃至全国经济发展方面提供了强大的支撑。表6-6为主要年份长三角两省一市铁路营运里程，从表6-6中可以看出，1995~2007年期间两省一市铁路均实现了一定的增长，但总体来看，除了2000~2005年间江苏省铁路营运里程实现了较大增长之外，其他变动不大。这是由于铁路建设不同于公路建设，地方自主性较为有限，主要依赖于国家统一规划和建设。

表6-6 　　　　　　　　　　**1995~2007年长三角铁路营运里程**　　　　　　　　　单位：公里

年份	上海市	江苏省	浙江省
	铁路营运里程	铁路营运里程	铁路营运里程
1995	256	747	921
2000	256.5	757.1	1220.8
2005	269.1	1615.6	1292.3
2006	310.3	1616.1	1278.5
2007	331.2	1618.8	1319.3

尽管这一时期铁路建设相比于公路而言相对滞后，但是1997~2006年，我国对主要干线铁路实施大规模技术改造，进行六次大面积提速，将既有线列车最高运行时速从120公里提升至200公里，实现了运力的大幅度提升。表6-7描绘了1997~2007年长三角地区铁路提速的基本情况，提速后的旅客列车平均速度实现了较大增长，这一变化使得铁路的运输能力和运输技术实现了极大提升。

表6-7 　　　　　　　　　　**1997~2007年长三角地区铁路提速基本情况**

批次	年份	主要涉及长三角地区线路	提速后旅客列车平均速度（公里/小时）
第一次	1997	京沪线	54.9
第二次	1998	京沪线	55.2
第三次	2000	陇海线、浙赣线	60.3
第四次	2001	浙赣线、沪杭线、	61.9
第五次	2004	京沪线	65.7
第六次	2007	京沪线、陇海线、浙赣线、宣杭线	70.2

内河航道方面，1995~2007年，长三角两省一市的内河航道营运里程变化不大，保持总体平稳上升趋势（见表6-8）。然而分地区来看，上海和江苏的内河

航道里程出现一定程度的上升，而浙江的内河航道里程则出现了一定程度的下降，这一现象的出现与地方水资源分布、运输方式的依赖性等有着一定的关联。

年份	上海市	江苏省	浙江省
	内河航道里程	内河航道里程	内河航道里程
1995	2100	23803	10592
2000	2100	23943	10408
2005	2223	24349	9652
2006	2226	24347	9652
2007	2226	24336	9667

表6-8　1995~2007年长三角内河航道营运里程　单位：公里

三、高速铁路同城化发展阶段（2008~2016年）

2008~2016年期间，铁路动车组的开通以及客运专线、城际铁路等高速铁路的大面积建设和运营是长三角交通基础设施发展的最重要特征。通过高速铁路的大面积建设，长三角地区同城化发展的趋势愈发明显，极大地拉近了长三角各城市之间的时空距离。图6-4为2007~2016年长三角交通基础设施的发展状况。从中可以看出，公路方面在这一时期保持平稳增长态势，高速公路尽管也呈现出一定的增长趋势，然而增速与上一时期相比明显减慢；铁路基础设施则在这一时期出现较大上升，其中客运专线、城际铁路等高速铁路建设是铁路建设的重要内容；内河航道整体依旧保持平稳。

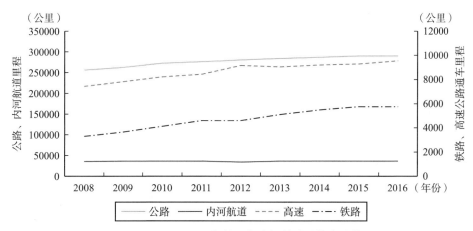

图6-4　2008~2016年长三角交通基础设施发展状况

资料来源：根据相关年份《中国统计年鉴》整理而得。

具体来看，公路方面，改革开放 40 多年来，经过不断建设和完善，长三角地区广泛覆盖的公路网络已经建立起来。这一时期长三角两省一市的公路建设尽管仍在继续，然而增速均慢于上一时期，反映出公路建设在数量方面已经基本实现饱和。从 2016 年的情况来看，全国总的公路里程、高速公路里程分别为 457.73 万公里和 12.35 万公里。长三角地区总的公路里程、高速公路里程 28.9 万公里和 9544 公里，分别占到了全国的 6.3% 和 7.7%，相对于长三角仅占全国约 2.3% 的国土面积而言，其运输线路长度所占比重较大。这表明长三角城市群综合交通体系已初步形成，为长三角区域的一体化发展奠定了良好的基础，未来长三角地区公路建设的主要着力点在于一些"断头路"以及相对偏远地区的公路建设。

表 6 - 9　　　　　　　　2008～2016 年长三角公路通车里程　　　　　　单位：公里

年份	上海市	江苏省	浙江省
	公路里程	公路里程	公路里程
2008	11497	140930	103652
2009	11671	143803	106952
2010	11974	150307	110177
2011	12084	152247	111776
2012	12541	154118	113550
2013	12633	156094	115426
2014	12945	157521	116367
2015	13195	158805	118015
2016	13292	157304	119053

高速公路的变化趋势和公路建设大体相当（见表 6 - 10），即在 2008～2016 年期间保持稳步增长，然而增速明显慢于上一时期，反映出长三角地区高速公路网络建设基本形成，与全国平均水平相比，长三角两省一市的高速公路通车密度长期处于全国前列。新增高速公路逐渐以较大难度项目、偏远地区、道路拓宽等为主，长三角地区运输主干道基本形成，其中 2008 年通车的杭州湾跨海大桥、苏（州）通（南通）大桥以及 2011 年底通车的崇（明）启（东）高速公路建设的建设对于长三角交通施工技术进步以及加快地区经济联系等有着重要的意义。

表 6 - 10 　　　　　　　　**2008～2016 年长三角高速公路通车里程**　　　　单位：公里

年份	上海市	江苏省	浙江省
	高速公路里程	高速公路里程	高速公路里程
2008	637	3725	3073
2009	768	3755	3298
2010	775	4059	3383
2011	806	4122	3500
2012	806	4731	3618
2013	815	4443	3787
2014	825	4488	3884
2015	825	4539	3917
2016	825	4657	4062

　　铁路方面，2009 年开始长三角铁路基础设施实现了较大发展。从营运里程来看，江苏、浙江两省的铁路营运里程在 2008～2016 年期间增加较多，增幅均超过 1000 公里以上，分别是 2008 年的 1.6 倍与 1.9 倍；上海铁路建设在 2011 年之前同样出现较大增长，2012 年之后则变化不大（见表 6 - 11）。相比于传统铁路建设而言，长三角地区铁路的这一增长主要来自高速铁路的发展，客运专线、城际铁路等新型交通运输方式的建设为长三角地区一体化发展提供了重要的支撑。

表 6 - 11 　　　　　　　　**2008～2016 年长三角铁路营运里程**　　　　单位：公里

年份	上海市	江苏省	浙江省
	铁路营运里程	铁路营运里程	铁路营运里程
2008	316.1	1657	1319.3
2009	317.7	1655.6	1678.2
2010	422.4	1921.2	1774.6
2011	461.3	2350	1779.1
2012	465.9	2355	1779.1
2013	465	2600	2044.5
2014	465	2678	2347.1
2015	465.1	2724	2563.7
2016	465.1	2767	2567.9

作为我国经济最为活跃的地区之一，长三角地区高速铁路发展十分迅速。中国从 2004 年发布《中长期铁路网规划》以后开始进行大规模的高铁网络建设，自 2007 年长三角开通动车客运服务，高铁在长三角得到了快速发展，截止到 2016 年，长三角高速铁路覆盖率超过了 50% 的地级及以上城市，高速铁路网络基本形成。长三角地区内部以京沪高铁、沪昆高铁、杭（州）—福（州）—深（圳）高铁等为主要通道的高铁网络全部通车，构建起了快捷、便利的区域联系网络；而随着沪苏湖高铁、北沿江高铁、盐通高铁等高铁线路的国家和地区重要基础设施建设项目的规划实施，长三角高铁网络将进一步完善，对城市群一体化发展的助力作用将更加明显。

表 6 – 12 为长三角地区主要高速铁路线路的基本情况，从中可以看出，长三角主要的高铁线路开通集中在 2010 ~ 2013 年，覆盖范围从原来的"上海—南京""上海—杭州—宁波"的分布逐渐向外延伸，基本覆盖了长三角地级以上城市。通过纵横线路的建设，加强了长三角地区南北区域间以及东西区域间的经济联系，促进了长三角地区间的劳动力和资本等要素的流动。由于高铁通行速度较快，不仅使得铁路运力相较于上一时期也有着较大改善，还使得城市间的时空距离大大缩短，上海、南京、杭州等国家中心城市和区域中心城市"一日生活圈""一小时通勤"的范围大幅度扩大，长三角进入同城化发展新阶段。

表 6 – 12　　　　　　　　长三角地区主要高速铁路线路基本情况

主要线路名称	通车时间	长三角主要途经城市
甬台温铁路	2009 年	宁波、台州、温州
沪宁城际铁路	2010 年	上海、苏州、无锡、常州、镇江、南京
沪杭客运专线	2010 年	上海、嘉兴、杭州
京沪客运专线	2011 年	徐州、南京、镇江、常州、无锡、苏州、上海
宁杭客运专线	2013 年	南京、无锡、湖州、杭州
杭甬客运专线	2013 年	杭州、绍兴、宁波
杭长客运专线	2014 年	杭州、绍兴、金华、衢州
金华至温州城际铁路	2015 年	金华、丽水、温州

内河航道方面尽管营运里程变化不大，但是随着长三角地区与世界经济联系的逐渐加深，依托长江黄金水道，长三角远洋航运的发展相当迅速（见表 6 – 13）。上海港通达世界 12 大航区，与近 200 个国家和地区的 500 港口建立了业务联系，2016 年上海港（公司母港）集装箱吞吐量达到 3713.3 万标箱，位居全球首位。浙江省以宁波舟山港为龙头，2015 年集装箱吞吐量首次突破 2000 万标箱，排名

跃居世界港口第 4 位，"十二五"时期完成货物吞吐量 40 亿吨、集装箱吞吐量 8832 万标箱，极大地提升了全省港口集聚辐射能力和产业带动效应，有力支撑了海洋经济等新的经济增长点，有效保障了国家战略的实施。

表 6 - 13　　　　　2008～2016 年长三角内河航道营运里程　　　　　单位：公里

年份	上海市	江苏省	浙江省
	内河航道里程	内河航道里程	内河航道里程
2008	2226	23596	9695
2009	2226	24224	9703
2010	2226	24228	9703
2011	2226	24252	9750
2012	2281	24270	9735
2013	2268	24331	9743
2014	2191	24360	9765
2015	2176	24389	9765
2016	2176	24383	9765

第二节　长三角交通基础设施的发展现状

一、公路和高速

公路运输一直是我国区域间货物运输的最主要交通方式，在高速铁路发展前的很长一段时间内，也一直是我国区域间客运运输的最主要交通方式。长三角作为我国经济发展最发达、人口密度最稠密的区域，有着极为发达的公路网络和高速公路网络。从截止到 2016 年底国家高速公路在长三角地区的分布状况来看，国家高速公路在苏南和浙北的规划密度更高。这主要受到经济的影响，但也有地理环境的原因。一方面，国家高速公路在长三角的分布主要存在于上海、南京和杭州三个重要的节点，这三个节点均是区域内（甚至国家）重要的经济和政治中心。国家高速公路在长三角的分布框架主要是这三个节点城市形成的三角形网络，并在此基础上，搭建起全面覆盖地级以上城市的国家高速公路网络。另一方面，国家高速公路在长三角的分布受沿海和大型水域的影响较大，一个表现是在杭州湾上下形成了明显的"反弓形"道路分布，另一个表现则是在长江流域以及相关流域周围，国家高速公路的分布密度更高，从而形成了江苏国家高速公路分布密度高于浙江的客观现实。

公路和高速公路的发展极大地加强了长三角区域间的经济联系。从中国第一条高速公路——1988 年开通的沪嘉高速公路——在长三角开通运营开始，长三角区域已经成为了中国高速公路分布最为密集的区域之一，在高速公路上飞驰的汽车也彰显了长三角的经济活力。在经济发展方面，紧密联系的区域经济不仅带动了上海经济发展对长三角区域的经济辐射，更加强了周边区域对上海经济进一步发展的集聚经济效应。而在居民生活方面，高速公路的通勤模式也逐渐推动上海大都市圈和长三角城市群的形成，加速了周边区域旅游业的蓬勃发展。2019年《长江三角洲区域一体化发展规划纲要》提出，要提升省际公路通达能力，加快省际高速公路建设，形成便捷通达的公路网络，提升主要城市之间的通行效率。完善过江跨海通道布局，提升省际公路通达水平。

二、铁路和高铁

铁路运输是我国中长距离运输上的重要运输方式，近年来高速铁路的快速发展使得铁路在长三角城市间运输中的作用越来越大。从长三角地区的铁路线路分布情况来看，主要集中于苏南和浙北地区，原因主要在于受经济、社会以及自然条件的影响。一方面，长三角铁路分布主要集中在"南京—上海—杭州—宁波"一线，构成长三角地区铁路的主要框架；进一步地，在此基础上连接长三角其他地级以上城市，从而形成长三角铁路线路的基本网络。另一方面，注重省域交界地带铁路建设，例如江苏南京、徐州以及浙江温州、衢州等地的铁路发展相对良好，形成了长三角连接全国市场的主要通道，也对省域交界城市的经济发展和区域合作带来了促进作用。

高速铁路的发展全面串联起了长三角各省市主要城市之间的经济联系。从长三角地区高速铁路线路的分布状况来看，一方面，高速铁路更加集中于苏南和浙北的"南京—上海—杭州—宁波"一线，在当前的区域一体化发展发挥重要作用。另一方面，长三角高速铁路分布很不均衡，其中苏北地区除了徐州以外，其他地区还并未被高铁网络覆盖，对于当前的都市圈建设、长三角高质量一体化发展具有一定的影响。

2019 年《长江三角洲区域一体化发展规划纲要》提出，要共建轨道上的长三角，加快建设集高速铁路、普速铁路、城际铁路、市域（郊）铁路、城市轨道交通于一体的现代轨道交通运输体系，构建高品质快速轨道交通网；以都市圈同城化通勤为目标，加快推进城际铁路网建设，推动市域铁路向周边中小城市延伸，率先在都市圈实现公交化客运服务；支持高铁快递、电商快递班列发展。

三、水运

长三角区域依托长江、京杭大运河和杭州湾，是世界上为数不多的集黄金水道和黄金海岸于一身的区域，有着丰富的内河水运和远洋航运资源。在内河水运方面，根据《全国内河航道与港口布局规划》，长三角区域共规划内河主要港口10个：芜湖港、安庆港、马鞍山港、合肥港、湖州港、嘉兴内河港、徐州港、无锡港、杭州港、蚌埠港。目前，规划的十大港口均已建成并投入运营。截至2016年，长三角区域三省一市内河航道通航里程共计4.2万公里，约占全国内河航道通航总里程的1/3。其中，Ⅰ~Ⅳ级航道通航里程超过6000公里，等外航道通航里程约2.2万公里。共有内河生产性码头泊位近1.2万个，泊位长度超过60万米。共有内河枢纽超过1200处，具有通航功能的超过1000处；通航船闸超过250座，可正常使用的近230座；升船机近20座，可正常使用的超过10座。2016年，长三角区域共完成内河货运量近19亿吨，完成内河货物周转量约7500亿吨公里。

而在远洋航运方面，长三角航运发达，贸易活跃，城市群内规模以上港口货物吞吐量最大。长三角城市群内规模以上港口共计11个，2016年货物吞吐量31.4亿吨，外贸货物10.8亿吨。特别是依托"一带一路"和上海航运中心的建设，长三角的航运发展引来较大契机。2016年，长三角地区港口共完成货物吞吐量45.14亿吨，比上年增长8.14%，规模以上港口货物吞吐量占全国货物吞吐总量的比重为35.71%。共完成外贸货物吞吐量13.90亿吨，比上年增长8.62%，占全国外贸货物吞吐总量的比重为34.73%。区域港口资源的整合，大大推进了长三角地区港口群的生产效率，有力支撑了"海上丝绸之路"和"长江经济带"等国家战略的顺利实施。

2019年《长江三角洲区域一体化发展规划纲要》提出，要协同推进港口航道建设。推动港航资源整合，优化港口布局，健全一体化发展机制，增强服务全国的能力，形成合理分工、相互协作的世界级港口群。围绕提升国际竞争力，加强沪浙杭州湾港口分工合作，以资本为纽带深化沪浙洋山开发合作，做大做强上海国际航运中心集装箱枢纽港，加快推进宁波舟山港现代化综合性港口建设。

四、民航

民航方面，长三角民航业成为我国民航业发展最为迅速的区域之一。2017年长三角地区共有18个民航机场，比2010年增加了50%，航线覆盖了全国各个地区以及海外主要国家及城市。上海有虹桥、浦东两大民用航空机场，旅客吞吐量和货邮吞吐量位居全国前五，杭州萧山机场、南京禄口机场等旅客吞吐量也排名全国前列，另外还有无锡硕放机场、常州奔牛机场、宁波栎社机场、温州龙湾机场等。表 6-14 为 2017 年长三角两省一市机场分布，其中上海市拥有虹桥和浦东两大民用航空机场，浙江省拥有杭州萧山等 7 家民用航空机场，江苏省拥有南京禄口等 9 家民用航空机场。2019 年《长江三角洲区域一体化发展规划纲要》提出，要合力打造世界级机场群，构建分工明确、功能齐全、联通顺畅的机场体系，提高区域航空国际竞争力，巩固提升上海国际航空枢纽地位，增强面向长三角、全国乃至全球的辐射能力。

表 6-14　　　　　　　　　2017 年长三角两省一市机场名单

省份	所在城市	机场名称
上海市	上海市	上海/浦东
	上海市	上海/虹桥
浙江省	杭州市	杭州/萧山
	温州市	温州/龙湾
	宁波市	宁波/栎社
	金华市	义乌
	舟山市	舟山/普陀山
	台州市	台州/路桥
	衢州市	衢州
江苏省	南京市	南京/禄口
	无锡市	无锡/硕放
	常州市	常州/奔牛
	徐州市	徐州/观音
	南通市	南通/兴东
	扬州市	扬州/泰州
	盐城市	盐城/南洋
	连云港市	连云港/白塔埠
	淮安市	淮安/涟水

民用航空运输在当今社会发展中扮演着越来越重要的角色，目前发达国家和新兴工业国家的重要经济中心正纷纷以大型航空港装备自己，力争成为新时代的交通枢纽。作为安全、快捷、舒适、环保交通运输途径，民用航空在未来的区域一体化进程中可谓使命光荣、潜力巨大，势必成为长三角对外交往的重要窗口和重要途径，为长三角建设世界级城市群和一体化发展贡献越来越大的作用。表 6-15 为2016~2017 年长三角地区主要民用航空机场的吞吐量情况，可以看出上海两大国际机场在旅客运输和货物运输中均占据重要地位，同时长三角分散化的航空布局也为区域经济的快速发展打下了坚实基础。

表6－15　长三角 2016～2017 年机场吞吐量排名

机场名称	旅客吞吐量					货邮吞吐量					起降架次			
	名次	2017年（人）	2016年（人）	比上年同期增减（%）	名次	2017年（吨）	2016年（吨）	比上年同期增减（%）	名次	2017年（次）	2016年（次）	比上年同期增减（%）
合计		1147866788	1016357068	12.9		16177345.4	15104056.7	7.1		10248859	9238291	10.9
上海/浦东	1	70001237	66002414	6.1	1	3824279.9	3440279.7	11.2	1	496774	479902	3.5
上海/虹桥	2	41884059	40460135	3.5	3	407461.1	428907.5	-5.0	3	263586	261981	0.6
杭州/萧山	3	35570411	31594959	12.6	2	589461.6	487984.2	20.8	2	271066	251048	8.0
南京/禄口	4	25822936	22357998	15.5	4	374214.9	341267.1	9.7	4	209394	187968	11.4
宁波/栎社	5	9390527	7792305	20.5	5	120446.9	107019.7	12.5	6	73257	63663	15.1
温州/龙湾	6	9285621	8189717	13.4	7	75531.9	77747.7	-2.9	5	74505	67916	9.7
无锡/硕放	7	6683380	5561927	20.2	6	107598.1	95983.7	12.1	8	52839	45679	15.7
常州/奔牛	8	2510512	1955844	28.4	9	18871.3	15690.4	20.3	9	40498	26121	55.0
南通/兴东	9	2009038	1538158	30.6	8	39447.3	35371.1	11.5	11	28623	21281	34.5
徐州/观音	10	1916517	1487086	28.9	11	9232.9	9088.1	1.6	10	36537	29470	24.0
扬州/泰州	11	1836515	1434193	28.1	10	9377.6	8225.5	14.0	7	55503	38080	45.8
盐城/南洋	12	1302974	1209004	7.8	14	5539.6	5118.0	8.2	14	13121	12402	5.8
义乌	13	1294895	1226697	5.6	12	6870.8	5913.9	16.2	16	10974	11302	-2.9
淮安/涟水	14	1286369	861533	49.3	15	5006.7	4637.5	8.0	13	15385	23215	-33.7
连云港/白塔埠	15	1092924	850972	28.4	16	1663.1	1245.0	33.6	15	11232	9322	20.5
舟山/普陀山	16	1023039	800877	27.7	18	196.8	319.1	-38.3	12	22395	21359	4.9
台州/路桥	17	821965	691442	18.9	13	6841.7	6719.5	1.8	17	6454	5658	14.1
衢州	18	202620	208219	-2.7	17	601.8	639.4	-5.9	18	1652	1692	-2.4

第三节　交通基础设施对长三角经济社会发展的影响分析

一、交通与长三角经济增长

自艾肖瑟（Aschauser, 1989）研究公共基础设施对生产率的影响，交通基础设施的经济增长效应研究实现了快速发展。早期的实证研究较多地讨论了交通基础设施的产出弹性（张学良，2007），之后由于空间经济学、空间计量经济学的兴起，实证研究开始关注交通基础设施的网络特性，逐渐的实证研究中考虑空间溢出作用的存在。交通基础设施作为物质资本存量的一部分，在经济增长理论得到了充分重视。在相对早期的研究中，较多学者讨论了交通基础设施对经济增长的产出弹性（Aschauser, 1989；张学良，2007）。艾肖瑟（1989）的研究认为基础设施对经济增长的产出弹性为 0.39；而张学良（2007）通过回归得到的交通基础设施弹性大小介于 0.0563 至 0.2058 之间，同时还考虑了中国交通基础设施的区域差异。然而由于经济活动在空间上具有显著的空间关联效应，因此张学良（2012）采用空间计量经济学的方法对中国交通基础设施对区域经济增长的产出弹性进行测算，测算的产出弹性值在 0.05～0.07，由此可见，若不考虑空间溢出效应，则可能会高估交通基础设施对经济增长的影响，而在影响经济增长的所有因素中，劳动力和其他公共部门的资本存量的产出弹性较大。

（一）模型设定与指标说明

本部分将对长三角地区交通基础设施与经济增长之间的空间关联进行检验。在参考张学良（2012）关于交通基础设施对经济增长的空间计量模型的基础上，本部分实证方程设置如下：

$$y_{it} = \alpha + \rho \sum_j W_{ij} y_{jt} + \beta_1 T_{it} + \beta_2 H_{it} + \beta_3 T_{it} \times H_{it} + \eta X_{it} + \delta_i + I_t + \varepsilon_{it}$$

其中 y_{it} 为县市区 i 在 t 年的经济指标，为与本部分理论模型对应，本部分采用县域经济增长率为被解释变量，在稳健性检验中采用夜间灯光数据来代替经济增长指标。等式右侧的影响因素和度量指标选取如下：

地区间通行速度（T）。由于长三角地区交通基础设施建设速度十分迅速，使得地区间通行速度具有较大改善，但是由于缺少相关的数据，而在距离一定的情况下通行时间越长意味着通行速度越低，因此本部分采取地区间通行时间来反映通行速度。进一步的假设技术创新的主要来源是长三角的国家中心城市、区域中心城市以及距离本地最近的地级市市辖区，同时由于高速公路相比于高速铁路而言，起步较早且发展迅速，因此本部分利用百度地图中的推荐路线，将 T 进一步分解为到达国家中心城市（上海）的时间（T1）、到达最近区域中心城市（南京和杭州）的时间（T2）以及最近地级市市辖区的时间（T3）。

创新能力（H）。由于长三角县域年度专利数据、R&D 投入数据存在较大缺失，因此本部分采取平均受教育年限作为本地创新能力的代理变量，其基本考虑在于技术创新一般是人力资本投资的结果，同时现有研究也表示创新能力与教育水平之间具有正向的关联（赖德胜和纪雯雯，2015）。T × H 为通行速度与创新能力的交互项，创新能力对经济增长的影响与通行速度有关，因此在回归方程中加入两者的交互项，以考察两者对经济增长的交互作用。

控制变量（X），本部分控制变量的选择可以分为三类：第一类是与经济增长相关的基础数据，包括资本存量（K）、从业人员数（L）和外商直接投资（FDI），其中资本存量的计算按照张军等（2004）的方法进行；第二类是与经济增长相关的结构数据，包括发展阶段（stage）、开放程度（open）、财政支出占比（finance）以及税收政策（tax）等四个变量，其中发展阶段采用第三产业与第二产业产值之比表示，开放程度采用进出口总额占 GDP 比重表示，财政支出占比为财政支出占 GDP 比重，税收政策则以规模以上工业企业的税金总额与企业利润的比值作为税收政策的衡量指标；第三类为其他基础设施条件，互联网的兴起为知识的溢出提供了快速而又便捷的渠道，从而极大地推动了技术的进步，同时电力基础设施对于地区经济增长具有重要影响，然而由于缺少县级层面互联网的相关数据，本部分采用电话保有量和工业用电量作为电信基础设施和电力基础设施的代理变量。δ_i 和 I_t 分别为县级个体固定效应和年份固定效应，ε_{it} 为随机扰动项。

本部分选取长江三角洲地区作为研究对象，包括上海、江苏、浙江两省一市的 131 个县、市、区。由于 2013 年以来江苏、浙江两省进行了多次"撤县（市）设区"行动，因此为保证样本区间的完整性，在不影响结果的前提下，本部分将研究期设置为 2002 ~ 2012 年。本部分所采用的数据大部分来自《江苏省统计年鉴》（1994 ~ 2013）、《浙江省统计年鉴》（1994 ~ 2013）、《上海市统计年鉴》（1994 ~ 2013），其中涉及浙江省的部分数据来自《浙江省 60 年统计资料汇编》，涉及行政区划调整的按 2012 年行政区划为标准进行调整。夜间灯光数据来自美国国家海洋和大气管理局（NOAA）公布的全球灯光数据，并按照范子英等（2016）的方法对灯光数据进行校准。表 6 – 16 为变量的描述性统计。

表 6-16   描述性统计

变量名	单位	观测值	均值	标准差
增长率	%	1441	0.12	0.071
到上海的时间	小时	1441	4.19	1.83
到省会的时间	小时	1441	2.70	1.33
到地级市市辖区的时间	小时	1441	0.94	0.61
创新能力	年	1441	8.27	1.05
资本存量	亿元	1441	378.61	1281.15
从业人员数	万人	1441	63.44	95.50
外商直接投资	亿美元	1441	3.03	9.68
发展阶段	%	1441	0.77	0.51
开放程度	%	1441	0.75	0.43
财政支出占比	%	1441	0.03	0.05
税收政策	%	1441	0.44	0.24
电话保有量	万部	1441	82.00	196.77
工业用电量	亿千瓦时	1441	32.55	72.38
灯光亮度	1	441	20.25	13.18

(二) 长三角经济增长的空间相关性检验

为了客观地描述区域经济增长在地理空间上是否存在空间自相关，需要对相关变量进行空间自相关性检验。常用的空间自相关的判断有 Moran's I、Geary's C 以及 Getis 指数等，其中应用最为广泛的是 Moran's I 指数。

Moran's I 用于检验观测值与其空间滞后项的相关程度，其计算公式为：

$$\text{Moran's I} = \frac{n \sum_{i=1}^{n} \sum_{j=1}^{n} W_{ij} (Y_i - \overline{Y})(Y_j - \overline{Y})}{\sum_{i=1}^{n} \sum_{j=1}^{n} W_{ij} \sum_{i=1}^{n} (Y_i - \overline{Y})^2}$$

其中，$\overline{Y} = \frac{1}{n} \sum_{i=1}^{n} Y_i$，$Y_i$ 表示第 i 个区域的观测值，n 为研究的地区总数，W_{ij} 为空间权重矩阵。

空间权重矩阵的设置用于表示地区的空间关联信息。本部分参照邵帅等 (2016) 的研究构建了两种空间权重矩阵，第一种是根据地区间地理距离矩阵，其元素 w_{ij} 为两县域政府所在地直线距离的倒数，以此来反映地区间的地理关联信息；为增强结果的稳健性，本部分还构造了经济意义下的经济距离权重矩阵，根据区域经济发展的差距进行设置，其元素 w_{ij} 为两县域的人均 GDP 差值的倒数，其经济意义在于如果地区差距太大，将可能会影响技术溢出的吸收能力。

　　空间相关性检验结果如表 6-17 所示。在表 6-17 中可以看到 Moran's I 指数都在 1% 的显著性水平下为正，表明在地理矩阵下和经济距离矩阵下经济增长之间存在正向的空间关联，因此在后续的实证回归中如果采用传统回归将会忽略空间溢出效应的存在。

表 6-17　　　　　　　　　　　　Moran's I 指数检验结果

年份	地理距离	经济距离
2002	0.107 *** (5.084)	0.275 *** (6.693)
2003	0.107 *** (5.052)	0.295 *** (7.456)
2004	0.107 *** (5.051)	0.303 *** (7.645)
2005	0.113 *** (5.308)	0.312 *** (7.871)
2006	0.114 *** (5.387)	0.320 *** (8.046)
2007	0.116 *** (5.472)	0.322 *** (8.094)
2008	0.119 *** (5.588)	0.316 *** (7.949)
2009	0.126 *** (5.896)	0.298 *** (7.530)
2010	0.123 *** (5.750)	0.290 *** (7.319)
2011	0.122 *** (5.732)	0.281 *** (7.090)
2012	0.125 *** (5.855)	0.277 *** (7.009)

　　注：* 、** 和*** 分别表示在 10% 、5% 和 1% 的置信水平上显著，括号内为 Z 统计量。

（三）回归结果分析

为了比较不同模型对空间关联性的解释能力，本部分列出三种模型的回归结果，并与 OLS 估计结果进行比较。表 6 - 18 为 OLS 回归和两种空间权重矩阵下的空间面板回归模型结果。从空间关联性来看，空间滞后系数（ρ）和空间误差系数（λ）在两种空间权重矩阵下均在 10% 的水平下为显著正，再次表明长三角县域经济存在明显的空间相关性。第（1）~（2）列为 OLS 估计结果，其中第（1）列为没有放入控制变量下的回归结果，从两列回归结果的系数来看，加入控制变量对回归系数的显著性和系数大小影响并不大；从具体结果来看，T1、T2、T3 的回归系数为负，其中 T1 和 T3 在 10% 的显著性水平下通过了检验，表明长三角县域到上海的时间（T1）以及到最近的地级市市辖区的时间（T3）越长，则其经济增长率越慢，同时从回归系数大小上来看，T1 的系数绝对值大于 T3 表明上海作为国家中心城市，其创新溢出对于长三角县域具有更加重要的影响，而创新能力（H）对经济增长的影响与县域距离上海、省会以及市辖区等的时间有关，其回归结果显示在 T 很小，即地区间通行速度很快的情况下，本地创新能力对经济增长率的影响可能具有负的影响，而随着 T 的不断增大，这种影响则会转变为正的影响。

表 6 - 18　　　　　　　　OLS 回归和空间面板模型回归结果

	OLS		地理矩阵			经济矩阵		
			SLG	SEM	SDM	SLG	SEM	SDM
	(1)	(2)	(3)	(4)	(5)	(6)	(7)	(8)
T1	-0.700*** (0.186)	-0.614*** (0.166)	-0.369** (0.162)	-0.712*** (0.227)	-0.437** (0.171)	-0.581*** (0.162)	-0.597*** (0.166)	-0.442*** (0.169)
T2	-0.145 (0.156)	-0.049 (0.134)	0.011 (0.149)	0.226 (0.176)	0.095 (0.205)	-0.019 (0.136)	-0.031 (0.135)	0.100 (0.148)
T3	-0.317* (0.179)	-0.288* (0.167)	-0.475*** (0.145)	-0.373** (0.158)	-0.496*** (0.147)	-0.277* (0.164)	-0.282* (0.166)	-0.257 (0.175)
H	-0.696*** (0.173)	-0.522*** (0.148)	-0.312* (0.145)	-0.431** (0.203)	-0.443*** (0.157)	-0.464*** (0.142)	-0.491*** (0.148)	-0.229 (0.148)
T1*H	0.365*** (0.093)	0.319*** (0.082)	0.190** (0.083)	0.360*** (0.114)	0.222*** (0.086)	0.301*** (0.080)	0.309*** (0.081)	0.226** (0.083)

续表

	OLS		地理矩阵			经济矩阵		
			SLG	SEM	SDM	SLG	SEM	SDM
	(1)	(2)	(3)	(4)	(5)	(6)	(7)	(8)
T2*H	0.097 (0.077)	-0.039 (0.066)	-0.009 (0.073)	-0.123 (0.083)	0.034 (0.071)	0.025 (0.067)	0.031 (0.067)	-0.028 (0.072)
T3*H	0.144* (0.086)	0.133* (0.080)	0.229*** (0.069)	0.173** (0.075)	0.238*** (0.071)	0.129 (0.079)	0.132* (0.080)	0.120 (0.085)
W*T1					0.034 (0.120)			0.049 (0.052)
W*T2					0.167 (0.341)			-0.079 (0.230)
W*T3					0.347* (0.182)			-0.391*** (0.099)
W*H					-0.488 (0.501)			-0.085 (0.187)
β 或 λ			1.674*** (0.086)	1.703*** (0.085)	1.685*** (0.073)	0.135** (0.066)	0.113** (0.069)	0.108* (0.066)
控制变量	否	是	是	是	是	是	是	是
县级固定效应	是	是	是	是	是	是	是	是
年份固定效应	是	是	是	是	是	是	是	是
obs	1441	1441	1441	1441	1441	1441	1441	1441
R^2	0.399	0.420	0.393	0.395	0.425	0.421	0.420	0.431

注：*、** 和 *** 分别表示在10%、5%和1%的置信水平上显著，括号内为稳健标准误。下同。

　　控制变量的系数中，外商直接投资、税收政策以及工业用电量的系数通过了10%的显著性水平，其中外商直接投资和工业用电量对经济增长率具有正的促进作用，税收政策同样对经济增长具有重要影响，其回归系数为负表明企业税负对于经济增长具有负的影响。

　　第（3）~（5）列为地理空间权重矩阵下的空间面板模型回归结果，依次为空间滞后模型、空间误差模型以及空间杜宾模型的回归结果。与第（1）~（2）

列的结果进行对比，在回归系数的显著性上，三种空间面板模型的回归系数显著性与 OLS 相差不大，从回归系数的大小来看，空间相关性的存在使得回归系数大小发生变化，系数变化的情况表现在到上海的时间以及其与本地创新能力的交互项对经济增长率的影响程度下降，而到地级市市辖区时间及其与创新能力交互项对经济增长率的影响程度上升，表明在长三角县域经济增长中空间关联性的存在，而 OLS 估计则可能将一部分空间关联效应与上海对外的经济辐射叠加在了一起，导致 OLS 估计的系数大于空间计量回归结果。然而尽管如此，T1 的结果同样表明到上海的时间以及到地级市市辖区的时间与经济增长率之间呈负相关。

第（6）~（8）列为经济权重矩阵下的空间面板模型回归结果。相比于地理权重矩阵的结果，经济权重矩阵下的回归结果与 OLS 的较为接近，然而在一些指标上仍然小于 OLS 的估计结果，表明空间相关性的存在使得以往 OLS 估计系数偏大。从回归系数的大小来看，上海在长三角县域经济增长中具有较强的辐射能力，长三角县市区到上海的交通便利性很大程度上影响着本地区的经济增长。在地理权重矩阵下的空间杜宾模型的回归结果中，在自变量的空间滞后项中只有到地级市市辖区时间（T3）的系数通过了 10% 的显著性检验，然而其系数与第（8）列中经济权重矩阵下的回归结果相比并不稳健，表明尽管在统计检验上采用空间杜宾模型最为合适，然而其结果与空间权重矩阵的构建具有一定的关联性。具体来看，由于空间杜宾项反映的是自变量的空间滞后项对本地经济增长率的影响，在地理权重矩阵下，临近关系的存在使得本地交通条件的改善不可避免地会提升到周边地区的交通条件，而在经济权重矩阵下，由于县域竞争的存在，与自身经济条件相似的地区交通条件的改善将会影响到本地区的经济增长。

为避免空间权重矩阵构建带来的影响，本部分将采用地理和经济加权的空间权重矩阵进行稳健性检验。同时，针对 GDP 测算误差或者造假问题带来的影响，本部分采用校准后的夜间灯光数据来代替 GDP 指标进行稳健性分析。

表 6-19 为地理经济矩阵下的回归结果，为便于与表 6-18 的结果进行对比，本部分同样采用空间滞后模型、空间误差模型以及空间杜宾模型进行实证回归。从表 6-19 的回归结果来看，首先从主要系数的显著性来看，与表 6-18 的结果进行对比，发现显著性水平并未发生太大变化，因此再一次验证了本部分理论分析的两个假说；其次从回归系数的大小来看，系数大小与表 6-18 的第（3）~（8）列相比具有一定的变化，也表明空间权重矩阵对于实证结果具有一定的影响。而空间杜宾项的实证结果中，T1 的空间滞后项显著为正，而 T2 的空间滞后项显著为负，表明在地理经济权重矩阵下上海作为国家中心城市，与杭州、南京等区域中心城市对长三角县市区的具有不同的影响。

表 6－19 地理经济矩阵下的回归结果

	地理经济矩阵		
	SAR	SEM	SDM
T1	−0.534 *** (0.168)	−0.786 *** (0.189)	−0.833 *** (0.213)
T2	−0.095 (0.139)	0.030 (0.137)	−0.127 (0.141)
T3	−0.428 *** (0.147)	−0.207 (0.146)	−0.323 ** (0.160)
H	−0.504 *** (0.146)	−0.615 *** (0.173)	−0.724 *** (0.192)
T1 * H	0.273 *** (0.084)	0.392 *** (0.093)	0.410 *** (0.105)
T2 * H	0.047 (0.067)	−0.004 (0.061)	0.070 (0.065)
T3 * H	0.205 *** (0.070)	0.094 (0.068)	0.152 ** (0.077)
W * T1			0.195 *** (0.051)
W * T2			−0.141 * (0.089)
W * T3			0.090 (0.083)
W * H			0.387 (0.577)
ρ 或 λ	1.812 *** (0.065)	0.737 *** (0.034)	0.728 *** (0.032)
控制变量	是	是	是
县级固定效应	是	是	是
年份固定效应	是	是	是
obs	1441	1441	1441
R²	0.304	0.319	0.338

考虑中国 GDP 测算误差或者造假问题带来的影响，相关的研究证实了夜间灯光亮度可以反映很好地出地区经济活动（Henderson et al.，2012；徐康宁等，2015）。同时由于夜间灯光数据不会受到价格因素差异的影响，因此不少学者采用夜间灯光数据作为经济增长的代理变量（范子英等，2016）。本部分借鉴范子英等（2016）的方法，采用 ArcGis10.3 对夜间灯光数据进行校准和同年度合并，再进一步的提取出 2002 至 2012 年的长三角县域地均夜间灯光亮度值作为经济增长的代理变量，进行重新回归。

从表 6 - 20 的回归结果来看，采用夜间灯光数据作为被解释变量的回归结果显著性与表 6 - 18 相比相差不大，因此从另一个角度说明了本部分实证结果的可靠性，同时也表明夜间灯光数据作为经济增长的代理变量具有一定的合理性。

表 6 - 20　　　　　　　　　采用夜间灯光数据的回归结果

	地理矩阵			经济矩阵		
	SAR	SEM	SDM	SAR	SEM	SDM
T1	- 0.191 * (0.107)	- 0.455 *** (0.111)	- 0.435 *** (0.085)	- 0.248 ** (0.099)	- 0.234 ** (0.097)	- 0.267 *** (0.096)
T2	- 0.154 (0.104)	- 0.300 *** (0.104)	- 0.160 (0.099)	- 0.129 (0.106)	- 0.109 (0.108)	- 0.152 (0.107)
T3	- 0.236 *** (0.077)	- 0.309 *** (0.077)	- 0.127 * (0.072)	- 0.159 ** (0.080)	- 0.142 * (0.081)	- 0.168 ** (0.079)
H	- 0.292 * (0.088)	- 0.603 *** (0.009)	- 0.435 *** (0.057)	- 0.319 *** (0.075)	- 0.491 *** (0.148)	- 0.362 *** (0.081)
T1 * H	0.087 * (0.050)	0.214 *** (0.053)	0.204 *** (0.040)	0.116 ** (0.045)	0.109 ** (0.046)	0.125 *** (0.045)
T2 * H	0.093 (0.046)	0.152 *** (0.049)	0.077 * (0.045)	0.086 ** (0.047)	0.077 (0.048)	0.099 ** (0.048)
T3 * H	0.121 *** (0.037)	0.160 *** (0.038)	0.064 * (0.035)	0.079 ** (0.039)	0.07 * (0.038)	0.083 ** (0.038)
W * T1			0.070 (0.070)			- 0.003 (0.027)
W * T2			0.418 ** (0.170)			0.234 ** (0.117)

续表

	地理矩阵			经济矩阵		
	SAR	SEM	SDM	SAR	SEM	SDM
W * T3			-0.138** (0.061)			-0.042 (0.064)
W * H			1.081*** (0.247)			0.029 (0.083)
ρ 或 λ	0.625*** (0.099)	1.578*** (0.102)	0.651*** (0.072)	0.177*** (0.062)	0.159** (0.064)	0.184*** (0.061)
控制变量	是	是	是	是	是	是
县级固定效应	是	是	是	是	是	是
年份固定效应	是	是	是	是	是	是
obs	1441	1441	1441	1441	1441	1441
R^2	0.558	0.553	0.586	0.568	0.567	0.571

二、交通与长三角人口与产业分布

(一) 模型设定与指标说明

本节介绍如何将前文数据应用于实证检验,以估计 2003~2013 年京沪高铁的建设运行对城市经济增长的影响效应。本节的基本估计策略为双向固定效应下进行双重差分的面板数据回归模型:

$$\ln(y_{it}) = \beta_0 + \beta_1 JHHSR_{it} + \gamma z_{it} + u_t + \alpha_i + \varepsilon_{it}$$

其中 $\ln(y_{it})$ 为被解释变量,下标分别对应城市和年份,本部分选取人均地区生产总值作为城市经济人口规模和产业增加值的代表。u_t 代表时间固定效应,α_i 代表各地级市的个体固定效应,ε_{it} 代表随机误差水平,z_{it} 为其他控制变量。参照已有文献在面板数据应用双重差分的方法,本部分设置 $JHHSR_{it}$ 表示城市在当年是否连接高铁,以替代双重差分估计中的交互项,即高铁沿线城市在高铁正式运行时 $JHHSR_{it} = 1$,否则,$JHHSR_{it} = 0$。此外,本部分还参照费伯(Faber,2014)的做法,设置连续变量 $lndistjhhsr_{it}$ 替代 $JHHSR_{it}$,表示高铁运行后样本城市中心到高铁的最小距离。

本部分所使用的地理信息数据来源于高德地图。对地级市及以上城市的城市定位选取高德地图汇报的城市中心坐标，通过高德地图提供的测距工具获取样本城市间的交叉距离、样本城市到达高铁的最小距离以及样本城市到达城市间最小路径树的距离。此外，本书采用如下公式计算城市到城市自己的距离，即：

$$d_{ii} = (\sqrt[2]{S_i/\pi})/3$$

其中，S_i 表示城市的面积。此外，本书在进行实证检验时控制的解释变量 z_{it} 包括：

（1）人均资本存量（lncrjcap）。参照张军等（2004）和张学良（2012）的做法，使用永续盘存法测度人均资本存量。具体方法为，以省为单位使用《中国统计年鉴》公布的固定资产投资价格指数，选取 2000 年作为基年对数据进行统一调整，设定各行业固定资本形成总额的折旧率为 9.6%，并以全社会固定资产投资作为当年投资指标：

$$K_{it} = K_{it-1}(1-\delta_{it}) + I_{it}, \ t=2, \cdots, 11$$

（2）人力资本存量（edu）。作为新经济增长理论的重要解释，本书使用万人普通初级中学在校学生人数作为人力资本存量的代表变量。相关数据来源于历年以来出版的《中国城市统计年鉴》。

（3）人均道路里程（lnroad）。参照张学良（2012），运输成本被视为新经济地理的重要基石，是决定厂商区位选择的重要因素，会对城市经济产生显著影响。本书使用城市人均道路面积作为城市内运输成本的代理变量。

（4）城镇化水平（urban）。中国目前的城市化水平提升显著对城市经济增长的影响不可忽视。已有文献多使用城市户籍人口占比作为城市化水平的代理变量，由于目前已不再发布城市户籍人口数的统计，本书使用市辖区常住人口占比作为城镇化水平的代理变量。

（5）产业结构（gdps）。产业结构升级能够有效的提升劳动生产率，实现经济快速增长。本书使用二产增加值占比来度量各城市的产业结构，相关数据来源于历年以来出版的《中国城市统计年鉴》。

（二）工具变量

大量已有文献发现，交通基础设施的建设与城市发展水平间存在着显著的内生性，且这种内生性主要是由于交通基础设施与城市发展水平间的联立性带来的。吉尔斯·杜兰顿等（Gilles Duranton et al.，2014）认为直接对城市道路与贸易进行回归并不能解释两者间的因果关系，因为贸易更繁荣的城市也往往拥有较完善的城市道路。要克服交通基础设施与城市发展水平间的内生性问题，通常需要寻找外生的工具变量。

回顾相关文献，往往选取两类外生变量作为交通基础设施的工具变量：一

类是使用过去的探索发现路径和交通基础设施规划，例如吉尔斯·杜兰顿等
（2014）分别使用 1528~1850 年开拓者的探索路径、1898 年美国铁路规划和
1947 年美国洲际高速公路规划作为当今美国洲际高速公路网络的工具变量；
另一类是构建相关城市间的最优路径树，例如费伯（2014）在研究 1996~
2007 年中国铁路网络对县一级地区的经济影响时，通过分别构建中国铁路节
点城市间的基于欧几里德距离的最优路径和基于地理信息成本的最优路径作为
当今中国铁路网络的工具变量。一般认为，城市发展水平会对城市近期交通基
础设施建设产生影响，但不会对过去交通基础设施的规划和提供产生影响。而
过去的交通基础设施的规划和提供往往表示相应地区在地理、区位等方面具有
优势，与当今的交通基础设施建设通常存在相关性，可作为当今交通基础设施
的工具变量。

费伯（2014）认为，中国高速铁路网络的建设并不是严格外生的。中国的铁
路网络存在若干节点，已有或新建的铁路线路往往以这些节点为基础，且与中国
地区间的经济发展水平存在着显著的相关性。参照费伯（2014）的做法，本书使
用高德地图构建高铁节点城市间的基于欧几里德距离的最优路径作为工具变量，
并在第一阶段回归中控制城市到节点城市的最小距离（lndistnode）。使用高德地
图的测距功能测度样本内城市中心到最优路径的最小直线距离。由于费伯
（2014）使用的是县级数据，设定最小直线距离在 10 公里以内的县视作位于最优
路径上。本书使用的是地级市及以上城市数据，分别设定 30 公里和 50 公里两个
阈值，考察样本内城市是否位于最优路径。

目前已有的使用工具变量考察高速铁路经济效应的实证文献，使用的工具变
量都是基于历史的静态值，只能在截面数据回归中控制固定效应。因此本书工具
变量乘以时间虚拟变量，得到 20 个新的变量，即 JHIV × D2005、…、JHIV ×
D2013、lndistnode × D2005、…、lndistnode × D2013，用这 20 个变量的组合用于
高铁运行后是否途经所在城市的工具变量。

（三）回归结果分析

观察表 6-21 结果可以发现，当加入工具变量控制关键解释变量的内生性以
后，关键解释变量的内生性得到了显著地提升，说明高铁的运行显著提升了沿线
城市的经济人口规模。关键解释变量的估计系数在 1% 的显著性水平上相关，离
散二元变量 jhhsr 的半弹性系数为 0.047~0.063，说明高铁的运行使得沿线城市
人口规模增长高于其他城市 4.7%~6.3%。连续解释变量 lndisthwy 的弹性系数
为负，也验证了京沪高铁对人口集聚的效果。

表 6 – 21 高铁对人口分布的回归结果

lnpop		(1)	(2)	(3)	(4)	(5)	(6)
		tsls	tsls	liml	liml	gmm	gmm
面板 1：二元变量	jhhsr	0.061 *** (0.021)	0.062 *** (0.020)	0.061 *** (0.021)	0.063 *** (0.020)	0.047 *** (0.019)	0.047 *** (0.018)
	lncrjcap	0.415 *** (0.029)	0.415 *** (0.029)	0.415 *** (0.029)	0.415 *** (0.029)	0.405 *** (0.029)	0.414 *** (0.027)
	Instruments						
	JHHSR * Dt	Y	Y	Y	Y	Y	Y
	lndistnode * Dt	N	Y	N	Y	N	Y
	时间固定效应	Y	Y	Y	Y	Y	Y
	城市固定效应	Y	Y	Y	Y	Y	Y
	Overidp – value	0.400	0.150	0.400	0.150	0.400	0.150
	FirststageF						
面板 2：连续变量	lndistjhhsr	– 0.012 *** (0.004)	– 0.012 *** (0.004)	– 0.012 *** (0.004)	– 0.012 *** (0.004)	– 0.009 ** (0.004)	– 0.009 ** (0.004)
	lncrjcap	0.417 *** (0.029)	0.417 *** (0.029)	0.417 *** (0.029)	0.417 *** (0.029)	0.407 *** (0.029)	0.414 *** (0.027)
	Instruments						
	JHHSR * Dt	Y	Y	Y	Y	Y	Y
	lndistnode * Dt	N	Y	N	Y	N	Y
	时间固定效应	Y	Y	Y	Y	Y	Y
	城市固定效应	Y	Y	Y	Y	Y	Y
	Overidp-value	0.403	0.136	0.403	0.136	0.403	0.136
	FirststageF						

此外无论是面板 1 还是面板 2，使用两阶段最小二乘法（TSLS）和最大似然估计法（LIML）得到的京沪高铁的经济增长效应都要高于广义矩估计法（GMM），但是结果的变化并不大。由于实证检验的结果都控制住双向固定效应，模型的拟合系数都很高，可以解释极大部分城市间经济增长水平的差异。此外，控制的其他解释变量中，人均资本存量（lncrjcap）的估计系数在 1% 的显著性水平上为正，符合经济增长理论的判断，也验证实证结果的准确性。

高速铁路可能显著提升劳动力的转移，促进区域出行需求。劳动力的转移更有效作用于工业，而区域出行更有效作用于服务业，特别是金融、教育等中高端服务业的提升。鉴于此，本书构建人均工业增加值（PerIndGVA）和人均服务业增加值（PerTGVA）。实证结果汇报在表6-22中，当人均工业增加值（PerIndG-VA）作为被解释变量时，代表京沪高铁的关键解释变量的估计系数都不显著；而当人均服务业增加值（PerTGVA）作为被解释变量时，在两阶段最小二乘法（TSLS）和最大似然估计法（LIML）时的估计系数在5%的显著性水平上显著，在广义矩估计法（GMM）在10%的显著性水平上显著。这说明，高速铁路能够显著提升沿线城市的人均服务业增加值，对人均工业增加值的影响则不显著。因此本书认为，高速铁路经济增长效应的产生，是通过促进区域间出行，提升沿线城市的服务业发展带来的。

表6-22 高铁对产业分布的回归结果

Dep. variables		(1)	(2)	(3)	(4)
		did	tsls	liml	gmm
ln(PerNAGVA)	jhhsr	0.055 (0.040)	0.056 ** (0.023)	0.056 ** (0.023)	0.042 ** (0.021)
	JointF - test	293.174	790.062	790.046	857.128
	Overidp - value		0.580	0.580	0.580
ln(PerNAGVA)	lndistjhhsr	-0.010 (0.009)	-0.011 ** (0.005)	-0.011 ** (0.005)	-0.008 ** (0.004)
	JointF - test	294.580	781.396	781.376	849.259
	Overidp - value		0.583	0.583	0.583
ln(PerIndGVA)	jhhsr	0.012 (0.053)	0.021 (0.029)	0.021 (0.029)	0.010 (0.027)
	JointF - test	120.017	449.820	449.821	503.238
	Overidp - value		0.897	0.897	0.897
ln(PerIndGVA)	lndistjhhsr	-0.003 (0.012)	-0.004 (0.006)	-0.004 (0.006)	-0.002 (0.006)
	JointF - test	121.064	449.031	449.029	502.811
	Overidp - value		0.898	0.898	0.898
ln(PerTGVA)	jhhsr	0.060 (0.068)	0.084 ** (0.040)	0.084 ** (0.041)	0.075 * (0.039)
	JointF - test	170.754	283.214	283.214	296.704
	Overidp - value		0.965	0.965	0.965

续表

Dep. variables		(1)	(2)	(3)	(4)
		did	tsls	liml	gmm
ln(PerTGVA)	lndistjhhsr	−0.013 (0.014)	−0.017** (0.008)	−0.017** (0.008)	−0.015* (0.008)
	JointF − test	181.212	283.385	283.386	297.162
	Overidp − value		0.964	0.964	0.964

三、交通与长三角同城化发展

以高速铁路和高速公路为代表的新型交通基础设施的发展很好地支撑了都市圈建设。尤其是 2008 年以来快速发展的中国高速铁路，营运里程目前已经超过 2.5 万公里，形成了"四纵四横"的高铁运营网络。高速铁路以其高效、快捷的速度优势和营运能力，极大地拉近了地区和城市间的时空距离。高铁巨大的时空优势催生了一系列新的生活和工作方式，城市基本功能和服务的共享范围不断扩大，拓宽了都市圈内部居民的通勤范围、就业范围以及生活范围，丰富了居民的就业和居住区位选择，从而促进都市圈的形成和发展。当前已有的都市圈规划和发展实践也十分重视交通基础设施的作用，强调通过城际铁路、高速公路等基础设施建设加强核心城市与周边地区的经济联系，形成统一的通勤、就业市场，强化资源的跨区域配置能力和配置效率，打破区域时空分割。在都市圈城市协调发展方面，快捷的交通运输服务能够带来地区间人流、信息流、资金流等的快速流动，突破传统行政边界的约束，加快资源的跨区域整合。而且在当前大城市日益高昂的房价和生活成本背景下，便捷的交通不仅能够促使居民不断向外迁移，还能够引导要素和资源向外部扩散的方向，以交通条件的改善来实现区位条件的改善，从而加强都市圈城市间的经济联系，提升大城市的经济辐射能力（张学良、林永然，2019）。

表 6 - 23 展示了长三角城市群部分都市圈内部中心城市与周围城市之间的距离和交通联系状况。从空间范围来看，都市圈中心城市与周围城市之间的直线距离一般在 20 ~ 80 公里不等，反映出都市圈在空间形态上具有一定的空间临近性，同时超越了单一城市的行政范围。从高铁的最短时间来看，都市圈中心城市与周围城市之间的最短时间一般在 20 分钟左右，表明以高速铁路为代表的新型交通运输方式能够拓宽居民的空间区位选择，实现"以时间换空间"。

表 6 - 23   长三角部分都市圈中心城市与周围城市的交通联系

中心城市	周围城市	直线距离（千米）	高铁最短时间（分钟）	高铁每日班次（班）
上海	苏州市	85	23	193
上海	嘉兴市	87.5	27	104
上海	无锡市	115	28	176
上海	昆山市	49.7	17	112
上海	嘉善县	67.9	23	26
杭州	湖州市	73.3	21	82
杭州	嘉兴市	76.5	23	95
杭州	绍兴市	41	18	77
南京	镇江市	61	19	121
南京	常州市	114	31	158
南京	扬州市	69	48	10

注：都市圈城市选择参考相关规划而得；直线距离指两地政府之间的直线距离，基于百度地图获得；高铁最短时间为两地高铁站之间的最短通行时间，高铁含"G"字头、"D"字头、"C"字头列车，最短通行时间和每日班次均来源于 12306 购票网站，以 2019 年 4 月 10 日调整后的运行图为准。

第四节　长江三角洲区域交通基础设施发展现状

一、长江三角洲区域与长三角城市群交通发展比较

长江三角洲区域是我国"一带一路"建设、长江经济带、长江三角洲区域一体化发展等国家战略实施的交汇点。2008 年以来，随着长三角地区包括高铁网络在内的综合交通运输体系的不断完善，人流、物流、资金流等更加便于由中心城市向外扩散，城市经济联系日益紧密，区域合作的空间范围逐渐扩大。尤其是长三角高速铁路的快速发展，极大地压缩了城市间的时空距离，加速了城市间的人员流动，产生了巨大的同城化效应（张学良和聂清凯，2010），安徽省也逐渐融入到上海、江苏、浙江的区域合作中（张学良等，2019）。表 6 - 24 比较了长三角城市群与长江三角洲区域的主要交通基础设施基本情况，从增加比例上来看，长江三角洲区域的各类交通基础设施中，铁路和公路的增加幅度较大，内河航道的增加幅度最小，表明安徽省铁路和公路建设在长江三角洲区域有着重要作用，而内河航道的分布则更多地集中在长三角城市群的空间范围内。

表 6 – 24　　　2016 年长三角城市群与长江三角洲区域交通发展基本情况比较　　单位：公里

	长三角城市群	长江三角洲区域
铁路营运里程	5809.4	10052
内河航道里程	36324	41965
公路里程	289649	487237
高速公路里程	9544	14087

表 6 – 25 比较了长三角城市群与长江三角洲区域的客运量基本情况。从总量上来看，安徽省客运量明显小于江苏省和浙江省，这一情况也与地方经济发展水平有关。从分类型交通运输方式来看，安徽省铁路和水运客运量低于长三角城市群两省一市，公路的客运量也低于江苏和浙江两省，凸显出安徽省在区域经济发展当中，应当加强综合交通基础设施对劳动力流动的支撑作用。长江三角洲区域应当积极发挥长江"黄金水道"的作用，在保护生态环境的前提下进行合力开发。

表 6 – 25　　　　　2016 年长三角城市群与长江三角洲区域客运量比较　　单位：万人

	长三角城市群	长江三角洲区域
合计	253014	334120
铁路	46458	56828
公路	199929	270452
水运	6626	6839

表 6 – 26 比较了长三角城市群与长江三角洲区域的货运量基本情况。从数据上来看，长江三角洲区域的货运水平远高于长三角城市群，其中铁路、公路等运输方式的货运量几乎是长三角城市群的一倍，这是由于安徽省各类交通基础设施的货运量水平均远高于长三角城市群两省一市，因此导致长江三角洲区域的货运水平高于长三角城市群。对于长江三角洲区域尤其是安徽省而言，在加强交通货运发展的同时，还应当加强交通基础设施对旅客运输的支撑。

表 6 – 26　　　　　2016 年长三角城市群与长江三角洲区域货运量比较　　单位：万吨

	长三角城市群	长江三角洲区域
合计	505952	870519
铁路	9985	19250
公路	290220	534746
水运	205747	316523

二、长江三角洲区域交通基础设施分布状况

公路尤其是高速公路的发展构成了长江三角洲区域不同地区间各方面联系的基本骨架。在当前的长江三角洲区域，高速公路将各地级以上城市紧密地连接在一起，极大地促进了人流、物流、信息流等的快速流动。长江三角洲高速公路间的横向和纵向连接十分密集，在实现大范围的空间连接上有着重要作用；从分布特征来看，沿长江、注重区域中心城市连接以及网络建设是长江三角洲区域高速公路建设的三个明显特征，在这些特征下，跨省交通大通道的建设为促进区域一体化发展提供了有力支撑。在长江三角洲区域一体化发展的过程中，跨区域交通基础设施建设和运营服务应当加快跨区域不同等级公路连接、城际轨道交通建设、异地公交运营等方面的建设。具体而言，应当加快推进地区间"断头路"的打通。通过跨区域多部门联合协调，消除由于道路等级不对等、地方规划不协调、建设资金比例不合理等对跨区域道路建设的影响（张学良和林永然，2019）。

高速铁路也在快速建设当中。结合当前长江三角洲区域高速铁路的实际分布，高速铁路以连接省会城市为基础，高速铁路空间分布明显不均，主要呈现"沿江、沿海、沿湾"的特征；在此基础上，主要体现出通道建设的特征，即以连接区域外重要城市、形成全国范围内的高速铁路网络骨架为目标，使得处于节点位置上城市率先实现高速铁路的建设和运营。

当前随着长江三角洲区域一体化发展上升为国家战略，以及都市圈建设的不断深化，一方面应当推动城市间城际铁路的建设和都市圈范围内的市域（郊）铁路等轨道交通基础设施建设，以轨道运输支撑区域一体化发展，加强都市圈中心城市轨道交通网络与周边城市的联系，例如在上海大都市圈范围内，当前已有上海地铁11号线延伸至江苏省昆山市，《苏州市城市轨道交通第三期建设规划（2018～2023年）》也提出未来要接轨上海地铁。另一方面，可以按照国家相关规划文件的要求，在都市圈的不同圈层间建设放射线与环线交叉的轨道交通网络，在此基础上可进一步加快区域中心城市外环环线、都市圈连接线、都市圈环线等放射线与环线铁路的建设，以此打造长三角区域一体化发展的轨道交通骨架。

长江三角洲区域机场分布与长三角城市群并无太大差异，其分布主要集中在"南京—上海—杭州—宁波"沿线上，这一分布特征主要与地区经济发展水平有关。安徽机场包括合肥新桥机场、黄山屯溪机场、阜阳机场、池州九华山机场、安庆机场等，分布空间较为均匀，然而相比于江苏、浙江而言，机场数量相对较少，航空运输吞吐量也相对较小。

第七章

城市群空间治理与跨区域城市合作

自 1978 年改革开放以来，我国城市化水平大幅提高。以常住人口计算，2020 年底中国的城市化率水平已经超过 60%。根据国际经验，在城市化水平达到 70% 之前，一个国家的城镇化率还会快速推进，并往往伴随着一系列经济社会问题。环境污染、资源浪费、交通拥堵等一系列"城市病"，给城市可持续发展笼罩了一层阴影，城市治理成为我国城市问题的研究热点。城市治理不仅关系城市自身的发展，还影响区域的综合竞争力以及大多数人的生活福祉。党的十九大报告指出，要加强社会治理制度建设，提高社会治理社会化、法治化、智能化、专业化水平。在当前复杂社会的治理背景下，如何保持城市健康有序发展，打造共建共治共享的城市群治理格局，亟待在治理思维、治理平台、治理机制、治理创新等方面做出新的探索。

第一节　从城市治理走向城市群治理

城市群已经成为推进我国城镇化的主要空间载体。在一些先发地区，城市之间的经济边界日渐模糊，并在形态上出现了连绵特征。空间关联条件下，一些城市的发展问题也开始向更大的城市群尺度蔓延。在此背景下，原有的城市治理也需要向城市群治理转化。城市群治理是一种区域治理，本书将城市群治理定义为：在城市群内部通过整合公共部门、私营部门和民间可组织的关系，充分发挥其组织作用，协调城市间的关系，共同解决城市群内存在的区域问题，从而推动城市群健康合理发展的一种机制。

城市群治理的特征主要有以下四个方面：第一，行为主体的多元化。城市群治理的行为主体包括公共部门、私营部门和民间组织。公共部门主要为政府机构，私营部门主要为企业机构，常见的民间组织有非政府组织、非营利机构、社区互助组织等，在城市群治理中，这些行为主体共同发挥协调作用。第二，城市群治理的基础是"协调"。传统的治理模式强调行为主体对客体的控制，但是城市群治理并不以支配或控制为目的，而是以协调为手段调动，即通过协调公共部门、私营部门和民间组织的关系，调动多元主体的积极性。第三，城市群治理的制度安排具有多样性。城市群治理的制度安排既可以是正式的，也可以是非正式的。城市群治理的多元主体通过制度安排来实现区域内的集体行动。例如设定发展目标、制定公共决策、组织集体活动等。第四，城市群治理的目的是实现区域效益的最大化。城市群治理就是要通过建立有效的冲突解决机制、利益分配机制等途径，解决单个城市无法解决的问题，促进城市群内的协调发展。

随着我国市场经济的深入发展，工业化和城市化进程不断加快，以城市群为主体的区域经济形态成为经济发展的重要特点，随之产生了相应的城市群治理模式。城市群治理模式的产生与发展，主要是因为传统的行政区划分下各自为政的治理模式，无法应对由地区间不断加强经济合作所带来的公共问题，从而阻碍了城市群协同发展的进程。在美国，大都市区治理研究有单中心主义、多中心主义和新区域主义三种区域治理流派（盛广耀，2012）。第一，单中心主义，对应的治理机制为科层制。该理论建立在规模经济的理论基础上，主张抛弃现存的地方政府，建立统一的全功能区域管理政府，认为辖区的合并有利于政府规模的合理化，促进资源在区域内的自由流动。第二，多中心主义，对应的治理机制为市场机制。认为多个政府的存在，会为企业和居民在服务和税收方面提供可选择性，而且功能重叠的政府并不意味着低效率，反而可以满足需求的异质性，竞争机制会提高政府的效率。第三，新区域主义，对应的治理机制为组织网络。该理论认为解决区域问题要结合竞争与合作两种机制，在公共部门、私营部门和民间组织之间建立合作关系，以确保在提供公共服务和建设基础设施方面更有效。由于区域治理问题具有复杂性和多样性，政府的数量和规模并不是很重要。

这三种机制在城市群治理的实践中，都有一定的适用性和各自的局限性，针对城市群治理问题，诸多学者的研究都提出要建立多层次的协调治理关系。对城市群治理模式一般可以划分为三个层次，上层为统一的城市群规划协调委员会，中层为行业协会等民间组织，下层为城市群的治理机构，包括非政府组织和公民社团等。这三个层次在城市群治理过程中的关系表现为：规划协调委员会必须将城市群力协调发展置于优先地位，对城市群的治理进行统筹规划；治理机构负责相关治理政策的实施和具体治理活动的开展；行业协会等非政府组织在区域内逐渐成长，逐步扩大发展规模和地域范围，在城市群的发展过程中进一步发挥作用。

总的来说，多层次的城市群治理模式有利于保证经济要素的自由流动和交换，是一种更有效的区域治理协调机制。目前，我国的城市群治理模式以政府为主导，多元主体参与治理的模式发展缓慢，也就难以形成多层次的城市群治理协调组织，主要是因为除政府以外的其他主体在区域治理方面的潜力难以发挥。具体来看，私营部门方面，我国行业协会制度亟须完善，缺少城市群治理的行业协会组织机构；民间组织方面，社区、居民等行为主体参与城市群治理的意识有待提高，也没有形成良好的民间组织参与城市群治理氛围。在上述原因的影响下，现阶段我国私营部门和民间组织无法深入参与城市群的治理决策。所以，在发展条件还没有成熟的情况下，我们要鼓励城市群治理模式的多样化。随着市场经济的深入发展，多元主体参与模式将成为城市群治理模式的发展新趋势。

第二节　长三角城市群治理的背景

一、长三角一体化上升为国家战略

2018 年 11 月，习近平总书记在首届中国国际进口博览会开幕式上宣布，为更好发挥上海等地区在对外开放中的重要作用，将支持长江三角洲区域一体化发展并上升为国家战略。长三角地区是"一带一路"和长江经济带的重要交会点，在国家现代化建设大局和全方位开放格局中具有举足轻重的战略地位。长三角交通一体化已基本实现，但过高的交通费、道路通行费、不贯通的过桥收费等会阻碍高质量一体化；民生、教育、医疗、公共服务等方面的一体化也亟须推进，以提升老百姓的获得感和幸福感。长三角一体化上升为国家战略，必将倒逼城市群治理模式整体转型，主要包括从随机性治理转换为框架性治理，从政府主导区域治理转换为多元主体参与，从战略性治理转变为专项治理，从政治性治理转向机制性治理。2019 年 5 月，中共中央、国务院印发《长江三角洲区域一体化发展规划纲要》，明确建设长三角生态绿色一体化发展示范区，包括江苏苏州吴江、浙江嘉兴嘉善和上海青浦在内，将共筑协调共生的生态体系、搭建绿色创新的发展体系、建立统筹协调的环境制度体系、完善集成一体的环境管理体系。

二、上海大都市圈规划有序开展

未来国家区域发展战略的趋势将更加重视小尺度、跨省市、更精准的区域规划，特别是以地理边界为基础、以经济联系为内核、以社会文化联系为纽带，突破行政边界、跨区域的功能区规划。上海大都市圈规划已经上升为国家级战略规划，根据正在编制的《上海大都市圈空间协同规划》，其空间范围涵盖上海、苏州、无锡、南通、嘉兴、宁波、舟山、湖州、常州 8 个城市，总面积 5.28 万平方公里，2017 年总人口约 7026 万，GDP 总量达 9 万亿元。美国、加拿大、英国、日本等典型发达国家制定突破行政区域的小尺度规划非常普遍，比如，"大都市区"是美国的基本统计单元，加拿大制定了"大都市普查体系"重组了城市空间管理，英国的"通勤区"规划，集中反映了劳动就业的空间格局及变化，日本的"都市区"和"城市就业区"均是突破行政边界的跨区域规划。在此背景下，江苏、浙江等邻沪地区均提出要接轨上海发展，在实际实践中主要围绕产业、功能、人口、交通、公共服务五位一体进行对接。由于存在行政边界，上海大都市圈建设往往产生一系列城市摩擦，这些摩擦难以通过现有途径进行有效治理，城市群治理亟待机制模式创新。

三、上海城市功能疏解

城市功能疏解是现代城市治理重要途径，上海非核心功能疏解为大都市治理走向城市群治理提供了契机。当前上海面临着严峻的资源、环境、人口等红线约束，上海需要通过城市功能疏解，强化全球城市功能，从而实现城市的高质量发展。从服务国家战略的现实需要来看，上海作为中国的经济中心城市，要充分发挥其全球城市功能。上海需要通过城市功能疏解推动开放型经济发展，同时与国家区域发展战略结合，充分释放上海的发展潜能，进而强化上海的中心辐射作用和带动能力，提升上海的城市能级及在全球经济中的功能引领作用。根据《上海市城市总体规划 2017～2035》的要求，上海未来要打造创新之城、人文之城、生态之城，建设具有世界影响力的社会主义现代化国际大都市，提出要提升全球城市核心功能，疏解城市非核心功能。上海城市非核心功能是指城市功能中基本部分中的除去城市核心功能的部分，以及城市功能非基本部分中服务于本市基本部分生产需要的功能。主要是对上海建设全球城市发展目标不起决定性作用的功能，即除了六大核心功能以外的城市经济功能，包括农林牧渔功能，一般制造功能，建筑功能，交通运输、仓储和邮政功能，一般性批发和零售功能，房地产功能，租赁和一般性商业服务功能，部分技术服务功能和其他经济功能。上海城市功能疏解逻辑如图 7-1 所示。城市功能的疏解，在解决上海自身城市治理问题的同时，也为周边城市的治理带来了新的机遇与挑战，承接上海的城市功能对周边城市提出了更高的治理要求。

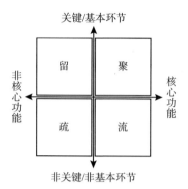

图 7 - 1 上海城市功能疏解的概念

四、长三角局部危机容易转换为跨域危机

长江三角洲城市群位于中国东部"黄金海岸"和长江"黄金水道"的交汇处，中心城市基本上是沿海、沿江、沿湖而建，水系发达，交通便利，但由于位于长江下游地区，地势低洼，靠近海河，台风等自然灾害也频发。同时，随着经济竞争力和城镇化水平的不断提高，大量人口和经济要素也不断涌入长三角，带来了交通拥堵、环境污染、资源过度开发等问题。随着长三角一体化的不断推进，城市间要素自由流动以及物质交换的频率也在不断加快，这些问题在一个城市发生后，可能会迅速蔓延至其他城市空间，呈现出跨区域性特征。跨域危机的产生及可能带来的灾害性后果是伴随以下几个方面的发展而产生的。第一，新技术尤其是新传播技术革命的迅速发展，使得人们几乎不可能准确评估这些技术在运用中所产生的不当后果。新技术在提升人民幸福感和生活便利度的同时，也有可能带来网络安全、信息安全等问题。第二，气候环境变化可能产生新的、无法预见的威胁（李敏，2014）。由于城市建设，长三角生态空间被大量侵吞，区域碳收支平衡能力日益下降。根据中华人民共和国生态环境部的测算，长三角等地大气污染物排放量为全国平均水平 3～5 倍。城市生活垃圾和工业固体废弃物急剧增加，土壤、湿地破坏严重。巢湖、太湖等主要湖泊水体富营养化问题严重，内陆河湖水质恶化，约半数河流水质低于Ⅲ类标准。

五、长三角城市群资源环境承载力有限

长三角是全国三大成熟城市群之一，未来将建设成为世界级城市群，是当前流动人口的重要汇聚地。据国家卫生计生委统计发布的《中国流动人口发展报告2016》，我国的流动人口规模从 1982 年的 657 万人增长到 2015 年的 2.47 亿人，2015 年，流动人口占全国总人口的 18%，相当于每六个人中有一个是流动人口。

未来一二十年，我国仍处于城镇化快速发展阶段，按照《国家新型城镇化规划》的进程，2020 年我国仍有 2 亿以上的流动人口。"十三五"时期，人口继续向沿江、沿海、沿主要交通线地区聚集，超大城市和特大城市人口继续增长。从 2017 年中国春节人口迁移趋势上看，除津京冀和珠三角城市群外，春节期间人口流动最为密集的区域主要集中于长三角地区。大量人口流入，造成大城市人满为患，给城市资源环境承载力带来严峻挑战。

从表 7 - 1 所示的 2016 ~ 2017 年长三角各城市常住人口变化情况来看，除了上海以外，长三角人口始终处于集聚过程中。长三角城市群作为中国经济最发达的城市群之一，人口密度很高，城市群中几乎所有城市的人口密度均远远高于全国平均水平（全国平均水平为 137 人/平方公里），尤其是作为长三角城市群中心城市的上海，其人口密度为 3813.80 人/平方公里，是全国平均人口密度的 28 倍，丽水是长三角城市群中人口密度最低的城市，其人口密度为 126.37 人/平方公里，接近于全国平均水平。而从上海"六普"人口资料中查阅可知，上海中心城常住人口的密度已经超过 1.6 万人/平方公里，是同时期东京的 1.3 倍、纽约的 1.7 倍、伦敦和巴黎的 3.9 倍。人口密度过大对容易带来自然资源供给短缺、公共服务配套不足等拥挤效应，导致生态环境质量下降，严重影响城市居民幸福感。推动我国城市群可持续发展，一方面迫切需要解决我国经济建设和社会发展"一条腿长、一条腿短"的状况；另一方面需要重点关注伴随城市群发展出现的人口从农村快速向城市群流动、城市规模快速扩大以及城市群内部公共资源分布不均衡所致的各类城市问题。而我国城市治理工作相当薄弱，跨区域社会治理问题严重滞后，亟待创新城市群治理机制。

表 7 - 1　2016 ~ 2017 年长三角城市人口相关统计

城市	2017 年常住人口（万人）	2016 年常住人口（万人）	2017 年常住人口增长（万人）	城市面积（平方公里）	2017 年人口密度（人/平方公里）
上海	2418.33	2420.00	-1.67	6341	3813.80
南京	833.50	827.00	6.50	6587	1265.37
无锡	655.30	652.90	2.40	4627	1416.25
徐州	876.35	871.00	5.35	11765	744.88
常州	471.13	470.83	0.30	4373	1077.36
苏州	1068.36	1064.74	3.62	8657	1234.10
南通	730.50	730.20	0.30	10549	692.48
连云港	451.84	449.64	2.20	7615	593.36

续表

城市	2017年常住人口 （万人）	2016年常住人口 （万人）	2017年常住 人口增长 （万人）	城市面积 （平方公里）	2017年人口 密度 （人/平方公里）
淮安	491.40	489.00	2.40	10030	489.93
盐城	723.86	723.50	0.36	16931	427.54
扬州	449.98	449.14	0.84	6591	682.72
镇江	319.83	318.13	1.70	3840	832.89
泰州	465.19	464.58	0.61	5787	803.85
宿迁	491.46	487.94	3.52	8524	576.56
杭州	946.80	918.80	28.00	16596	570.50
宁波	800.50	787.50	13.00	9816	815.51
温州	921.50	917.50	4.00	12083	762.64
嘉兴	465.50	461.40	4.10	4223	1102.30
湖州	299.50	297.50	2.00	5820	514.60
绍兴	501.00	498.80	2.20	8279	605.15
金华	556.40	552.00	4.40	10942	508.50
衢州	218.50	216.20	2.30	8845	247.03
舟山	116.80	115.80	1.00	1456	802.20
台州	611.80	608.00	3.80	9411	650.09
丽水	218.60	216.50	2.10	17298	126.37
合肥	796.50	786.90	9.60	11445	695.94
淮北	222.80	220.80	2.00	2741	812.84
亳州	516.90	510.40	6.50	8521	606.62
宿州	565.70	559.90	5.80	9939	569.17
蚌埠	337.70	333.10	4.60	5951	567.47
阜阳	809.30	799.10	10.20	10118	799.86
淮南	348.70	345.60	3.10	5532	630.33
滁州	407.60	404.40	3.20	13516	301.57
六安	480.00	477.20	2.80	15451	310.66
马鞍山	230.20	227.60	2.60	4049	568.54
芜湖	396.60	367.00	29.60	6026	658.15
宣城	261.40	260.10	1.30	12313	212.30

续表

城市	2017 年常住人口 （万人）	2016 年常住人口 （万人）	2017 年常住 人口增长 （万人）	城市面积 （平方公里）	2017 年人口 密度 （人/平方公里）
铜陵	160.80	160.10	0.70	2991	537.61
池州	144.90	144.30	0.60	8399	172.52
安庆	464.30	461.20	3.10	13538	342.96
黄山	138.40	137.90	0.50	9678	143.00

六、长三角城市群内部公共服务分布不均衡

根据表 7-2 所示的 2017 年长三角各城市学校数和医院数大致衡量各城市的公共服务供给水平，可以发现各个城市在教育和医疗等公共服务供给上具有很大差异。首先在普通高等教育学校方面，上海、合肥、南京、三大长三角核心城市的普通高等学校数量位居长三角前三位，分别为 64、50、44 所，数量最少的城市为宣城，只有 1 所。从中等职业教育学校上看，上海、杭州、合肥中等职业教育学校数量位居长三角前三位，分别为 94、59、54 所，常州和南通数量最少，为 0。从普通中学来看，上海市拥有的普通中学最多，达到 818 所，是排在第二的温州近两倍，数量最少的是舟山，只有 42 所。从医疗卫生水平上看，上海、杭州拥有的医院和卫生院数量最多，达到 363、302 家。从教育和医疗上看，中心城市集中了大量优质的公共服务资源，导致庞大的人口不断涌入大城市以追逐更好的公共服务，实际上大城市人口对公共服务的需求已经超过了地方供给。城市内部教育资源分布也不均衡，由于教育资源以行政区划进行划分，仅一条马路之隔的两个同等质量的楼盘，因为所处的行政区划不一样，往往房屋售价就会不一样。

表 7-2　　　　　　　2017 年长三角教育医疗资源分布

城市	普通高等学校	中等职业教育学校	普通中学	医院和卫生院
上海	64	94	818	363
南京	44	20	232	220
无锡	12	38	186	166
徐州	10	25	344	135
常州	10	0	161	67
苏州	22	26	297	193

城市	普通高等学校	中等职业教育学校	普通中学	医院和卫生院
南通	8	0	202	222
连云港	5	25	177	80
淮安	7	14	191	59
盐城	6	20	278	163
扬州	7	9	164	69
镇江	6	10	110	50
泰州	3	9	184	71
宿迁	3	15	186	232
杭州	39	59	331	302
宁波	14	39	299	154
温州	11	37	449	142
嘉兴	6	17	172	75
湖州	3	12	124	58
绍兴	11	20	187	76
金华	8	32	242	131
衢州	2	13	96	75
舟山	4	4	42	30
台州	4	30	277	111
丽水	2	17	96	54
合肥	50	54	353	172
淮北	3	8	121	69
亳州	2	26	288	62
宿州	3	23	245	81
蚌埠	5	24	171	81
阜阳	5	41	425	115
淮南	6	21	188	72
滁州	4	5	267	64
六安	4	33	335	29
马鞍山	4	9	104	62
芜湖	9	24	210	83

续表

城市	普通高等学校	中等职业教育学校	普通中学	医院和卫生院
宣城	1	13	152	46
铜陵	3	9	85	28
池州	3	7	98	30
安庆	5	33	312	69
黄山	2	17	118	32

第三节 长三角城市群治理的空间尺度

一、毗邻区

毗邻区城市协同治理是城市群治理的基本空间单元。一方面，毗邻区之间地域相近、文化相亲、社会经济联系紧密，容易具备区域环境跨界治理、联动发展的基础。另一方面，毗邻区在特定自然资源、公共物品的占有和利用上具有交叉融合特征，例如毗邻区河流上下游关系决定了治污必须采取空间联动的方式，城市跨界协同治理具有必要性。

以上海及其毗邻区为例，由于上海面临严峻的资源、环境和空间等约束，高投入、低产出的产业已经不宜再在上海进行布局，对不符合发展要求和达不到产出要求的非关键的核心功能与非基本的非核心功能需要在更大空间布局，进行城市功能疏解。上海的城市功能疏解主要依托"上海中心城区—上海郊区—毗邻区—长三角城市群"的空间体系进行，现阶段毗邻区已成为上海城市功能疏解的重要空间载体。主要是在上海市的空间范围内，打造城市功能的圈层结构，形成"中心城区—近郊区—远郊区"空间格局下的功能布局，中心城区在提升城市核心功能的关键环节、保留非核心功能的城市基本环节的同时，逐渐向上海的近郊区疏解非核心功能以及核心功能的非关键环节，近郊区在承接中心城区部分功能的同时，向远郊区逐渐疏解部分功能。因此，通过规划引领，在1.2万平方公里（1+7个毗邻县）的空间范围内，促进上海和周边7个毗邻区县的一体化发展，能够有效将上海城市内部的聚集不经济与城市综合承载力不足问题放在超越边界的毗邻区空间尺度上解决；通过城市功能疏解，率先健全以毗邻区为载体的城市间协调机制，形成城市协同治理格局，才能在根本上破解大城市病治理问题，同时带动周边城市发展。

二、都市圈

随着技术的进步和经济的发展，不同城市与地区的联系日益加强，而以行政区划为空间尺度进行的规划、管理、建设造成了行政壁垒、区域发展不平衡、多规不合一、区域性公共服务供给不足等问题。如何通过区域一体化发展和建立更加有效的区域协调发展新机制，以更好地发挥市场在资源空间配置中的决定作用成为突破行政壁垒的关键。较早经历城市化进程地区在发展过程中率先面临跨界治理问题，而针对大城市周边城市以都市圈为空间尺度开展的规划、区域性公共服务供给是跨界治理方面最普遍、最成熟的做法。小尺度、跨区域、相对精准的都市圈建设成为区域协调发展中的重要一环，核心城市与周边城市对接发展也成为区域一体化不可跨越的阶段。在行政区划不作调整的情况下，弱化行政壁垒对生产要素自由流动的束缚，统筹大城市与周边城市发展目标，使得各个城市资源相互整合，进而产生"1 + 1 > 2"的聚集效应。长三角城市群核心城市与毗邻区对接发展有深刻的必然性，是打破行政区划壁垒、促进资源流通的需要，是核心城市突破约束、实现高质量发展的需要，也是跨区域协调发展、完善区域协同治理体系的需要。

从城市群治理的角度看，大都市的拥堵与中小城市的功能不足、发展不够有关系。而核心区、副中心、周边中小城市、微中心、特色小镇等，都是治理的关键空间单元。在资源配置过程中，基本公共服务能否跨区域共享，现有管理体制能否实现突破，进而实现都市圈尺度上的城市协同治理，决定了都市圈建设的进程。核心大城市当前面临严峻的资源、环境、人口等红线约束，以及污染、拥堵等城市问题，人口规模的持续增长、人口结构的不断变化对城市治理能力提出了较高要求，亟须通过非核心功能疏解加快结构转型，进一步提质增效、实现创新驱动发展（张学良、林永然，2018）。因而，长三角城市群的核心城市需要通过与毗邻区加快对接，实现更高质量的发展，增强对毗邻区的辐射带动能力。从核心城市周边城市的治理需求看，以上海大都市圈为例，周边城市接轨上海发展，可以借鉴上海先进的现代化城市治理理念和方法。上海在城市精细化管理方面积累了大量经验，浦东新区城市运行综合管理中心、上海大数据中心等现代城市管理组织机构，使得上海城市运行基本实现了物联和智慧化管控，一大批可复制、可推广的经验值得周边城市学习借鉴。长三角城市群目前形成了上海都市圈，南京都市圈、杭州都市圈、宁波都市圈、合肥都市圈等。以城市群为主体形态推进中国城镇化建设还是"将来时"，都市圈是中国城镇化的一个现实形态。现阶段应高度重视都市圈这个现实形态，推动大都市治理走向都市圈治理，实现城市治理水平的提升。

三、一体化示范区

长三角生态绿色一体化发展示范区（简称"一体化示范区"）位于沪苏浙三省市交界处，空间范围涵盖上海市青浦区、江苏省苏州市吴江区、浙江省嘉兴市嘉善县。两区一县总面积 2300 平方公里，2017 年常住人口数据约 300 万人，GDP 达 3300 亿元，人均 GDP 为 11 万元，地均 GDP 约 1.4 亿元/平方公里。示范区建设将以落实国家战略为立足点，以制度创新和系统集成为关键，推动改革举措集中落地、率先突破、系统集成，为长三角和其他城市群一体化发展提供可复制、可推广经验，以成为贯彻新发展理念的样板间、探索一体化体制机制的试验田和创新经济引领的新绿洲。特别是在规划管理、土地管理、投资管理、要素流动、财税风险、公共服务等方面的跨区域制度创新和政策突破，将为长三角城市群的跨区域城市治理模式创新提供新的"样板间"。

长三角一体化示范区的建设将以绿色生态为底色，是在习近平总书记"两山"理论指导下的重大区域发展实践，真正体现"绿水青山就是金山银山"，让生态环境成为生产力。基于这样一个区域定位，示范区亟须创新跨区域城市协同治理机制。例如太浦河水环境治理问题，该河西起江苏省吴江区庙港乡，东至上海市青浦区练塘镇，全长 57.14 公里，其中江苏吴江区境内长 40.5 公里，浙江嘉善县境内 1.46 公里均是湖荡水面，上海市内 15.24 公里。随着上海市、浙江省从太浦河取水的规模和供水范围大幅扩大，新时期对保障太浦河供水安全提出了新的更高要求，比如探索统一生态环境标准、统一检测体系、统一监管执法，发挥长三角区域污染防治协作机制作用，以持续改善湖水水质。目前，沪苏浙已经建立了《太浦河流域水质预警联动机制》和《太浦河流域跨界断面水质指标异常情况联合应对工作方案》，并定期联合巡河，创新提出"联合河长制"。

除长三角一体化发展示范区以外，跨区域示范区建设还包括苏皖合作示范区。2018 年 11 月，《苏皖（溧阳、郎溪、广德）合作示范区发展规划》获国家发改委批复。这是首次以县为单位，以生态为底色，打造省际边界地区一体化发展的新探索。未来合作示范区可能完善更高层次的跨区域联动发展，合力打造太湖西岸以生态创新为基准、以科技产业生态融合发展为目标的长三角一体化生态创新试验区。苏皖合作示范区的建设发展，将为安徽深度融入长三角，参与跨区域城市协同治理创新奠定有利基础。

第四节　政策建议

城市群治理包含的内容众多，既要实现多元空间的协调，又要充分考虑各城市功能定位、产业发展、人口与生态环境资源，是一项系统性、复杂性工程，是当前和未来若干年中国城市群实现可持续发展所面临的重大理论和现实问题。城市群治理具体的战略措施应遵循以下几条基本原则：一是保证人口、经济、社会、文化、资源环境的协调融合。二是理顺政府与市场的边界和各自的责任。三是要实现经济社会、资源环境的精细化和高效管理。区域一体化和同城化效应有利于城市群的协调发展，但各城市的发展目标和基本诉求依然存在差异，当城市间治理目标不一致时，如何提高城市间政策执行的协调度便成为一个非常重要的问题。基于这些基本原则，提升长三角城市群治理能力的具体措施至少包括以下内容：

一、首先发挥市场机制作用

一是要加快资源性产品价格形成机制的改革，逐步建立反映资源稀缺程度、市场供求状况和环境治理成本的价格形成机制是资源性产品价格改革的方向。尽快理顺价格关系，提高经济效率，促进节能减排和环境保护，并完善价格调整与利益调节机制。通过资源产品价格改革，使得资源类产品的价格回归市场，对企业形成节能减排的倒逼机制，促进城市群经济发展方式的转型。要打破现有的电力、石油、天然气、水等资源性产品的垄断市场格局。在适当的条件下逐步放开市场的准入条件，让更多的民营资本进入。共同参与竞争，提高市场的竞争性。既要使资源性产品价格能够合理反映成本构成，又要使改革兼顾群众日常生活需求，促进社会公平正义，推进广大居民共享改革发展成果。

二是健全自然资源产权制度和排污权交易市场，促进各类市场的培育和发展。尽快对长三角城市群现有的各种矿藏、河流、森林、滩涂、荒地、煤炭等进行产权登记，形成产权清晰、权责分明的自然资源产权制度。加强资源消耗类企业的能源节约意识和环保意识，强化各主体的公平竞争地位，坚持"谁使用和得益，谁付费和治理"的原则，构建一个公开、公正、透明的自然资源产品市场。尽快建立各类工业污染排放物的交易市场，确定各城的污染排放权和排放总量，将污染排放企业的污染排放行为纳入市场化轨道，促使企业节能减排。推进中心城市构建各类环保技术转让和交易信息平台，培育环保第三方监测和监督机构，完善资源、污染排放、环保技术市场体系。

二、充分发挥政府调控作用

一是规划引领。坚持"低碳、智慧、知识、创新"和以人为本的理念，实现多元空间高度融合。如在城市群治理规划中坚持"产城融合"理念，合理布局居住区和产业区的分布，减少工作人群的通勤时间。在规划过程中研判人口增长趋势，保持城市公共服务供给的同步增长，提高公共服务的需求和供给的适度平衡，如在交通发展规划中根据交通人流状况设计出更加人性化、便利度更好的科学的城市交通网络，减少和避免拥堵现象。在进行产业规划时，应综合把握全球产业发展趋势，研判城市群经济和产业调整方向，结合城市群发展规划和功能定位，因地制宜地确定各城市的产业中长期发展规划，避免城市间的产业同构。着力发展城市群现代服务业和各类高附加值的产业，提高清洁型低能耗型产业的比重，构建资源节约型和环境友好型城市群。

二是在主体功能区框架下推进城市有序开发。国家主体功能区的划分符合可持续发展的要求，对国土空间的布局进行科学合理的界定既可优化空间结构布局和提高土地的使用效率，又对加了经济社会的承载力。应对城市群各城市按照主体功能区的划分实施分类指导；避免大量建设用地闲置、低利用率。对那些适宜人类居住、气候地理条件较好、市场规模和潜力较大的城市可进行重点开发，有序导入人口和就业，引导优势产业集聚，发挥规模经济优势。对于那些不具备开发条件且具有重要的生态调节功能的区域要实施严格的保护政策。在城市开发过程中，应做到开发与保护同步，优化环境和环境治理同时开展。

三是增强污染协同治理力度。一方面要加大各类环保基础设施建设的投入，增加各类城市垃圾回收和处理站、城市污染处理系统，推进垃圾分类工作，增加城市交通绿化带、绿地公园、湿地等城市环保基础设施的投入，提升城市自身的除污及自我净化能力。各级环保部门应提高环境治理的执法力度，严厉打击和处罚各类偷排和超排行为，可考虑将造成公共污染的主体纳入刑法程序，相关部门应做好相关的实时监督，积极开展第三方环境监测，对于破坏城市环境的行为、偷排漏报排放数据的行为进行严肃处理。另一方面，要在环境治理上形成联防联治，明确各城市的污染排放责任和环境治理责任，推进联合跨地区执法。制定统一的城市群环境规制方案，避免污染产在城市群内部的转移。

三、完善体制机制

一是要强化环境保护的法规建设，强化环保执法部门的独立性。尽快修订完善《大气污染法》《环境保护法》《生态补偿条例》等法律法规，进一步明确执法主体和相关的权责义务等内容，特别是要考虑对重大的自然资源破坏和生态环境破坏的行为纳入刑法范围，以提高威慑力。另一方面，要强化环境保护执法部门的独立性。长三角城市群的环保部门之间没有直接的隶属关系，地方政府往往追求经济增长而忽略生态环境，造成地方环保部门的监管和执法缺乏基本的独立性。应尽快对环保执法部门进行机构改革，建立长三角统一的垂直管理体制，树立环保监督和执法部门的独立性。

二是要拓宽环境治理投资渠道，构建多元化的投入机制。通过市场化的运作模式将社会资本引入环境治理，坚持"谁投资，谁受益"的原则，通过有限资源环境产权、使用权、经营权的转让，保证投资者的事后收益，鼓励各种民间资本进入环保产业。有条件的城市可以尝试发行地方环境类债券、绿色债券和期权等金融产品，加大绿色信贷，鼓励国有银行优先支持环境绩效好的项目。也可率先设立资源环境发展基金，设立环保投资银行等，支持各城市的环保治理建设。

三是建立城市群资源环境预警机制，完善资源环境信息披露制度。推动建立长三角城市群资源和生态环境的基础数据库，利用科学方法和模型计算出城市群生态阈值，运用现代科技和段建立动态实时监测系统，对各个城市群资源环境进行有效预警。同时完善各类信息披露制度，对基本的资源存储量、自然资源的交易、实时的环境污染情况等信息进行实时发布，维护公民基本的知情权。建立舆论预警机制和环境事件紧急处理机制，尊重民众的诉求并提供通畅的表达途径。

四是增强公众参与和监督，加强第三方治理制度。一方面，鼓励民众积极参与城市规划和城市建设项目的评审会，充分听取各方诉求，兼顾企业、民众和其他各方的利益，通过设立投诉、举报专线，鼓励民众对各类企业的偷排、破坏资源生态环境的行为进行有效监督。另一方面，建立第三方环境治理制度，引入第三方监管和监测机构，开展面向企业的污染排放监管和治理，提高污染治理的效率和公正度。

四、提高城市综合治理水平

一是要加强城市基础设施与公共服务的规划与建设。在市政道路规划与建设方面，综合统筹城市发展、环境保护与资源配置；加强对交通道路的干预与调控，提高道路交通的利用效率；从实际出发，在保证城市交通安全与通畅的同时，有效控制道路开发规模。在城市地下规划与建设方面，注重管网规划与城市总体规划间的协调，保证管网规划的系统性与可操作性，健全地下管网规划管理制度，提高城市管网建设效能；设立统一有效的地下管网管理机构，统筹协调各方关系。在城市公共安全规划与综合防灾能力建设方面，健全城市综合防灾规划的法律法规，明确城市防灾规划的法律地位；制定与修订相关技术标准与规范，确保城市防灾规划的规范性与可操作性；综合考虑地质、地震、洪水等条件，科学合理的选择城市建设用地。在城市信息化建设方面，注重地理信息系统（GIS）在城市规划与管理、城市交通管理、城市地下管网管理，城市水资源管理与配置以及电子政务等中的应用，采用先进的 GIS 系统对城市地下管线进行管理。

二是健全城市治理综合执法体系。职责分工界定方面，充分利用改革试点中获得的经验，科学合理地划定综合执法的职责范围，避免综合执法机构与相关职能部门的职责交叉。保障机制方面，建立公安保障机制，预防和打击暴力抗法等行为，建立财政保障机制，根本上规范执法队伍的执法行为，增强执法效能。执法队伍的培训管理方面，设立专门机构承担城管执法的培训工作，通过统一培训提高执法人员的法律知识、业务素质和执法水平，注重严格执法与和谐执法相结合，增强执法人员的服务意识。积极探索更具人性化的管理方法，和谐有效地化解矛盾，提高执法的质量与效率。

三是要完善城市综合治理的政绩考核评价机制。推行城市综合治理的目标责任制，建立一套科学完备且有可操作性的政绩考核评价机制，约束并激励相关职能部门增强责任意识、提高管理水平。在考核数据的获取上，有关城市经济发展等硬性指标，从相关职能部门获取后需进一步调查核实；对大众性指标数据，需实时监测、抽样调查，尽量增加样本容量与考核频率，避免行政干扰。在考评指标设计上，注重经济能效和社会能效进步，考虑生态环境保护、资源配置效率、社会稳定等和谐发展因素。在考评项目评判上，确保每项指标都具有相对具体的评分标准，降低人为主观判断的程度。

五、加强城市之间联动治理

一是促进基础设施与公共服务体系的共建共享。在综合交通运输体系方面，在对各城市空间、产业等现状进行调查研究的基础上，明确每个城市的交通需求及城市间人员流动规律，制订出层次清晰、功能明确的交通发展规划；改进交通运输结构，合理利用有限的空间资源，实现不同交通方式的均衡分布，提升服务功能；推动不同交通方式的运输网络彼此有机衔接，以节省时间、降低成本，实现多式联运的复合功能，实现交通互联互通。在信息共享方面，加强信息基础设施的建设，提高宽带网络接入覆盖率；推进城市群内无线电的协同监管，引导通信运营商基站的共建共享，提高基础网络资源的利用率，实现信息网络高速泛在；淡化行政区域边界，构建城际间互联互通的信息网路，实现各城市间政务信息、产品供求信息、劳动就业信息以及社会公共服务等信息资源的共享。加强城市间科技教育、医疗卫生等的交流与合作，促进公共服务供给体制创新，健全城市间公共服务的配置机制，逐步实现城市间公共服务资源共享。

二是要提高生态建设的统筹协调与环境整治联防联控。一方面，推进城市群内各城市政府之间的协同合作，建立城市群区域生态环境治理联席会议议事制度，定期举行城市群生态环境保护联席会议，交流生态环境保护与治理的工作情况，共同制定生态环境保护与治理的相应法律法规，统一各种执法口径和执行标准。另一方面，城市群内各城市部门之间的协同合作，由各城市相关部门（如国土资源、环保、城建等）组成区域生态环境保护联合执法小组，共同制定生态建设规划和环境保护合作框架协议，统一行动目标，定期开展各种联合执法与宣传活动。此外，可以促进政府与非政府组织间的协同合作，建立跨地区生态环境保护联盟，共同制定城市群生态建设规划，定期组织各种相关研讨会等。

三是实现产业经济发展上的合作共赢。在统筹规划与城市功能地位的基础上，综合评估各城市的产业发展现状，明确各城市的产业主次与产业特色，引导具有本地优势的产业集聚的发展；加强城市群各级城市的产业分工与协作，推动核心城市的部分功能疏解，以预留功能升级空间。周边城市在承接产业转移的同时实现功能升级，逐步形成分工协作的产业发展机制，实现城市群资源的有效配置，推进城市群产业协同创新。

第八章

长三角城市群可持续发展[*]

　　城市是人类生产生活发生的主要场所，是生产率最高的区域，而且越来越多的人集聚在城市，尤其是集中于大城市（Gleaser，2012）。国际移民组织（IOM）和中国与全球化智库（CCG）联合发布的《世界移民报告2015：移民和城市——管理人口流动的新合作》指出：2014年，全球大约有54%的人居住在城市，城市人口约为39亿。对发展中国家而言，城市化是其实现社会经济快速发展的重要道路（Jedwab and Vollrath，2015）。自改革开放以来，随着我国经济的快速发展，城市化水平也得到快速提升，城市化率由1978年的17.9%上升至2017年的58.52%[①]。因而，国家或地区的可持续发展一定程度上由城市的可持续发展所决定。

　　在空间上，经济活动又集聚成"群"或"带"，如英国以伦敦为核心的城市群、欧洲西北部城市群、北美五大湖城市群、美国东北大西洋城市群、日本太平洋沿岸城市群与长三角城市群，是世界公认的六大城市群。一座城市不是一个孤立、封闭的体系，它与临近的区域和城镇有着密切的联系，因此，可以说每一座城市都是区域性城市群的一个重要组成部分，它们与城市之间和城市与区域之间的地带，共同构成一个比较完整的有机整体。从本质上来讲，城市群是空间特化的集聚体，由不同等级和规模的城市通过集聚外部性形成的一个复杂网络关系的城市"集合体"（张学良和杨朝远，2014）。2016年，长三角、京津冀和珠三角三大城市群以全国约4.69%的国土面积，集聚了全国约18.18%的人口，创造了38.70%的国内生产总值。张学良（2013）认为中国区域经济呈现出由"带状"向"块状"转变、由省域经济向城市群经济转变的趋势，城市群已成为中国区域经济竞争合作的主要空间载体。

　　长三角地区是我国经济活力、开放程度和创新能力最强的区域之一，同时也

---

　　[*] 本章主要内容已发表于《重庆大学学报（社会科学版）》2018年第3期。
　　[①] 国家统计局。

是我国一体化程度最高的地区之一，在国家现代化建设大局和全方位开放格局中具有举足轻重的战略地位。2018 年 11 月 5 日，国家主席习近平宣布长三角高质量一体化发展上升为国家区域发展重大战略。在此背景下，我们采用规范的实证分析方法考察长三角城市群可持续发展能力，希冀能够为其更高质量一体化发展提供相关的理论支撑和政策支持。

第一节　可持续发展的定义

工业革命在带来前所未有的物质财富的同时，也带来了严重的生态环境问题。面对"高产出、高消耗、高污染"的生产模式，富有远见的学者已经意识到工业革命生产方式的不可持续性，马尔萨斯指出在不存在技术进步的情况下，人类社会的发展将难以为继，这体现出可持续发展的基本理念。随着工业革命在全球的扩散和持续深化，最初的生态环境问题不仅没有解决，反而不断恶化。生态环境问题由原来的一国的区域问题，打破区域和国家界限而演变成全球性问题，如臭氧破坏、生物多样性锐减、土地荒漠化和酸雨等。可持续发展问题不仅是学者的研究重点，更成为国家和国际组织关注的重点，因而，可持续发展在理论和实践中有了长足的发展（杨朝远、李培鑫，2018）。

可持续发展理论有着丰富的思想内涵，而且深入至生态学、环境学、规划学、管理学和经济学等各个分支学科。杨朝远和李培鑫（2018）认为可持续发展理念是一个包含社会、经济和自然的复杂概念体系，从社会的角度看，可持续发展的落脚点是人类社会，创造一个政治清明、社会和谐、生态环境美好的社会发展模式，最终提高人类生活质量。从经济的角度看，可持续发展的核心是经济发展，即在保证生态环境质量的前提下，高效利用自然资源实现经济净效益的最大化且不损害未来经济发展的可持续性。从自然的角度看，保护自然生态的可持续性是第一位的，经济的可持续发展以自然生态的可持续性为前提，并强调自然生态保护和经济发展的统一性，以及经济、社会和生态效益三者的统一性。可持续发展的本质是处理好人与自然、人与人之间的关系，即平衡人与自然之间的关系，寻求人与自然关系的合理化，实现人与人间关系的和谐，从而达到当代人与人、当代与后代之间关系的公正。

资源环境承载力是可持续发展的基础，资源为区域社会发展提供了物质基础；环境为一方面人类活动提供空间和物质能量的转化，另一方面，容纳和分解人类社会生产所带来的污染物。资源环境具有"木桶原理"的特征，即决定可持续发展能力的往往是资源环境中的"短板"因素。资源环境承载力是一个复杂系统，其承载量一是取决于资源系统本身，包括资源的数量、质量、资源的开采条件以及人们利用资源的程度、方式与手段等（于金凤，2013）；二是取决于资源系统与人口、环境、经济、社会系统的相互协调程度（景跃军，2006）。所谓资源承载力是指一个国家或地区的资源承载力是指在可以预见的时期内，利用本地能源、自然资源、智力和技术等条件，在保证符合其社会文化准则的物质生活水平条件下，该国家或地区能持续供养的人口数量（傅鸿源等，2009）。从一般属性上看，资源可以分为自然资源和社会资源。目前有关资源承载力的研究主要集中在自然资源领域，土地又是最重要的自然资源之一，土地资源承载力是最基本的资源承载力，因此土地资源承载力的研究历史相对较长，取得的成果也相对较多（封志明，1994）。随着科技进步和全球一体化的发展，一定区域内人们的生活和生产对区域内已有自然资源存量的依赖性逐渐变低，同时，在特定时间段内，影响区域内人与自然相互作用过程的因子是有限的，因此资源承载力的研究范围逐步从自然资源承载力扩展到社会资源承载力（景跃军，2006）。考虑到人是社会子系统的主要组成因素，是承载力中的承载对象，因此社会发展中的经济要素，即经济资源承载力开始作为社会资源承载力研究的主要内容（高吉喜，2001）。

第二节　从城市到城市群的可持续发展

城市自诞生以来就是人类生产生活的主要场所，爱德华·格雷泽指出城市是全球生产效率最高的区域，而且越来越多的人正越来越近距离地聚集在大型城市地区。对发展中国家而言，正在经历快速城市化的历程，城市化为发展中国家走向繁荣提供了最便捷的路径。城市作为载体集聚了全球过半的人口数量，一定程度上一个国家只有其城市走上可持续发展之路，该国家才会实现可持续发展。然而，城市的快速发展在给人类带来好处的同时，也带来诸多问题和挑战。已完成城市化进程的发达国家，其城市面临失业、财政赤字、交通拥堵等问题；处于城市化进程中的发展中国家，其城市面临资源短缺、生态环境恶化、无限蔓延等挑战。因而，城市可持续发展的理念逐渐兴起。为应对现实问题，城市可持续发展受到学者和城市管理者的重视。

然而，城市不是一个孤立、封闭的体系，与邻近区域和城镇有着密切的联系，并不断进行物质和能力的交换，可以说每一个城市都是区域性城市群的重要组成部分，共同构成了一个比较完整的有机整体。区域经济发展中"遍地开花"的空间分布格局是不存在的，发展总是优先出现在资源禀赋较好的地区。随着全球化的深入，由地域上相近的不同规模和功能的多个城市集合而形成的城市群日益成为推进一国城市化的空间主体。学者从理论方面论证了城市群发展的重大意义，张学良（2013）指出城市群是实现中国区域总体发展战略的重要载体，是推动区域经济发展方式的引领者。现实中，中国城市面临严峻的可持续发展问题，以城市群为空间载体克服城市间的负外部性才能实现区域整体的可持续发展。从城市到城市群的可持续发展是可持续发展理念的第二次重大跳跃，笔者将从社会、经济和资源环境三个方面论证城市群可持续发展的必要性。

社会方面。城市群是城市高度聚集的一种地理空间形态，是突破单个城市行政边界的经济形态。由区域相近的城市所组成的城市群往往有着相似的社会文化和相近的心理模式，这些一定程度上可突破行政区划带来的行政阻隔，是区域一体化的精神和文化方面的支撑。以长三角城市群为例，江浙沪两省一市地缘相近，吴越文化与江淮文化在此交汇，塑造了相似相近的社会文化形态。基于城市群社会方面的考虑，以城市群为空间载体是实现单个城市可持续发展的必由之路，同时更有利于提升整个区域的可持续发展能力和竞争力。

经济方面。超越城市行政边界的"专业化经济"和"多样化经济"的集聚经济效应可称之为"城市群经济"。本质上讲，城市群经济是城市间的正的外部性，是不同等级的城市在空间上的"集聚效应"和"分散效应"叠加而形成的"溢出效应"。城市群经济对区域内的企业、产业和城市而言具有正的外部性。城市群经济对于城市群的可持续发展具有重要的促进作用，一方面，城市之间的产业和职能分工能够有效发挥各个城市的比较优势，提高资源利用效率；另一方面，城市群经济能够推动生产的专业化，由于城市在空间上的临近可产生"分工效应"，同时促进劳动力、资本和信息的充分流动，有利于技术的创新、知识的溢出和信息的共享，从而提高生产的集约化程度和经济环境效率。

资源环境方面。资源环境作为区域实现可持续发展的初始禀赋，资源环境构成的地理空间转化成经济空间的能力决定了该区域是否能够实现自身空间价值最大化。城市群是地理上相互临近城市的集聚体，区域内部各个城市之间的经济联系紧密，资源和生态环境结构相似，存在"一荣俱荣，一损俱损"的特点。多个城市和多种资源是城市群的基本要素，其中任何一个要素的变动均可能引起关联要素的变化，因此，城市群整体和单个城市局部的最优，需要城市群内部每个城市的共同努力，城市群内城市间合理的空间等级、产业梯度、政策，均会对临近城市的经济社会、生态环境产生直接的影响。从城市群整体效益出发，因地制宜地明确自身的空间功能定位，选择与功能定位相匹配的产业，避免城市群内各城市空间功能结构分布不合理与同产业恶性竞争、资源的浪费等现象，形成合理有序的空间功能组织。

与城市相比，城市群可持续发展是一个更为复杂的包含社会、经济和资源环境等要素的系统。社会文化上的相似相近和经济上的相互联系，为城市群可持续发展提供了精神和物质支撑。相似的资源环境为城市群的发展提供了物资和能量转化的基础，需从城市群整体上配置资源要素和保护生态环境，人口集聚、经济发展、资源消耗、环境保护等也为城市群的进一步发展提出了高要求。因而，以城市群为空间载体的可持续发展是中国可持续发展的必由之路。

第三节 长三角城市群可持续发展的现状描述

城市群作为一个开放的空间系统，是社会—经济—资源环境相互联系、相互制约的一个有机整体，这个整体以人的全面发展为目标来推动城市群可持续发展的。城市群可持续发展是一项复杂的系统，想要准确描述城市群可持续发展的现状是一项不可能完成的工作。我们从社会、经济、资源环境三个维度采用相对指标（相对指标可以有效剔除人口、土地面积等因素的影响）对长三角城市群 25 个城市的可持续发展的现状进行简单的数据分析与描述（见表 8-1）。

表 8-1　　　　　　长三角城市群 25 个城市可持续发展的现状

城市	人均地区生产总值（元/人）	地均地区生产总值（万元/平方公里）	人口密度（人/平方公里）	人均地方财政科学支出（元）	人均地方财政教育支出（元）	年末城镇单位从业人员（万人）	建成区绿化覆盖率（%）	人均生活用电（千瓦时/人）	单位GDP工业废水排放量（万吨/亿元）	单位GDP工业二氧化硫排放量（吨/亿元）
上海	103796	39620.72	6341	1125.67	3177.30	722.88	38.5	5820.08	1.87	4.18
南京	118171	14757.55	6587	796.29	2726.80	213.10	44.47	7578.40	2.39	10.39
无锡	130938	18409.90	4627	747.97	2629.65	118.79	42.98	5816.11	2.58	8.93
徐州	61511	4521.79	11765	186.55	1481.00	104.99	43.73	1969.83	2.06	19.2
常州	112221	12061.18	4372	613.45	2135.89	69.89	43.08	9166.12	2.46	6.53
苏州	136702	16754.15	8657	1324.26	3456.61	303.93	42.37	8514.71	4.17	10.34
南通	84236	5828.42	10549	316.52	2143.55	209.82	42.77	1864.75	2.52	8.96
连云港	48416	2837.35	7615	208.08	1403.42	47.672	40.14	1241.84	3.4	7.61
淮安	56460	2736.88	10030	213.48	1395.35	72.52	41.3	1719.74	2.54	24.97
盐城	58299	2488.04	16931	349.14	1538.23	89.22	41.1	1199.95	3.84	9.81
扬州	89647	6094.43	6591	286.04	1632.76	108.42	43.71	2459.80	2.21	10.56
镇江	110351	9121.04	3840	451.65	2371.98	50.50	42.78	4059.47	2.59	13.23
泰州	79479	6372.73	5787	220.74	1357.70	107.17	41.43	1577.02	1.88	9.27
宿迁	43853	2494.36	8524	147.37	1397.97	51.85	42.62	1233.64	2.07	10.02

续表

城市	人均地区生产总值（元/人）	地均地区生产总值（万元/平方公里）	人口密度（人/平方公里）	人均地方财政科学支出（元）	人均地方财政教育支出（元）	年末城镇单位从业人员（万人）	建成区绿化覆盖率（%）	人均生活用电（千瓦时/人）	单位GDP工业废水排放量（万吨/亿元）	单位GDP工业二氧化硫排放量（吨/亿元）
杭州	112230	6055.80	16596	969.51	3088.12	288.56	40.43	7733.26	3.36	6.35
宁波	102374	8153.64	9816	806.54	3250.67	166.83	38.31	5884.38	2.01	12.74
温州	50790	3827.67	12083	147.87	1822.93	106.5	37.18	1535.98	1.36	8.08
嘉兴	76850	8985.47	3915	468.05	2541.14	80.91	43.33	3024.84	6.24	19.31
湖州	70894	3581.20	5820	318.31	2022.93	50.06	48.33	3147.04	4.13	19.3
绍兴	90003	5394.34	8279	473.35	2110.85	138.63	42.54	5712.28	5.84	13.43
金华	62480	3109.43	10942	336.59	2118.89	94.43	40.12	1090.73	2.24	11.62
衢州	53847	1295.79	8845	264.93	1652.01	20.75	40.69	2868.75	11.12	40.83
舟山	95113	7511.00	1455	523.94	2704.77	46.6	38.55	3583.01	2.01	11.33
台州	58917	3776.27	9411	279.58	1650.70	101.11	42.3	1596.80	1.76	8.97
丽水	51676	636.86	17298	204.55	1962.08	18.48	44.84	693.67	5.18	21.96

资料来源：《中国区域经济统计年鉴（2016）》和《中国城市统计年鉴（2016）》。

长三角城市群可持续发展的经济方面，我们主要采用人均 GDP 和地均 GDP 来衡量。人均 GDP 方面，上海、南京、无锡、常州、苏州、镇江、杭州和宁波 8 个城市的人均 GDP 均超过了 10 万元，其中，苏州人均 GDP 在 25 个城市中排名第一，高达 13.67 万元；宿迁和连云港的人均 GDP 低于 5 万元。地均 GDP 方面，上海、南京、无锡、常州和苏州 5 个城市的地均 GDP 超过了万元，其中，上海地均 GDP 在 25 个城市中排名第一，高达 3.96 亿元/平方公里；丽水的地均 GDP 远低于其他城市，仅为 636.86 万元/平方公里。综上分析，长三角城市群内部的城市在经济可持续发展方面有着较大的区域差异性。

长三角城市群可持续发展的社会方面，我们主要采用人口密度、人均地方财政科学支出、人均地方财政教育支出、年末城镇单位从业人员四个指标来表示。人口密度方面，徐州、南通、淮安、盐城、杭州、温州、金华和丽水 8 个城市的人口密度均超过了万人，其中，丽水每平方公里近两万人，这表明这些城市面临较大的人口压力；舟山人口密度仅为 1455 人/平方公里，是长三角城市群中人口密度最低的城市。人均地方财政科学支出方面，只有上海和杭州的人均地方财政科学支出超过了 1000 元，而徐州和温州的人均地方财政科学支出却不足 200 元；人均地方财政教育支出方面，上海、苏州、杭州和宁波 4 个城市的人均地方财政教育支出超过了 3000 元，其中，苏州的人均地方财政教育支出高达 3456.61 元；徐州、连云港、淮安、盐城、扬州、泰州、宿迁、温州、衢州、台州和丽水等城市的人均地方财政教育支出不足 2000 元。年末城镇单位从业人员方面，排名前三的城市分别是上海、苏州和杭州，其中，上海的年末城镇单位从业人员高达722.88 万人；苏州、连云港、淮安、盐城、镇江、宿迁、嘉兴、湖州、金华、衢州、舟山和丽水等城市的年末城镇单位从业人员均未超过 100 万人，其中，丽水的年末城镇单位从业人员最低，仅为 18.48 万人。与经济可持续发展相比，长三角城市群内部社会可持续发展的地区差异更明显。

　　长三角城市群可持续发展的资源环境方面，我们主要采用建成区绿化覆盖率、人均生活用电、单位 GDP 工业废水排放量和单位 GDP 工业二氧化硫排放量四个指标进行简要描述。建成区绿化覆盖率方面，从总体上来看，长三角城市群25 个城市的建成区绿化覆盖率差别并不是很大，建成区绿化覆盖率大多处于40%～45%，其中，湖州的建成区绿化覆盖率最高，高达 48.33%；低于 40% 的城市分别是上海、宁波、温州和舟山，其中，温州的建成区绿化覆盖率最低，为37.18%。人均生活用电方面，排名前三的城市分别是常州、苏州和杭州，其中，常州的人均生活用电最高，高达 9166.12 千瓦时/人；丽水的人均生活用电最低，仅为 693.67 千瓦时/人。单位 GDP 工业废水排放量方面，从总体上来看，长三角城市群 25 个城市的单位 GDP 工业废水排放量的数值差别较小；但衢州的单位GDP 工业废水排放量高达 11.12 万吨/亿元，远高于其他城市。单位 GDP 工业二氧化硫排放量方面，从总体上来看，长三角城市群 25 个城市的单位 GDP 工业二氧化硫排放量差异性比较大，其中衢州的单位 GDP 工业二氧化硫排放量高达40.83 吨/亿元，在所有城市中排第一；而上海市的单位 GDP 工业二氧化硫排放量仅为 4.18 吨/亿元。综上分析，长三角城市群 25 个城市在资源环境方面有着较大的差异，这可能是由单个城市经济发展阶段、产业结果、环境治理水平和资源利用效率所共同导致的。

第四节　长三角城市群可持续发展的实证分析

一、研究方法

　　目前，可持续发展的评价方法主要分为主观方法和客观方法两种。主观方法主要包括频度统计法、理论分析法和专家咨询法。频度统计法是对目前有关可持续发展评价研究的报告、论文进行频度统计，选择那些使用频度较高的指标；理论分析法是对区域可持续发展的内涵、特征进行分析综合，选择那些重要的发展特征指标；专家咨询法是在初步提出评价指标的基础上，征询有关专家的意见，对指标进行调整。这几种方法主要用于建立"一般"意义的指标体系。客观方法主要包括主成分分析法、因子分析法、灰色关联分析法、Rough 集的属性约简法。

本章采用因子分析方法实证考察长三角城市群的可持续发展。因子分析法是主成分分析法的推广和发展，它们是将具有错综复杂的变量综合为少数的几个因子，以再现原始变量与因子之间的相互关系，也是属于多元统计分析处理降维的一种统计方法。在可持续发展评价研究中，因子分析法不仅可以对可持续发展系统中的复杂变量（指标）进行降维处理而且可以在通过主成分分析筛选出主要指标的基础上，建立指标的结构。

因子分析法假设每一个观测变量 V_i 线性地依赖少数几个不可观测的公共因子 F_1、F_2、F_3、$\cdots$、F_n 和随机误差项 ε_i，即：

$$V_i = A_{i1}F_1 + A_{i2}F_2 + A_{i3}F_3 + \cdots + A_{in}F_n + \varepsilon_i \qquad (8-1)$$

其中，是第 i 个变量在第 j 个因子上的载荷，成为因子载荷。为随机误差项，表示原始变量不能被公共因子解释的部分。运用 SPSS 软件进行因子分析的步骤如下：（1）对原始指标的数据进行无量纲化处理（SPSS 软件自行处理）；（2）根据相关系数矩阵对原始指标进行相关性判定，进行 KMO 和 Bartlett 的球型度检验，以判断是否适用因子分析；（3）提取主因子，根据方差贡献率≥85% 的原则确定因子个数，并对初始因子载荷矩阵进行旋转，得到旋转之后的因子载荷矩阵，比较每个原始变量在各个主因子上的载荷；（4）得出因子得分系数矩阵，计算每个主因子的得分，并以主因子的方差贡献率为权重进行加权平均计算因子总得分。

为考察长三角城市群 25 个城市的可持续发展，本书依据数据的可得性和合理性构建了一个包含经济承载力、社会承载力、资源承载力和环境承载力四个一级指标、22 个二级指标的评价体系，具体见表 8 - 2。其中，22 个二级指标来自《中国城市统计年鉴（2016）》和《中国区域经济统计年鉴（2016）》。

表 8 - 2　　　　　　　　长三角城市群可持续发展评价指标体系

目标层	一级指标	序号	二级指标
可持续发展	经济承载力	1	人均国内生产总值（万元）
		2	地方财政收入（万元）
		3	二三产业比值（%）
		4	规模以上工业总产值（万元）
		5	居民人民币储蓄存款余额（万元）

续表

目标层	一级指标	序号	二级指标
可持续发展	社会承载力	6	教育支出（万元）
		7	科学技术支出（万元）
		8	每百人拥有公共图书馆藏书（册）
		9	医院、卫生院床位数（张）
		10	人均城市道路面积（平方米）
	资源承载力	11	城市供水总量（万吨）
		12	粮食总产量（顿）
		13	耕地面积（亩）
		14	人均耕地面积（亩）
		15	全社会用电量（万千瓦时）
	环境承载力	16	单位 GDP 工业废水排放量（万吨/亿元）
		17	单位 GDP 工业二氧化硫排放量（吨/亿元）
		18	单位 GDP 工业烟尘排放量（吨/亿元）
		19	一般工业固体废物综合利用率（%）
		20	污水处理厂集中处理率（%）
		21	生活垃圾无害化处理率（%）
		22	绿地面积（公顷）

资料来源：笔者编制。

二、实证分析

依据因子得分评价方法，我们可以得到长三角城市群 25 个城市的经济承载力得分、社会承载力得分、资源承载力得分、环境承载力得分和可持续发展（综合承载力）得分，接下来本文将从以上五个方面进行详细分析，同时，还将考察长三角城市群 25 个城市的经济承载力、社会承载力、资源承载力、环境承载力和可持续发展（综合承载力）在区域空间中的分布情况。

（一）经济承载力分析

图 8-1 汇报了长三角城市群 25 个城市的经济承载力得分，可知上海的经济承载力得分在长三角城市群一枝独秀，排名第一为 2.17；紧随上海之后的苏州，其经济承载力得分为 1.71；其余 23 城市的经济承载力得分均未超过 1，其中，经济承载力得分大于零的城市有南京、无锡、常州、南通、扬州、镇江、泰州、

杭州、宁波和绍兴等城市，其余城市的经济承载力得分均为负值；丽水、衢州、连云港三个城市的经济承载力得分排名最为落后，丽水的经济承载力得分仅为 -1.07。从总体上来看，长三角城市群 25 个城市经济承载力并不均衡，有超过一半的城市（13 个城市）经济承载力小于零，处于较低的经济发展水平。

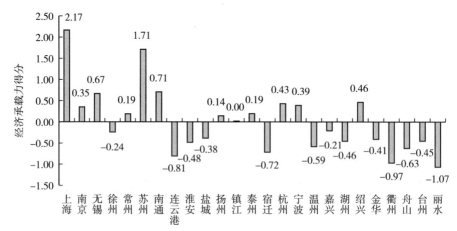

图 8-1　长三角城市群 25 个城市的经济承载力

资料来源：笔者绘制。

　　那么，从空间上看长三角城市群 25 个城市的经济承载力是怎么分布的呢？从空间上来看，可以发现长三角城市群 25 个城市的经济承载力存在明显的圈层结构，即长三角城市群 25 个城市的经济承载力得分在空间上随着距离的增加而衰减，呈现出明显的"之"字形的空间分布趋势；同时，江苏省城市的经济承载力要好于浙江省的城市，因而，长三角城市群 25 个城市的经济承载力得分在空间上还呈现出"北高南低"的空间分布趋势。这种空间分布趋势符合长三角城市群经济发展水平的现实，一方面，说明上海在经济方面对临近城市群有着较强的辐射；但另一方面，上海的经济辐射能力还是较弱，并未改变早已形成的"之"字形的经济发展水平的空间分布趋势。

（二）社会承载力分析

　　图 8-2 汇报了长三角城市群 25 个城市的社会承载力得分，这与上海经济承载力较为相似，即上海的社会承载力得分在长三角城市群 25 个城市中是最高的，为 3.21，远高于其他 24 个城市；紧随上海之后的苏州，其社会承载力得分为 1.19；其余的社会承载力得分大于零的城市分别是南京、无锡、南通、杭州、宁波和温州 6 个城市。剩余 17 个城市的社会承载力得分均小于零，其中，丽水、衢州和连云港 3 个城市的社会承载力得分排名最为靠后，丽水的社会承载力得分

最低，仅为 -0.67。从总体上来看，长三角城市群 25 个城市社会承载力水平较低，大多数城市（17 个城市）的社会承载力都小于零，面临较为严峻的社会发展形势。

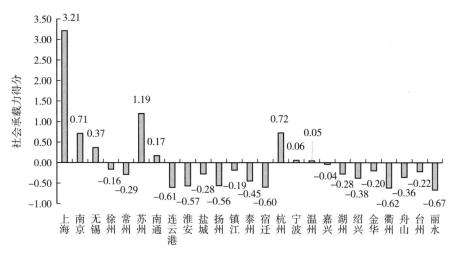

图 8 - 2 长三角城市群 25 个城市的社会承载力

资料来源：笔者绘制。

那么，从空间上看长三角城市群 25 个城市的社会承载力是怎么分布的呢？长三角城市群 25 个城市的社会承载力也存在一定的圈层结构，即长三角城市群 25 个城市的经济承载力得分在空间上随着距离的增加而衰减；同时，浙江省城市的社会承载力要好于江苏省的城市，因而，长三角城市群 25 个城市的社会承载力得分在空间上还呈现出"南高北低"的空间分布趋势，这与长三角城市群 25 个城市的经济承载力得分在空间分布趋势相反。

（三）资源承载力分析

图 8 - 3 汇报了长三角城市群 25 个城市的资源承载力得分，我们可知资源承载力得分排名前三的城市分别是盐城、淮安和徐州，资源承载力得分分别是 2.06、1.17 和 1.09；其余资源承载力得分大于零的城市分别是南通、连云港、扬州、泰州和宿迁 5 个城市；其余 17 个城市的资源承载力得分均未超过 0，其中，舟山、丽水和温州的资源承载力得分最为靠后，其资源承载力得分分别是 -1.05、-0.68 和 -0.66。从总体上来看，长三角城市群 25 个城市的资源承载力面临较为严峻的形势，仅有 8 个城市的资源承载力得分大于零，17 个城市的资源承载力小于零，且城市之间资源承载力的差距较大。

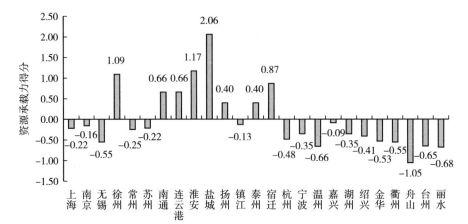

图 8 - 3　长三角城市群 25 个城市的资源承载力

资料来源：笔者绘制。

那么，从空间上看长三角城市群 25 个城市的资源承载力是怎么分布的呢？与长三角城市群经济、社会承载力相比，长三角城市群 25 个城市的资源承载力得分并不存在圈层结构，而是呈现出明显的"北高南低"的空间分布趋势，数据分析显示，江苏省 13 个城市中徐州、南通、连云港、淮安、盐城、扬州、泰州和宿迁的资源承载力得分均为正，南京、无锡、常州、苏州和浙江 5 个城市的资源承载力得分小于零；而浙江省 11 个城市的资源承载力得均小于零。而作为长三角城市群核心城市的上海，其资源承载力得分仅为 - 0. 22。这种"北高南低"的资源承载力空间分布趋势，可能主要由地形地貌所造成的，江浙两省在水资源方面相差并不多的情况下，浙江省多为丘陵和山地，适合的耕地较少，至少在粮食生产和供给方面约束了浙江省各个城市的资源承载力。

（四）环境承载力分析

图 8 - 4 汇报了长三角城市群 25 个城市的环境承载力得分，我们可知环境承载力得分排名前三的城市分别是衢州、嘉兴和湖州，环境承载力得分分别是 1. 86、0. 56 和 0. 52；其余环境承载力得分大于零的城市分别是无锡、常州、徐州、南通、连云港、盐城、宿迁、杭州、绍兴、台州和丽水等城市；环境承载力得分小于零的城市分别是上海、南京、苏州、淮安、扬州、镇江、泰州、宁波、温州、金华和舟山，其中，泰州、舟山和淮安的环境承载力得分最为靠后，其环境承载力得分分别是 - 1. 19、 - 1. 02 和 - 0. 95。从总体上来看，长三角城市群 25 个城市的环境承载力并不乐观，仅有 11 个城市的环境承载力得分大于零，14 个城市的环境承载力小于零。

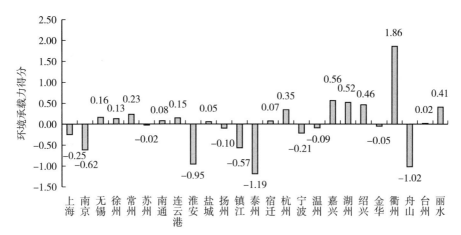

图 8 – 4　长三角城市群 25 个城市的环境承载力

资料来源：笔者绘制。

那么，从空间上看长三角城市群 25 个城市的环境承载力是怎么分布的呢？
与长三角城市群资源承载力相比，长三角城市群 25 个城市的环境承载力得分在
空间上的趋势正好相反，即呈现出明显的"南高北低"的空间分布趋势。数据分
析显示，浙江省的衢州、嘉兴、湖州和丽水等城市的环境承载力处于较高水平，
而江苏省的泰州、淮安、南京和镇江等城市的环境承载力较低。作为长三角城市
群核心城市上海的环境承载力为 – 0.25。长三角城市群环境承载力的空间分布趋
势的主要原因是各个城市的产业结构和企业规模造成的，江苏省集聚了更多的规
模较大的工业制造业，而浙江省主要以规模较小的私营经济为主，在地方政府对
环境规制相差不大的情况下，浙江省的环境承载力水平更高。

（五）可持续发展分析

上文中，从经济承载力、社会承载力、资源承载力和环境承载力四个角度分
析了长三角城市群 25 个城市的承载力水平及其空间分布特征。接下来，本文基
于长三角城市群可持续发展评价体系，从整体上分析长三角城市群 25 个城市的
可持续发展（综合承载力）。

图 8 – 5 汇报了长三角城市群 25 个城市的可持续发展得分，我们可知上海的
可持续发展得分在长三角城市群所有城市中是最高的，可持续发展得分为 2.34，
远高于排名第二的苏州（0.65）。其余可持续发展得分大于零的城市分别是南京、
徐州、南通、盐城、杭州和宁波。可持续发展得分小于零的城市分别是无锡、常
州、连云港、淮安、扬州、镇江、泰州、宿迁、温州、嘉兴、湖州、绍兴、金
华、衢州、舟山、台州和丽水等城市。从整体上来看，长三角城市群 25 个城市
的可持续发展（综合承载力）并不乐观，可持续发展得分大于零的城市仅有 8

个，而 17 个城市的可持续发展得分小于零。

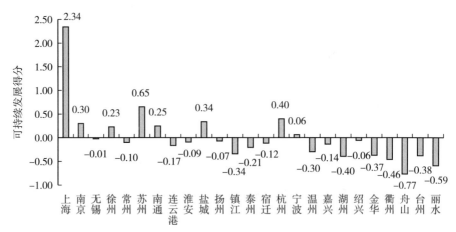

图 8 – 5　长三角城市群 25 个城市的可持续发展

资料来源：笔者绘制。

那么，从空间上看长三角城市群 25 个城市的可持续发展是怎么分布的呢？显然，长三角城市群 25 个城市的可持续发展得分并不存在圈层结构，而是呈现出明显的"北高南低"的空间分布趋势，这与资源承载力的空间分布趋势相似。数据分析显示，江苏省 13 个城市中南京、苏州、南通、徐州和盐城的可持续发展得分均为正，其余 8 个城市的可持续发展得分小于零；而浙江省 11 个城市的可持续发展得分，除了杭州和宁波两个城市，其余 9 个城市的可持续发展得分均小于零。

第五节　结论与政策建议

长三角城市群是我国最为发达的城市群区域，其承载力和可持续发展是学者研究和政府关注的焦点问题。本章在详细分析承载力、可持续发展和城市群经济的基础上，采用因子得分方法通过构建城市群可持续发展指标体系实证考察了长三角 25 个城市的经济承载力、社会承载力、资源承载力、环境承载力和可持续发展（综合承载力），及其空间分布趋势。

研究结果显示：（1）长三角城市群 25 个城市经济承载力并不均衡，有超过一半的城市经济承载力小于零，处于较低的经济发展水平，空间分布上长三角城市群 25 个城市的经济承载力呈现出明显的"之"字形的空间分布趋势，同时，还在空间上还呈现出"北高南低"的空间分布趋势；（2）长三角城市群 25 个城市社会承载力水平较低，大多数城市的社会承载力都小于零，面临较为严峻的社会发展形势，空间分布上长三角城市群 25 个城市的社会承载力得分呈现出也存在一定的圈层结构和"南高北低"的空间分布趋势；（3）长三角城市群 25 个城市的资源承载力面临较为严峻的形势，仅有 8 个城市的资源承载力得分大于零，17 个城市的资源承载力小于零，且城市之间资源承载力的差距较大，空间分布上长三角城市群 25 个城市的资源承载力得分并不存在圈层结构，而是呈现出明显的"北高南低"的空间分布趋势；（4）长三角城市群 25 个城市的环境承载力并不乐观，仅有 11 个城市的环境承载力得分大于零，14 个城市的环境承载力小于零，空间分布上长三角城市群 25 个城市的环境承载力得分在空间上的趋势正好相反，即呈现出明显的"南高北低"的空间分布趋势；（5）长三角城市群 25 个城市的可持续发展（综合承载力）并不乐观，可持续发展（综合承载力）得分大于零的城市仅有 8 个，而 17 个城市的可持续发展（综合承载力）得分小于零，空间分布上长三角城市群 25 个城市的可持续发展（综合承载力）得分并不存在圈层结构，而是呈现出明显的"北高南低"的空间分布趋势，这与资源承载力的空间分布趋势相似。

综上分析可知，长三角城市群可持续发展能力整体不足，如何提升其可持续发展能力将是当前和未来发展中面临的重大理论和现实问题。我们认为从提升资源使用效率、优化空间结构与"有效市场"和"有为政府"结合三个角度实施相关政策，提高长三角城市群的可持续发展能力，另外，长三角城市群 25 个城市可持续发展差异较大的现实需要长三角城市之间加强区域合作，这是因为城市群内部各个城市之间的经济联系紧密，资源和生态环境结构相似，存在"一荣俱荣，一损俱损"的特点，在实现城市自身可持续发展能力提升的同时，通过区域合作来提高城市群整体的可持续发展水平。

第三部分
展 望 篇

第九章

新阶段长三角城市群发展的对策建议

　　长三角城市群是中国发育最成熟、经济最发达的城市群之一，也是公认的六大世界级城市群之一。2018 年 11 月 5 日，习近平总书记在首届中国国际进口博览会开幕式上宣布，支持长三角一体化发展上升为国家战略，这一重大战略决策标志着长三角一体化发展进入新阶段。长三角一体化进入新阶段与中国特色社会主义进入新时代相呼应，基本内涵均强调了经济由高速增长向高质量发展的转变。长三角城市群拥有独特的地理优势、雄厚的产业基础和良好的制度环境，在当前国际贸易和产业格局深刻变化的背景下，长三角城市群承担着引领全国高质量发展，代表中国参与国际竞争的新历史使命。未来长三角城市群如何有的放矢、行之有效地推进一体化进程，是理论研究者和规划实践者必须直面的核心问题。

第一节　长三角城市群一体化发展进入新阶段①

一、长三角一体化新的历史使命

　　当前，中国经济面临内外部多重挑战，亟须通过区域一体化战略，寻求内生增长新动能。从内部发展环境看，中国经济增速放缓，GDP 增长率从 2010 年的10.4% 下降为 2018 年的 6.6%，新常态成为习近平新时代中国特色社会主义经济发展的国内大背景。对标国际经验，经济增长速度在收入达到中等收入水平后回落已成为普遍规律。2018 年中国人均 GDP 约 9780 美元，已属于中等偏上收入国家，虽然陷于 "中等收入陷阱" 的可能性进一步降低，但依然面临经济下行压力。在人口红利逐渐消失的情况下，必须转变经济增长方式，实现新旧动能转

---

① 本节主要内容已发表于《学术界》2021 年第 3 期。

换。从外部发展环境看，贸易保护主义抬头加剧了中国经济的不确定性。长期以来，中国经济过度依赖于投资和出口，内需相对不足，美国经济则表现出低储蓄、高消费、高进口特征。中美贸易结构性问题决定了双边经贸摩擦的复杂性和反复性，而这进一步恶化了中国外贸环境。

为应对这些问题，中国政府采取"两条腿走路"策略，一方面依托区域合作和协调发展实现内需扩张，另一方面则通过"走出去"和"引进来"进一步扩大开放。长三角一体化上升为国家战略，就是要同"一带一路"建设、京津冀协同发展、长江经济带发展、粤港澳大湾区建设等国家战略相互配合，完善中国改革开放空间布局，形成扩大内需的战略攻坚点。一体化的本质诉求是实现资源要素无障碍地自由流动和跨区域优化配置，涉及行政边界、地理边界、社会文化边界、经济边界耦合问题。以一价定律反映边界效应的相关研究显示，即便是在经济发达的长三角地区，城市间依然存在显著的边界效应（黄新飞等，2014）。为消除行政壁垒带来的负面影响，中国的政策实践给出了两种方案。第一，通过撤县设区、撤县设市等方式在城市内部调整行政区划，但涉及区域之间利益分配问题，这种方式在城市间、省域间难以实现。第二，以发展城市群的方式促进区域一体化，降低市场分割，扩大对内开放，进而产生"1+1>2"的城市群经济效应（张学良等，2017），以支撑全国经济增长，构建参与国际竞争合作的重要平台。从全球范围看，城市群是经济增长的核心引擎，国家和地区之间的竞争很大程度上已经转变成城市群之间的竞争。在我国全面开启社会主义现代化建设的新征程中，长三角一体化发展将成为中国构建双循环发展格局突围的一步先手棋，以培育强劲活跃的增长极来引领全国高质量发展并代表国家参与国际竞争。

二、长三角一体化进入新阶段的特征

（一）空间上，更加注重点、线、面相结合

"点"即更加注重发挥长三角一体化示范区、上海自贸区临港新片区、进博会等载体平台在一体化发展中的先行先试与辐射带动作用。特别地，长三角一体化示范区作为一体化制度创新的试验田，以落实国家战略为立足点，以制度创新和系统集成为关键，在规划管理、土地管理、投资管理、要素流动、财税风险、公共服务等方面正努力实现跨区域的制度创新和政策突破，以期为长江三角洲和其他城市群一体化发展提供可复制、可推广的经验。"线"即充分利用交通大走廊优势，积极建设 G60 科创走廊，整合沿线城市优势资源，深化产业集群布局。美国、日本等发达国家的经验表明，交通走廊建设不仅有利于资源在更大市场范围内流动、提升空间配置效率，同时还有利于减小中心城市空间溢出效应发挥作

用的衰减半径，进一步强化辐射带动作用。"面"即充分发挥都市圈对城市群的支撑作用。都市圈建设是区域一体化不可跨越的阶段，与单个城市相比，都市圈一般由中心城市及周边城市组成，具有紧密的经济联系和人员往来，因此具有超越单个行政城市的资源配置能力和区域治理能力；与城市群相比，都市圈往往空间尺度相对较小、圈内城市联系更为紧密，区域经济的整体性和协调性也相对更高。长三角城市群现阶段更加重视建设跨区域、更小空间尺度、相对精准的上海、南京、杭州、合肥、宁波等都市圈，以全方位、多层次、立体化的空间布局，有序推进长三角一体化发展国家战略。

（二）规划上，更加注重跨行政区的功能规划

近年来，《长江三角洲区域一体化发展规划纲要》和《长三角生态绿色一体化发展示范区国土空间总体规划（2019～2035年）》相继出台，后者是我国首个由省级行政主体共同编制的跨省域国土空间规划，发挥了重要的示范引领作用。而在国际上，美国、加拿大、英国、日本等发达国家突破行政区域进行小尺度规划十分普遍，例如美国的基本统计单元是"大都市区"，加拿大以"大都市普查体系"重组了城市空间管理，英国开展"通勤区"规划以集中反映劳动就业的空间格局和变化，以及日本的"都市区"和"城市就业区"均是突破行政边界的跨区域规划。现阶段，上海在"十四五"规划编制过程中，更加注重"跳出上海看上海"，面向浙江和江苏两省的学者、企业家召开座谈会，就长三角一体化过程中所面临的经济、社会、文化等问题进行讨论。都市圈层面，上海也正会同江浙两省规划主管部门以及周边各市相关政府部门加快编制《上海大都市圈空间协同规划》，以发挥上海大都市圈在更小空间尺度上跨区域合作的示范作用。由此可见，区域发展战略中，突破行政边界、跨区域、更精准的功能区规划正逐渐受到重视。

（三）理念上，更加注重以人民为中心

让改革发展成果更多更公平惠及全体人民，使居民获得感、幸福感、安全感更加充实、更有保障、更可持续是创造高品质生活和建设世界级城市群的基本条件，也是推动长三角一体化发展的应有之义。长三角城市群正深入贯彻"人民城市人民建，人民城市为人民"的重要理念，坚持人民主体地位，坚持共同富裕方向，采取多种手段统筹生产、生活、生态三大布局，努力使城市变得更美、百姓生活变得更好。如长三角一体化示范区以生态优先、绿色发展为核心要义，重点关注人居品质提升，以率先实现将生态优势转化为经济社会发展优势，率先在存量改造、文化传承、特色空间营造、设施对接、生态治理等方面创新突破。《长江三角洲区域一体化发展规划纲要》中也以一章的篇幅专门阐述了长江三角洲地

区如何"加快公共服务便利共享",提出了建立基本公共服务标准体系、提升公共服务便利化水平、推动教育、医疗合作发展的具体举措。

（四）合作上，强强联合引致一体化中的"局部化"

虽然长三角城市群总体上具备了较高质量的发展水平，已迈入高质量发展新阶段，但不同城市自然禀赋、城镇化率、经济发展、产业结构等的不均衡性是客观存在的。整体上看，长三角城市群的经济增长表现出从区域中心向南北两端递减的趋势，中心城市不断吸引着区域内的资源、要素，承载了更多的人口和经济活动，在空间上呈现出一定的中心—外围结构。如图 9 - 1 所示，2019 年，长三角 41 个地级以上城市中，无锡市人均 GDP 水平最高，达 18 万元/人，而人均 GDP 排名最后的十个城市均位于安徽省，其中最低的阜阳市仅为 3.29 万元/人，不到无锡市的 1/5。城镇化进程方面，上海市常住人口城镇化率最高，达到 88.10%，41 市中城镇化率最低的是亳州市，仅为 42.22%，远低于全国 60.60% 的平均水平。

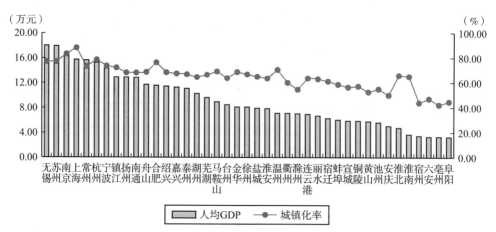

图 9 - 1　2019 年长江三角洲地区 41 市人均 GDP 与城镇化率比较

资料来源：《2019 年国民经济和社会发展统计公报》。

区域一体化发展方面，企业作为资本、人才和技术等资源要素的市场配置主体，其组织结构的跨区域布局已成为构建城市分工格局和塑造城市体系的主要驱动力，以企业为主体构建的产业链、创新链、价值链是推动区域一体化的重要手段，因此基于企业组织关系视角的城市功能联系成为揭示区域一体化的强有力工具。本书采用截至 2018 年末 Wind 数据库中注册地在长三角城市群且在长三角设立分支机构的 1191 家 A 股上市公司企业数据，根据企业总部和分支机构的城市所在地，构建长三角城市间企业总部—分支网络来测度功能关联的一体化情况。

本书主要借鉴庄德林等（2017）对上市公司企业要素联系强度的赋值方案，将子公司赋值为3，孙公司赋值为2，联营和合营公司赋值为1，具体公式为：

$$V_{ij} = \sum_{t=1}^{m} (3ZC_{tj} + 2SC_{tj} + HC_{tj} + LC_{tj}), (i \neq j)$$

式中，V_{ij}表示城市 i 指向城市 j 的单向联系度，ZC_{tj}、SC_{tj}、HC_{tj}、LC_{tj}分别表示总部位于城市 i，分支机构位于城市 j 的第 t 个上市公司分布在城市 j 的子公司、孙公司、合营企业以及联营企业的数量；系数表示总部与分支机构间的联系强度，即对分支机构重要程度的赋值；m 为城市 i 拥有的总部数量。根据上式计算得到的企业总部—分支联系强度为有向数据，一方面是分支机构在本市但企业总部位于其他城市的情形，这在一定程度上体现了该城市的资源集聚能力；另一方面则是企业总部设在本市而分支机构位于长三角其他城市的情况，这体现了本市在长三角城市群的功能辐射力。将上述双向数据进一步相加，可得两两城市间功能联系的无向数据，以综合反映各城市在合作网络中的重要程度。

整体上看，长三角城市群目前形成了颇具规模的功能关联，企业跨区域间的交流合作日益密切。但我们也发现，功能联系网络整体呈现出"Z"字形空间结构特征，企业关联多存在于主要的几个中心城市之间，中心城市与周边中小城市的互动合作明显存在不足，体现出一体化中的"局部化"特征。具体地，关联程度最高的前十位城市对分别为上海—苏州、杭州—上海、宁波—上海、南通—上海、杭州—宁波、上海—无锡、南京—上海、杭州—绍兴、常州—上海、上海—绍兴，其中，有八对都是其他城市与上海的关联，充分体现出上海作为长三角城市群的龙头城市，在资源配置网络中发挥着核心节点作用（见表9－1）。相比之下，安徽尚未有城市进入联系强度排名前十的城市对中，一定程度上表现出现阶段长三角城市之间强强合作的特征。进一步从资源集聚力与功能辐射力两方面来看，排名前十位的城市高度相似，安徽省仅合肥市跻身前十。此外，无论是有向还是无向城市对，可以发现，高层关联均集中于上海、苏州、杭州、南通、无锡、宁波等城市，而相对落后城市在长三角城市群功能分工关联和要素配置网络中的地位明显偏低，在区域一体化过程中存在着被边缘化的风险（张学良、吴胜男，2021）。

表9－1　　　　长江三角洲地区资源集聚力、功能辐射力前十位城市

城市对	联系强度	排名	城市	资源集聚力	排名	城市	功能辐射力	排名
上海—苏州	1296	1	上海	15.88	1	上海	15.26	1
杭州—上海	1108	2	杭州	7.60	2	杭州	9.72	2
宁波—上海	1052	3	苏州	6.82	3	宁波	6.96	3
南通—上海	704	4	南京	5.28	4	苏州	6.62	4

续表

城市对	联系强度	排名	城市	资源集聚力	排名	城市	功能辐射力	排名
杭州—宁波	634	5	宁波	4.90	5	南通	5.65	5
上海—无锡	620	6	合肥	3.93	6	南京	5.42	6
南京—上海	596	7	无锡	3.06	7	常州	5.15	7
杭州—绍兴	484	8	嘉兴	2.28	8	合肥	3.97	8
常州—上海	406	9	南通	2.08	9	无锡	3.52	9
上海—绍兴	364	10	盐城	2.02	10	绍兴	3.45	10

第二节　新阶段长三角一体化须处理好的几类关系[①]

作为中国经济活力最强、发育最为成熟的城市群之一，长三角城市群具备坚实的经济基础和特点鲜明的区域合作模式，是中国最有最有条件实现现代化和一体化的区域。以上升为国家战略作为标志，长三角城市群一体化进入了新阶段。基于新阶段这一战略判断和长三角承担的新使命，我们认为长三角一体化须妥善处理好空间层次上"大与小""条与块""对内与对外"的关系，实现路径上"质与量""同与异"的关系，以及体制机制上"改革与开放""政府与市场""中央与地方"这几类关系，对这些关系的准确把握对于将制度优势更好地转化为治理效能，有序推进长三角一体化进程、率先形成新发展格局具有重要意义。

一、空间层次上：大与小的关系

大与小的关系涉及区域一体化发展的空间层次问题，从分割走向融合是一体化的渐进过程，全方位、多层次、立体化的空间布局更有利于长三角一体化战略的有序推进。中国是经济、人口和地域面积上的大国，还是流动人口上的大国，有着区别于其他国家的经济地理特征。现代通信设施使得人流、资金流等要素流不断突破时空限制，促进了不同城市体系相互融合。以上海和长三角其他核心城市间的交通情况为例（见表9–2），相对于公路交通，高铁可将出行时间压缩近2/3，大幅度提升了人们的出行便利度，已成为跨域通勤的重要支撑。随着高铁提速、5G网络布局等交通和通讯基础设施的进一步完善，一体化空间快速延伸

---

① 本节主要内容已发表于《学术月刊》2019年第10期和《安徽大学学报（哲学社会科学版）》2021年第3期。

成为可能，巨型城市区域这一新的城镇化空间形态正在浮现。

表 9-2　　　　　　　　　　　上海与其他城市间交通情况

	直线距离（公里）	公路距离（公里）	公路最短时间（分钟）	高铁班次（班/日）	高铁最短时间（分钟）
上海—南京	268	298	228	243	59
南京—上海	268	298	228	241	62
上海—杭州	165	174	150	143	45
杭州—南京	165	174	150	144	45
上海—苏州	83	99	110	201	23
苏州—上海	83	99	110	207	23
上海—合肥	400	466	345	62	125
合肥—上海	400	466	345	63	125
上海—宁波	150	227	184	50	99
宁波—上海	150	227	184	49	111

资料来源：中国铁路 12306 官方网站以及百度地图。

推进长三角一体化，需要关注一体化空间的外延。1997 年长三角城市经济协调会成立之初只有 15 个成员城市，此后长三角城市群经历了多次扩容，2003 年扩容至 16 个城市，2010 年扩容至 22 个城市，2016 年扩容至 26 个城市，2018 年扩容至 34 个城市，并最终形成沪苏浙皖三省一市的主体框架。凭借发达的交通条件，长三角是未来中国最有可能建设巨型城市区域的地区之一，经济意义上的长三角不断泛化已成必然趋势。此外，国家对长三角的定位是全国发展强劲活跃增长极、高质量发展样板区、率先基本实现现代化引领区、区域一体化发展示范区、新时代改革开放新高地，因此从大的空间尺度上看，长三角并非独立的经济区域，既要引领带动东部地区和长江经济带发展，又要依赖于其广阔的腹地实现自身发展。

推进长三角一体化，也要从小空间尺度着手。空间尺度越小，区域政策的指导性与针对性就越强，就越能够精准发挥各个地区的比较优势。首先，都市圈是城市群建设不可逾越的阶段。相对于开发区和城市，小尺度、相对精准、以跨区域通勤为主要特征的都市圈建设，是我国一体化政策实施的基本空间单元（张学良、林永然，2019）。纽约、伦敦、东京等一大批全球城市的发展经验表明，以大城市为核心的都市圈建设有利于城市间要素配置优化，缓解大城市病，实现区域包容性增长。其次，充分发挥一体化示范区在制度创新和改革措施系统集成中的作用。长三角地区更高质量一体化发展的关键在于打破行政壁垒，促进要素自由流动和优化配置。当前，一体化政策措施在长三角全域范围内铺开具有较大难度，因此，需要将长三角一体化发展示范区作为落脚点和主要抓手。示范区的小空间尺度、精准化的跨区域合作体现了区域发展战略因地制宜和分类指导的原则，通过新型区域合作与深度对内开放，带来经济的新增量、发展的新动能，形成可复制、可推广、可持续的多赢合作新模式，来更好地带动长三角整体的一体化发展（张学良、杨羊，2019）。

二、空间层次上：条与块的关系

条与块的关系涉及城市群内部块状经济如何串联的问题，我们认为，从小空间尺度块状经济到大空间尺度的一体化，需要带状经济作为支撑。在长三角城市群内部有诸多开发区、都市圈等块状空间，这些块状空间具有一定的独立性，甚至相互间具有排他性。根据 2018 年版《中国开发区审核公告目录》，沪苏浙皖三省一市共有省级以上开发区 466 家，其中国家级开发区 146 家，省级开发区 320 家。作为区位导向性政策重要类型之一，开发区已在长三角地区形成遍地开花的空间分布格局，如何将空间上分散化的开发区有机整合成为一体化发展亟待解决的重要问题。此外，长三角城市群至少形成了六大经济意义上的都市圈，包括上海都市圈、杭州都市圈、南京都市圈、苏锡常都市圈、宁波都市圈以及合肥都市圈，由核心城市及其联系紧密的毗邻县市区构成。城市群是若干都市圈构成的广域城镇化形态，成熟的世界级城市群除了规模和密度条件外，内部都市圈之间还必须具备明确的分工和紧密的经济社会联系，共同组成有机整体，各大都市圈经济融合也是长三角建设世界级城市群的关键任务之一。

长三角在带状经济发展上具有一定的实践基础，如 2011 年江苏推动建设的苏南 5 市国家自主创新示范区，就是沿沪宁线连绵的城市经济带，由副省级城市南京、苏州、无锡、常州、镇江 5 个城市共同组成，内含多个国家级和省级开发区。理论上，交通经济走廊是产业集群形成的基本前提条件之一，以交通走廊为依托的经济带建设可为块状经济的融合提供纽带，体现了经济开发沿最小阻力方向进行延伸的基本规律。而实现带状经济发展的"大区域规划"则是政府"看得见的手"，旨在创新城市合作模式，实现中心城市功能延伸和各个城市产业转型升级。世界各国诸多产业集群均是沿交通走廊进行扩展，如美国的波士顿—华盛顿走廊、日本的大阪—东京走廊、中国的 G60 科创走廊等，这些交通走廊将不同的都市圈串联在了一起，有效促进了区域经济的融合。交通经济带建设不仅对消除要素跨区域流动障碍、促进地区间产业关联、重塑产业空间布局具有重要意义，同时又可以放大核心城市的辐射带动作用，实现区域协调发展。

长三角未来要在一体化发展思路上进一步处理好"条"与"块"之间的关系，加强条块耦合。一方面要加快推进省际高速公路改扩建以及国省干线公路建设，着力打通省际断头路，打造外通内联、衔接高效的综合交通运输走廊。另一方面要利用好交通大走廊优势，充分发挥交通基础设施的增长溢出效应，例如，在继续推进 G60 科创走廊的基础上，探索 G40 健康生态走廊建设，最终建设以 G40、G60 等高速公路为依托的特色经济走廊，更好地发挥上海的龙头带动作用，进一步推动浙南、苏北经济发展，促进安徽深度融入长三角；充分利用高铁这一"流动空间"载体，打造以北沿江高铁、南沿江高铁等以高铁为依托的特色经济走廊，进一步激发从上海到南京沿线的城市创新活力，并延伸到合肥，形成上海—南京—合肥沿线创新走廊，构建长三角更高质量一体化新引擎，以带串群。

三、空间层次上：对内与对外的关系

对外开放基本国策是改革开放以来我国发展经验的集中体现，长三角城市群经济增长的突飞猛进很大程度上得益于外向型的经济发展模式。1992 年浦东的开发开放，率先探索建立了社会主义市场经济运行体制，缓解了当时资本极度短缺的情况，为长三角地区释放了第一轮对外开放红利（钱运春，2010）。进入 21 世纪，我国正式加入世界贸易组织，同时契合全球产业布局调整新机遇，长三角地区享受第二轮对外开放红利，外商直接投资金额迅速增加，资本密集型和资本技术双密集型产业布局不断增多（董筱丹等，2012）。2008 年金融危机后，全球经济遭遇重创，贸易保护主义抬头，长三角经济发展面临国际环境不确定性增大。2018 年，中美贸易争端加速升级，两国进入前所未有的贸易摩擦期。但历史经验表明，要发展壮大，必须积极融入全球化浪潮，进一步提高对外开放的广度与深度，求同存异、合作共赢。为此，我国进一步调整对外贸易政策，向着进出口并重、货物与服务贸易并重的方向转型，长三角对外开放也进入新的阶段。世界博览会和国际进口博览会的举办、自由贸易试验区的设立、虹桥商务区的扩容等，都是长三角主动向世界开放的重要标志。在此过程中，长三角对外开放不再仅仅是"引进来"，而是努力对标国际通行规则，将"走出去"和"引进来"相结合，以扩大双向贸易与投资往来，加快推动形成长三角全面开放新格局。

当前，国际环境日趋复杂，长三角乃至全国各个地区对外开放进一步受阻，对内开放的时宜性和紧迫性已经显现，习近平总书记指出，要逐步形成以国内大循环为主体、国内国际双循环相互促进的新发展格局。对内开放本质上就是加快区域一体化进程、消除市场分割、培育共同市场、依托区域合作和协调发展实现内需扩张。在未来区域发展格局中，长三角要继续深化聚焦对外开放与对内开放的和谐统一，统筹国内国际两个大局，一方面依托区域合作和协调发展实现内循环，另一方面则要推动长三角地区与其他重要经济板块之间联动发展。珠三角、京津冀、成渝、长江中游等城市群是未来中国最具发展潜力的地区，长三角探索形成新发展格局路径不仅要基于区域内部，更要积极推动区域板块之间的融合互动。在尝试建立区域间联动发展常设协调组织、畅通城市群间沟通与协作途径的基础上，要深入探讨建立区域间利益协调和补偿机制，并通过引导企业和社会力量参与推动跨区域项目合作、园区共建等具体举措，推动产业转移、加强地区间合作、促进区域协调发展。此外，要鼓励企业走出去，建立区域性的企业总部。长三角地区特别是上海，在积极引进更多跨国公司总部、百强企业总部的基础上，要培育更多具有全球影响力和国际竞争力的本土企业，鼓励企业走出去，建立区域性的企业总部，使其成为促进外循环的微观主体。

四、实现路径上：质与量的关系

质与量的关系涉及一体化的实现路径问题，更高质量一体化发展的关键是要处理好质与量间的关系，以量的增加来提高经济集聚水平，以质的提升激发发展潜能，给人民群众带来更多获得感。我们将长三角城市群与美国大西洋沿岸城市群、北美五大湖城市群、日本太平洋沿岸城市群、欧洲西北部城市群以及英国中南部城市群五大世界级城市群在质与量上进行对比分析（见表9-3）。结果表明，长三角一体化发展仍存在着一些不足，主要表现在"不巨""不聚""不强"。

表9-3　　　　　　　　六大世界级城市群对比

城市群	面积（万平方公里）	人口（万人）	GDP（亿美元）	人均GDP（美元/人）	地均GDP（万美元/平方公里）	城镇化率（%）
美国大西洋沿岸城市群	13.8	6500	40320	62030	2920	90
北美五大湖城市群	24.5	5000	33600	67200	1370	90
日本太平洋沿岸城市群	3.5	7000	33820	48315	9662	85
欧洲西北部城市群	14.5	4600	21000	45652	1448	90
英国中南部城市群	4.5	3650	20186	55305	4485	90
长三角城市群	35.9	22535	31958	14193	929	67

注：五大世界级城市群数据期为2010年，长三角城市群数据期为2018年。
资料来源：2016年《长江三角洲城市群发展规划》。

其一，长三角还"不巨"。从GDP总量上看，2018年长三角城市群的经济总量约为3万亿美元，只与2010年北美五大湖城市群、日本太平洋沿岸城市群的经济体量相当，并小于2010年美国大西洋沿岸城市群。其二，长三角还"不聚"。在六个世界级城市群中，长三角的空间面积最大，达到了35.9万平方公里，地均GDP 929万美元/平方公里，经济密度远不如世界先发城市群。此外，2018年长三角城市群GDP和人口分别占据全国总量的23.5%和16.1%，美国大西洋沿岸和北美五大湖两大城市群的土地空间之和与长三角基本相同，但经济总量和人口共占据了全美的49.6%和37.2%[①]。其三，长三角还"不强"。以人均GDP作为对经济效率和人民生活富裕程度的考量，2018年长三角城市群人均GDP为14193美元，远低于2010年世界前五大城市群，考虑欧美等发达经济体的经济增长率，可粗略估算目前长三角城市群的人均GDP约为世界前五大城市群的1/4。已有研究还发现，长三角城市群的经济增长动力主要来源于物质资本积累，全要素生产率对经济增长的贡献十分有限（张学良、孙海鸣，2009），以上事实表明长三角还"不强"。

如以2035年为期，推动长三角人均GDP追平当前世界先发城市群，则至少需要GDP实现年均增长6.93%，经济总量由3万亿美元向10万亿美元跨越。发展是量变和质变的辩证统一，不能顾此失彼，经济从高速增长迈向高质量发展的新阶段，更需处理好质与量的关系，要以量的提升来促进经济集聚水平，进而带来质的飞跃。2018年长三角城镇化率为67%，与世界先发城市群90%的水平还有不小的差距，建设强劲活跃增长极一方面需要依赖创新驱动战略促进技术进步和产业升级，另一方面还须持续推进城镇化进程以改善劳动力空间配置，以城市集聚经济提升效率水平。

五、实现路径上：同与异的关系

同与异的关系涉及城市群一体化发展和城市差异化发展的逻辑关联问题，从全球城市空间和产业体系融合的规律来看，基于城市比较优势，在城市差异化发展的基础上倡导区域分工合作，更加有利于促进区域一体化发展，实现整体增长。例如美国大西洋沿岸城市群，核心城市纽约是金融和管理中心，集聚了大批银行和世界500强公司总部；费城重工业十分发达，是美国西海岸重要的炼油、钢铁和造船基地；波士顿是文化中心，拥有哈佛大学、麻省理工学院等全球知名高校；华盛顿则是政治中心，市区近半数人口是政府公职人员。妥善处理长三角一体化过程中的同与异的关系，才能各扬所长、扬长补短，使城市群获得比所有单个城市更大的规模效应和正外部性。

首先，从产业同构走向功能协同，以拉长长板，补足短板。产业同构是长三角发展的阶段性产物，也是历史发展的必然。由集聚经济主导的要素资源在空间

---

① 2010年美国GDP总量14.9万亿美元，人口3.09亿，数据来源于世界银行。

上的重新配置，必定会使得产业在城市群内部重新布局。在城市群发育初期和工业化前中期，政府推动下的追赶型产业政策往往注重的是产业规模的积累。长三角各城市有着相似的自然条件和人文环境，竞争优势大体相当，各个城市发展产业有着相似的倾向，也是地方根据自身禀赋选择的结果。但随着一体化逐渐深化，各地"大而全"的产业结构带来资源浪费、制约区域分工合作等问题，对城市群发展的约束力日益趋紧，长三角亟须构建功能协同的产业空间体系。一方面，要科学认识产业同构问题。随着产业社会分工的不断深化，同构问题不能简单基于现有产业分类，同一产业门类的不同产品和工艺在城市间形成的分工也是功能协同的表现。另一方面，应加强统筹规划，合理布局，健全利益分配机制，以区域合作引导城市产业差异化发展，使优势更优，长板更长。

其次，一体化并非一样化，要坚持求同存异的发展策略，引导城市特色化发展，避免落入"千城一面"的窠臼。城市多样性是城市群活力的重要体现，差异化的城市能够满足异质性个体对于不同城市品质的需求，增强人民群众的获得感。在快速城镇化进程下，诸多城市在盲目扩张中逐渐失去了自身特色，出现了文化趋同、物理环境趋同等问题。长三角应在实现公共服务均等化的同时，鼓励每个城市发展形成独特的营商环境和文化氛围，打造独特的城市品质。一方面，要大力发展基础型服务经济，统筹三生空间。当前产业依附于人才进行布局的趋势愈发明显，在人才流动性日益增强的情况下，基础服务供给能力决定了地区人才吸附力。长三角一体化不仅要注重生产和生态，也要着力提升居民生活品质，实现从生产、生态到生活的整体营造。另一方面，应打造城市特色文化品牌。从江南文化到海派文化，现代化进程加速了长三角传统文化与现代文明的融合，长三角一体化既要增强城市间文化认同感，推动文化产业联动发展，也要充分挖掘城市本土文化，依托特色文化产业树立竞争优势。

六、体制机制上：改革与开放的关系

从 1978 年党的十一届三中全会起，40 多年来，我国的改革开放由易到难、由浅入深、由点及面，使我国从世界上最落后和封闭的国家之一，跃升为 GDP 居全球第二、高度开放的经济体。中国在经历漫长经济停滞后的重新崛起，是 20 世纪最重要的历史事件之一（张军等，2019）。回顾改革开放历程，一方面，我国面临从计划经济向市场经济转型，既缺乏现成的理论指导，又没有可供参考的历史经验，必须摸索前进；另一方面，当时我国技术水平远远落后于发达经济体，与世界技术可能性边界前沿有相当大的距离，这意味着可以通过引进、学习、模仿已有技术发展经济，所以需要依靠对外开放和吸引外资较快实现效率改善和技术进步。因此，面对市场缺失和技术落后这两个本质区别于发达经济体的关键性结构问题，必须同时推进市场化改革与对外开放。

如果说中国是一个改革和开放的"空间试验场"，那么，以上海为龙头的长三角地区必定是试验场上的排头兵。改革开放可以说是长三角发展的动力源泉，从安徽凤阳农村改革开始，到苏南模式、温州模式、浦东开发开放，长三角地区多项国家改革开放试点的生动实践，带动经济社会实现了快速发展。早在20世纪二三十年代，上海就是远东著名的贸易、经济和国际金融中心。1936年，上海的工业总产值已占全国的50%，金融市场规模仅次于纽约和伦敦。但新中国成立之初，国内经济发展的封闭导致上海国际地位显著下降。直到1978年改革开放和"十六字方针"提出后，上海开始大力发展对外贸易，重新参与世界经济循环。尤其是1990年浦东的开发开放，成为长三角地区划时代发展的新起点。进入21世纪，中国（上海）自由贸易试验区的建立，成为全国开放模式创新的窗口。经过持续推进改革创新，上海自贸区的先进经验在全国范围内复制推广。如今，浦东新区逐渐发展成为全球金融机构最密集的地区之一，形成了强大的资源集聚与配置能力，2020年，浦东外商直接投资实际到位金额达94亿美元，占上海市的47.00%[①]。浦东开发开放带动上海经济发展与城市建设实现历史性跨越的同时，对周边地区经济发展的辐射带动作用明显。

在当前我国全面建设社会主义现代化国家新征程开启、向着第二个百年奋斗目标进军之际，长三角更高质量一体化发展必须继续统筹好改革与开放的关系，既不能受国际环境影响就此减缓甚至停止对外开放的步伐，也不能脱离客观实际，盲目改革，要顺应客观局势变化及时做出策略调整，推进更高起点的深化改革和更高层次的对外开放。一方面，长三角生态绿色一体化发展示范区是长三角深化对内开放的改革试验田，着眼于一体化示范区的重大使命，要在保持现有行政管理框架不变的前提下，探索出跨区域协同发展、生态文明与经济发展相得益彰的新路径，要推动区域一体化发展从项目协同走向区域一体化制度创新，形成可复制、可推广、可持续的多赢合作新模式，系统集成改革举措，为其他地区一体化发展提供示范。另一方面，推进更高层次的对外开放，要重视功能载体的重要支撑作用。作为上海自贸区的实际承载区、"五个中心"核心功能区，浦东要继续做好上海自贸区临港新片区的建设工作，当好"先行者中的先锋者、排头兵中的排头兵"应承担的新的历史使命，充分发挥试验田作用，带动长三角地区浙江自贸区、江苏自贸区、安徽自贸区，共同拓展发展空间。此外，随着《虹桥国际开放枢纽建设总体方案》的批复，要充分发挥中国国际进口博览会和虹桥国际经济论坛的平台作用，打造联动长三角、服务全国、辐射亚太的要素出入境集散地，促进物流、信息流、资金流等更加高效便捷流动，全面提升全球资源配置能

---

① 《关于浦东新区2020年国民经济和社会发展计划执行情况与2021年国民经济和社会发展计划草案的报告》。

力，形成全球高端资源、高端要素配置新高地。

七、体制机制上：政府与市场的关系

政府引导与市场机制是经济发展过程中的两个重要力量，市场代表着高效率和成本节约，政府则通过制定规则和预防市场失灵发挥作用。我国尚处于经济体制转型期，市场在收入分配、公共物品供给、外部性、失业等领域存在一定缺陷，这就需要政府及时补位、加以调控。但我们也必须明确，要充分发挥市场的资源配置作用，限制政府的治理边界，避免行政命令式的政府指导导致的效率损失（范恒山，2018）。市场因外部性失灵，政府则因内部性而失灵，非我即他都是不完善的。因此，平衡好政府与市场的关系是全面深化经济体制改革的核心内容，其关键在于发挥市场资源配置决定性作用的同时，如何更好发挥政府的作用。

一体化发展的本质就是以市场机制为导向，实现资源要素无障碍跨区域流动与配置。市场驱动是长三角一体化发展的逻辑起点，而政府的积极作为、政府之间的主动合作，则是长三角一体化发展的重要保障与鲜明特色。长三角一体化发展一开始就有企业的参与和政府的推动。改革开放之后，城镇化和工业化进程快速推进，江浙两省与上海的民间合作不断深入，城市间经济联系日益密切。早在1982年，上海经济区就被批准设立，形成了长三角城市群的雏形。1992年，上海、无锡、宁波、舟山、苏州、扬州、杭州、绍兴、南京、南通、常州、湖州、嘉兴、镇江等14个城市成立长三角十四城市协作办（委）主任联席会。1997年，长三角城市经济协调会正式成立，协调会最初每两年举办一次，后改为每年一次，至2020年已成功举办二十届。以城市经济协调会为代表的区域合作机制成为长三角一体化的重要推动力（张学良等，2017）。现阶段，长三角区域合作在组织架构上形成了以长三角地区主要领导座谈会为决策层，以长三角城市经济协调会和市长联席会议为协调层，以联席会议办公室、重点合作专题组、城市经济合作组为执行层的"三级运作"机制。依托完善的区域合作机制，各城市间就市场难以发挥作用的旅游协作、交通规划衔接、科研设施共享、交通卡互通、环境共治、医保共享等多个领域签订了合作协议，充分发挥了政府的补位与服务作用，形成了"政府引导、市场主导"的良好发展模式。

新阶段，深入推进长三角更高质量一体化发展，要进一步理清政府与市场的边界，坚持"有效市场"和"有为政府"相结合。坚持"有效市场"，即必须坚持市场在资源配置中的决定性作用，坚持从完善市场机制出发，以市场机制引导社会资源配置。而坚持"有为政府"，即要更好发挥政府作用，各地政府仍要坚持有所为、有所不为，更多强调服务型功能，在战略规划协同、重大设施和产业布局、公共服务共享、环境共治、体制机制创新等方面更好发挥作用（刘志彪等，2019）。

第一，要对影响长三角市场一体化发展、具有地方保护色彩的各种有形和无形壁垒进行梳理，逐步清除区域内和区域间市场中生产、分配、流通、消费各环节间存在的"堵点"和"痛点"，清除行政壁垒，让资本、人才、技术、信息、土地等要素自由流动，充分参与产品和服务的创造过程。

第二，要逐步实现统一的市场规则、统一的信用治理、统一的市场监管，在食品安全、旅游、生态环境等领域形成标准化体系，建立跨区联动奖惩机制，防范区域系统性风险。同时，与企业、商会、行业协会、居民全方位有机联动，有效压缩地方政府权力自由裁量空间，形成立体性的监督与促进机制。

第三，要强化信息体系建设。目前，长三角三省一市推行的"一网通办""最多跑一次""不见面审批"等改革均取得了较好成效。未来，要进一步借助大数据、人工智能等现代科学技术，在不断拓展业务领域的同时，提高工作的及时性、针对性和有效性。此外，可通过统一企业和群众的办事事项，包括受理方式、数据格式、证明材料、办理流程等，促进各地政府之间窗口服务、监管等工作的效力互认。

八、体制机制上：中央与地方的关系

中国是一个人口大国、经济大国，地理空间广阔、要素流通便利，有着区别于其他国家的经济地理特征，因此，改革举措既要做到系统集成，又要因地制宜，既要在重点领域有所突破，又要全盘统筹各方利益。在改革开放前，我国中央与地方的关系一直处于"一统就死、一死就放、一放就乱、一乱就收、一收又统"的状态（冯兴元，2010）。十一届三中全会后，中央出台一系列"放权让利"举措，"允许一部分人先富起来，先富带后富"的发展战略使得东西部发展差距逐渐拉大，地方政府与中央政府之间矛盾加剧。"九五"以后，为缩小区域经济发展差距，促进东中西协调发展，党中央提出"西部大开发""振兴东北老工业基地""中部崛起"等一系列战略举措，形成了中央关于促进区域协调发展的总体安排（范恒山，2017）。党的十八大以来，我国改革进入攻坚期和深水区，统筹多方利益、兼顾多重目标的要求越来越高，在继续贯彻区域发展总体战略的同时，适应新的形势要求，党中央先后提出推进"一带一路"建设、京津冀协同发展、长江经济带发展、粤港澳大湾区建设、长江三角洲区域一体化发展等重大战略，区域协调发展的空间格局得以不断优化。

处理好中央与地方的关系，实际上就是处理好宏观层面谋篇布局与微观层面重点突破的关系，长三角一体化发展正是中央自上而下顶层设计与地方自下而上自发探索不谋而合的结果。2006 年，国家"十一五"规划纲要首次提出"把城市群作为推进城镇化的主体形态"，而此时，长三角层面自发组织的城市经济协调会已成功举办六届，首次长三角两省一市主要领导座谈会也于 2005 年底成功召开，为国家发布城市群规划提供了现实依据。2008 年国务院发布《关于进一步推进长江三角洲地区改革开放和经济社会发展的指导意见》，这是国家关于长三角发展较早的指导文件，此后，国务院分别于 2010 年和 2016 年发布《长江三角洲地区区域规划》和《长江三角洲城市群发展规划》。与之相对应，长三角地区城市合作更加频繁，2018 年初成立了长三角区域合作办公室，并印发《长江三角洲一体化发展三年行动计划（2018～2020 年）》，为长三角一体化发展明确了任务书、时间表和路线图。同年，长三角区域一体化发展正式上升为国家战略。2019 年，中共中央、国务院印发《长江三角洲区域一体化发展规划纲要》，国务院批复同意《长三角生态绿色一体化发展示范区总体方案》，标志着长三角一体化发展国家战略的实施迈出历史性一步。长三角地区则积极响应国家战略，苏浙沪共同编制了《长三角生态绿色一体化发展示范区国土空间总体规划（2019～2035 年）》，这是国内首个省级行政主体共同编制的跨省国土空间规划。可以说，长三角一体化发展很好地统筹了中央政府与地方政府间的关系，既有顶层设计、全盘布局，又有地方政府的先行先试和因地制宜的探索。

现阶段，在中国全面建设社会主义现代化国家新征程开启、向着第二个百年奋斗目标进军之际，长三角城市群深入推进区域一体化进程，要继续处理好地方政府与中央政府间的关系。一方面，要加强省级层面政府部门间的联动。江浙沪皖四地政府要协调一致、步调统一，对应于中央的战略与部署，一一对标、落地落实，积极创造条件推动区域合作，特别要在触及地区深层利益的重点难点问题上下功夫、做文章，力争在服务长三角一体化国家战略上有所作为。另一方面，要加强地级市、县级层面政府部门间的联动。以长三角一体化示范区为例，嘉善、吴江、青浦三地在空间上相邻、地理上接壤、经济上相关，但在行政意义上却分属三块区域，涉及三级（江苏省、浙江省、上海市）八面（上海、江苏、浙江、苏州、嘉兴、嘉善、吴江、青浦）行政主体，面临跨区协作的突出问题。同时，一体化示范区内水系众多，还面临着生态环境保护与经济发展的突出矛盾。因此，一体化示范区作为长三角一体化发展国家战略的先手棋和突破口，必须首先打破"一亩三分地"的地方保护主义，各级地方政府部门间要协调一致、迎难而上，率先探索在行政区划不调整的框架下，实现经济边界、地理边界、行政边界和社会文化边界的耦合。

第四部分

数　据　篇

第十章

城市群发展基本情况

第一节 长三角城市群在全国经济发展中的重要作用

改革开放以来，"大都市"与"城市群"已成为增强中国综合实力、提升国家竞争力极为重要的板块与核心结构。2014年《国家新型城镇化规划（2014~2020年）》明确提出"把城市群作为主体形态"，既不是长期以来一直占据主流的"小城镇"，也不是2000年以后异军突起的"大都市"，而是以大都市为领头羊的城市群成为我国新型城镇化的主导和基调。自2006年《中华人民共和国国民经济和社会发展第十一个五年规划纲要》首次提出"把城市群作为推进城镇化的主体形态"以来，城市群在我国城镇化进程中的"主体形态"地位愈加明确。城市群经济已成为经济活动空间组织及运行的一种形式，是基于社会分工深化、市场深度扩张、要素高度空间聚集而演化出来的区域经济形态。城市群发展的当代意义还在于城市群已成为中国城镇化的空间主体，是实现中国区域总体发展战略的重要载体，是推动区域经济发展方式转变的重要引领者。

长三角城市群作为我国城市群发展的最高水平，不断引领着我国经济实现更高更快发展。2019年，长三角城市群经济再度实现了高平台基础上的再增长，继续保持了健康有力的发展态势，多项经济指标跃上新台阶。2019年末，长三角城市群人口总数为22714万人，约占全国总人口的16.22%，实现地区生产总值达到237252.56亿元，约占当年国内生产总值的23.94%，其中，仅核心区16个城市GDP总量便达到了16.33万亿元，约占全国总量的16.48%。此外，工业经济运行平稳，2019年长三角城市群实现规模以上工业总产值351161.91亿元，约占当年国内规模以上工业生产总值的24.03%；全年实现全社会固定资产投资136680.68亿元，约占全国固定资产投资的24.80%。消费品市场继续平稳运行，全年实现社会消费品零售总额90418.73亿元，约占全国社会消费品零售总额的12.31%。对外贸易方面，长三角城市群充分发挥了其外向型特征，外商直接投资使用额达766.6819亿美元，约占全国外商直接投资实际使用额的55.5%（见表10-1）。

表10-1　　　　2019年长三角城市群在中国经济发展中的重要地位分析

指标	土地面积（万平方公里）	年末人口（万人）	GDP（亿元）	规模以上工业总产值（亿元）	全社会固定资产投资（亿元）	社会消费品零售总额（亿元）	外商直接投资实际使用额（亿美元）
长三角	21.17	22714	237252.56	351161.91	136680.68	90418.73	766.6819
占全国比重（%）	2.2	16.22	23.94	24.03	24.80	23.1	55.5

资料来源：《中国统计年鉴（2020）》，中国统计出版社2020年版。

长三角城市群是中国经济最具活力、开放程度最高、创新能力最强、吸纳外来人口最多的区域之一，是"一带一路"与长江经济带的重要交汇地带，在中国国家现代化建设大局和全方位开放格局中具有举足轻重的战略地位，亦是国际公认的第六大世界级城市群。2016年，《长江三角洲城市群发展规划》的制定进一步提升了长三角城市群的重要地位，要求其以最具经济活力的资源配置中心、具有全球影响力的科技创新高地、全球重要的现代服务业和先进制造业中心、亚太地区重要国际门户、全国新一轮改革开放排头兵、美丽中国建设示范区为战略定位，建设面向全球、辐射亚太、引领全国的世界级城市群。力争到2020年，基本形成经济充满活力、高端人才汇聚、创新能力跃升、空间利用集约高效的世界级城市群框架，人口和经济密度进一步提高，在全国2.2%的国土空间上集聚11.8%的人口和21%的地区生产总值。到2030年，长三角城市群配置全球资源的枢纽作用更加凸显，服务全国、辐射亚太的门户地位更加巩固，在全球价值链和产业分工体系中的位置大幅跃升，国际竞争力和影响力显著增强，全面建成全球一流品质的世界级城市群。

第二节　21世纪以来长三角城市群基本发展历程

回顾近300年现代化的历史，全球经历了三次城市化浪潮：第一次是大城市的兴起，大量劳动力开始涌入新兴城市，城市数量和规模迅速增长；第二次是小城市的扩散，一些产业因城市转型、成本等各种因素转移到大城市周边的中小城市去，逆城市化现象出现；目前全球开始了第三轮城市化浪潮，主要特点是通过强化大城市与中小城市的交通和物流联系，形成庞大的立体城市群网络，全面提高大城市的总体实力和国际竞争力。随着经济全球化与区域一体化的发展，国家、区域之间的竞争越来越集中地表现为城市之间的竞争，特别是具有一定国际影响力的大城市、特大城市之间的竞争。以城市群组织形式为代表的城镇密集区域，成为集聚国内乃至国际经济、社会要素的巨大空间。

改革开放之初，中国区域发展战略是使东部沿海地区等"一部分地区先富起来"，并希望这些中心地区能够产生一定的"示范和学习效应"，带动外围地区，从而使整个国民经济不断"波浪式地向前发展"。在以"先富"带动"后富"为逻辑基础的区域递推发展模式下，区域经济发展战略经历了从改革之初效率优先的非均衡发展战略，到 20 世纪末、21 世纪初以来的相对协调发展的转变，至"第十个五年计划"期末，中国区域发展的战略重心相应体现为由东向西、从沿海到内陆的调整和转移，进而形成中国区域发展战略的中心—外围空间结构，城市群也成为实现中国区域总体发展战略的重要载体。

进入 21 世纪后，国际竞争的基本单位不是国家也不是企业而是城市群。城市群具有经济上的效率，是区域要素的集聚地，更具有规模效应，具有更高的区域劳动生产率；城市群更具有区域辐射能力和承载力，在规模经济和专业化分工上更有优势，对周围地区具有更大的带动作用。长三角城市群在历经近代工业化时期的萌芽发展与国际性城市迅速崛起阶段、新中国成立到改革开放前的大城市滞衰和中小城市发展阶段、改革开放后浦东的开发和苏南的复兴发展阶段三个主要发展阶段后，自 21 世纪后进入城市群一体化发展阶段。2000 年以来，长三角地区的交通基础设施建设速度大幅提高，以高速公路、高速铁路、大型港口等为代表的重大基础设施工程相继建成并投入使用，区域交通联系通道进一步优化，区域内的交通联系更加便利，区域交通结构由明显的轴线型向网络型结构转变，城市之间的可达性大幅提高，使得城市群中的城市间有了更多参与区域合作的机遇。同时在全国经济社会快速发展的背景下，长三角城市群的城市化水平、城市规模均大幅度提升，城市规模等级结构也发生了明显变化，城市体系越来越复杂，并朝着多极化方向发展。

一、人口规模变化分析

21 世纪以来，随着长三角城市群交通结构的不断完善以及社会经济的快速发展，越来越多的人口不断涌入长三角，人口集聚效应得以逐步发挥。如图 10-1 所示，长三角城市群人口数量由 2000 年的 19708.75 万人逐年增加，2019 年底，长三角城市群常住人口数已达 22714.04 万人，约占全国总人口的 16.22%，人口规模居国内各大城市群之首。从人口空间分布来看，长三角的人口分布相对均匀，人口分布梯次分明，既有上海这样城区人口超过 1000 万的超大型城市，也有南京、杭州、合肥城区人口在 500 万以上的特大型城市以及苏州、宁波这样的区域中心城市。

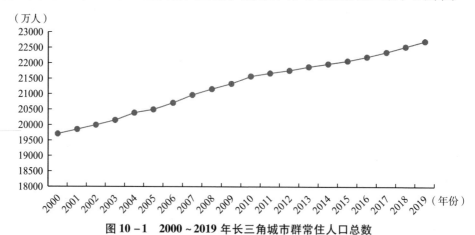

图 10 - 1　2000～2019 年长三角城市群常住人口总数
资料来源：国家统计局。

二、经济发展水平变化分析

2000～2019 年间，长三角城市群社会经济一直保持稳定增长态势，综合竞争力不断提升。如图 10 - 2 所示，长三角城市群生产总值由 2000 年的 22408.93 亿元逐步增长，到 2019 年已达 237252.82 亿元；人均生产总值也不断提高，由 2000年的 11132.07 元/人增加到 2019 年的 104452.057 元/人，远超全国平均水平。

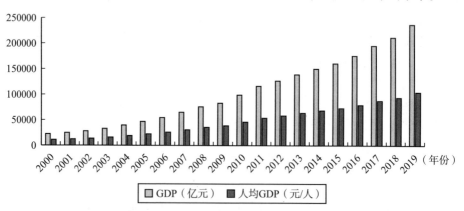

图 10 - 2　2000～2019 年长三角城市群 GDP 与人均 GDP 变化情况
资料来源：国家统计局。

此外，产业结构不断优化。19 年来，长三角地区农业基础地位得到稳固，工业实现持续快速发展，服务业迅速发展壮大，对经济社会发展的支撑和带动作用增强。2000 年，三次产业结构比重为 11.15∶49.08∶39.77，随后，第一产业占比逐年下降，第二产业占比逐渐增加，到 2006 年，第二产业占比达到最高，三次产业结构比重为 6.58：52.47：40.94。2006 年之后，第二产业占比逐渐减小。第三产业占比在 2000～2008 年间基本保持稳定，维持在 39.77%～42.28% 之间，后持续增长，2013 年顺利实现了产业结构从"二、三、一"向"三、二、一"的转变，至 2019 年，三次产业结构比重为 3.97：40.66：55.37。如图 10－3 所示。

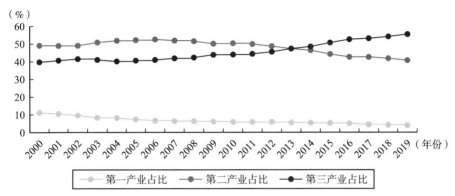

图 10－3　2000～2019 年长三角城市群三次产业结构变化情况

资料来源：国家统计局。

　　2000～2019 年间，长三角城市群固定资产投资也不断增加，由 2000 年的 7854.59 亿元逐渐增长到 2004 年的 17210.86 亿元，翻了一番，到 2008 年又翻一番，直至 2019 年，固定资产投资已达 136680.68 亿元。社会消费品零售总额也保持逐年稳定增长态势，由 2000 年的 8381.59 亿元增长为 2019 年的 90418.73 亿元，社会消费品零售总额的不断上升，表明消费需求的增加，从而会刺激投资，增加产出，改善企业效益，提高居民收入。如图 10－4 所示。

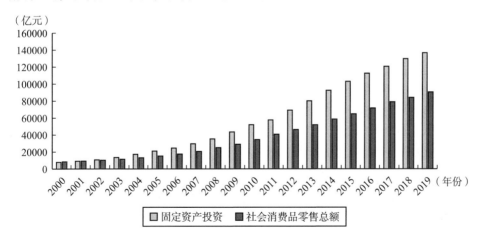

图 10－4　2000～2019 年长三角城市群固定资产投资及社会消费品零售总额变化情况

资料来源：国家统计局。

三、工业化进程分析

随着工业化进程的不断推进，长三角城市群工业生产能力迅速提升，工业化水平明显提高。2000 年，长三角城市群规模以上工业企业数为 45138 家，后逐年增加，一批具有国际竞争力的大企业迅速成长起来，到 2010 年数量最多，达 161461 家，但 2011 年急剧下降，仅有 100102 家，2011 年后规模以上工业企业数量基本保持稳定。此外，规模以上工业总产值与企业利润总额一直保持稳定增长态势，规模以上工业总产值由 2000 年的 25533.94 亿元逐步上升为 2019 年的 351161.91 亿元，企业利润总额则由 2000 年的 1153.20 亿元增加至 2017 年的 16648.13 亿元。如图 10-5 所示。

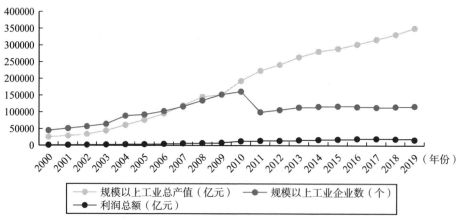

图 10-5 2000～2019 年长三角城市群规模以上工业企业发展情况
资料来源：国家统计局。

四、国际化进程分析

对外贸易总量不断攀升。2000 年，长三角城市群实现进出口总额 1315.28 亿美元，其中进口 587.89 亿美元，出口 727.39 亿美元。2000～2008 年，进出口总额保持快速增长态势，2008 年，实现进出口总额 9459.51 亿美元，其中进口 3729.45 亿美元，出口 5730.06 亿美元。由于 2008 年世界金融危机的影响，2009 年进出口总额略有回落，为 8199.33 亿美元，其中进口 3368.78 亿美元，出口 4830.55 亿美元。自 2009 年后，长三角城市群净出口总额逐渐增加，至 2019 年，净出口 2982.85 亿美元。如图 10-6 所示。

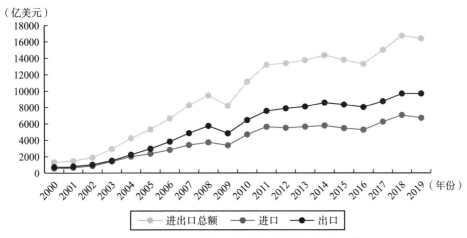

图 10 - 6　2000～2019 年长三角城市群进出口贸易变化情况

资料来源：国家统计局。

21 世纪以来，长三角城市群充分发挥了资源、劳动力等要素优势和巨大的潜在市场优势，成为国际直接投资的热土，利用外资规模不断扩大，外商直接投资成为推动经济发展和科技进步的重要力量。2004 年，长三角城市群吸引外商直接投资 259.07 亿美元，后呈稳定增长态势，至 2012 年后保持稳定，到 2019 年末吸引外商直接投资达 763.62 亿美元。如图 10 - 7 所示。

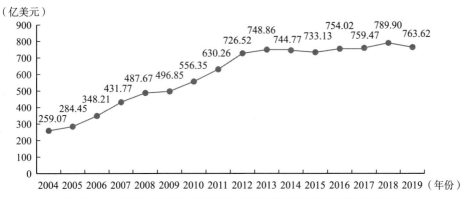

图 10 - 7　2004～2019 年长三角城市群吸引外商直接投资变化情况

资料来源：国家统计局。

五、财政金融发展分析

财政收入不断提高，政府对经济和社会发展的调控能力日益增强。2000 年，长三角地区政府财政预算收入 1895.11 亿元，财政预算支出 1967.89 亿元，2003

年翻了近一番，财政预算收入达到3578.58亿元，预算支出3554.53亿元，2007年再翻一番，2008年跨上1万亿台阶，直至2019年，政府财政预算收入已达28235.50亿元，财政预算支出30805.88亿元。财力的增加对城市群经济发展、加强社会保障、缩小城乡差距、切实改善民生、有效应对各类冲击提供了充足的资金保障。如图10-8所示。

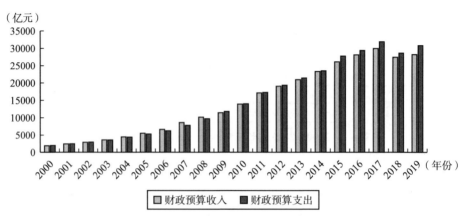

图10-8　2000~2019年长三角城市群财政预算收入与支出变化情况

资料来源：国家统计局。

金融方面，2003年，长三角城市群实现金融机构人民币各项存款余额49602.25万元，金融机构人民币各项贷款余额37870.63万元。2003~2017年间，呈稳定增长态势，截至2019年末，长三角城市群金融机构人民币各项存款余额416956.57亿元，金融机构人民币各项贷款余额334923.91亿元。如图10-9所示。

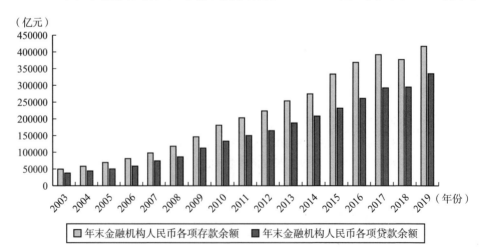

图10-9　2003~2019年长三角城市群金融机构人民币各项存、贷款余额变化情况

资料来源：国家统计局。

六、交通运输设施发展分析

交通运输设施方面，长三角交通网络日益完善，运输能力不断增强，有力地支撑了各项产业的发展。2000年，长三角城市群客运总量为300303万人，其中公路客运量279217万人，占客运总量的92.98%，铁路客运量仅为14774万人，客运以公路运输为主。2000～2012年间，长三角城市群客运总量逐步上升，2012年达到峰值，客运总量为730955万人，其中公路客运量686511万人，占客运总量的93.95%，铁路客运量33625万人，占客运总量的4.6%。至2019年，长三角城市群客运总量为297908万人，其中公路客运量216085万人，占客运总量的72.53%，铁路客运量74292万人，占客运总量的24.94%，虽然目前客运仍以公路运输为主，但铁路运输发挥的作用也逐步增强。如图10-10所示。

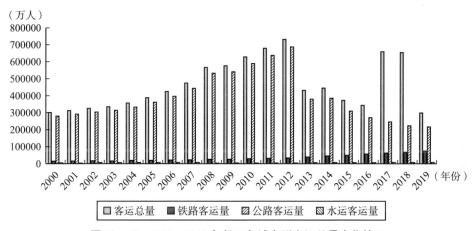

图10-10 2000～2019年长三角城市群客运总量变化情况

资料来源：国家统计局。

2000年，长三角城市群货运总量257810万吨，其中公路货运量175173万吨，占货运总量的67.95%，水运货运量67585万吨，占货运总量的26.22%，铁路货运量13560万吨，占货运总量的5.26%，货运也以公路运输为主。不同于客运总量，长三地区货运总量一直呈现逐步上升趋势。至2019年，长三角城市群货运总量1040094万吨，其中公路货运量628186万吨，占货运总量的60.40%，水运货运量392511万吨，占货运总量的37.74%，铁路货运量19398万吨，占货运总量的1.86%，目前货运仍以公路运输和水路运输为主。如图10-11所示。

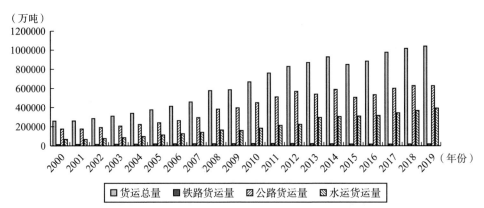

图 10 - 11　2000～2019 年长三角城市群货运总量变化情况

资料来源：国家统计局。

七、科教文卫事业发展分析

科教文卫等社会事业全面推进，取得长足进步。教育方面，长三角城市群大力促进教育公平，深化教育领域综合改革，不断加大教育投入力度，财政教育支出占 GDP 的比重由 2003 年的 1.68% 逐步提高至 2019 年的 2.61%。科技创新方面，不断加大科技投入，深化科技体制改革，完善科技创新评价标准、激励机制与转化机制。2003 年，长三角城市群研究与试验发展经费支出占 GDP 的比重仅为 1.17%，后不断提升，至 2019 年研究与试验发展经费支出占 GDP 的比重达 2.84%，上升 1.67 个百分点。如图 10 - 12 所示。

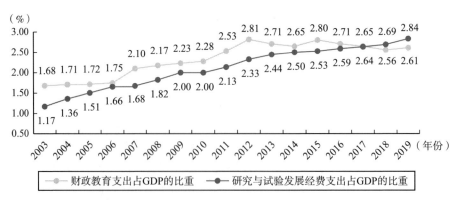

图 10 - 12　2003～2019 年长三角城市群财政教育支出及研究与试验发展经费支出占 GDP 比重

资料来源：国家统计局。

在大力推进社会主义文化建设的基础上，长三角社会文化事业也取得长足发展。2003 年末，长三角城市群拥有图书馆总藏书量 11465.09 万册件，至 2019 年，图书馆总藏书量已达 30605.85 万册件。如图 10 - 13 所示。

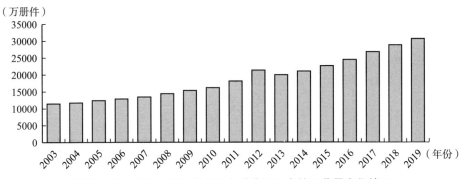

（万册件）

图 10 - 13　2003 ~ 2019 年长三角城市群图书馆总藏量变化情况
资料来源：国家统计局。

在深入推进医疗卫生体制改革的基础上，长三角城市群的公共卫生事业发展取得明显成效。2019 年末，长三角城市群拥有床位合计 136.82 万张，比 2003 年提升了 168.02%；每万人拥有医生数由 2003 年的 68.05 人上升到 2019 年的 120.44 人，医疗卫生服务体系建设得以强化。如图 10 - 14 所示。

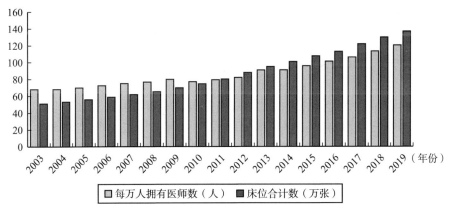

□ 每万人拥有医师数（人）　■ 床位合计数（万张）

图 10 - 14　2003 ~ 2019 年长三角城市群每万人拥有医生数及床位合计数变化情况
资料来源：国家统计局。

八、环境污染程度变化分析

党的十八大以来的五年，我国投入各类环境污染治理的政策及执法力度是前所未有的，长三角城市群同样致力于环境保护与污染治理，取得了显著成效。如

图 10 – 15 所示，2010～2018 年，长三角城市群单位 GDP 工业废水排放量、单位 GDP 工业二氧化硫排放量及单位 GDP 工业烟尘排放量均呈现显著下降态势，其中，在 2014 年单位 GDP 工业烟尘排放量略有波动。

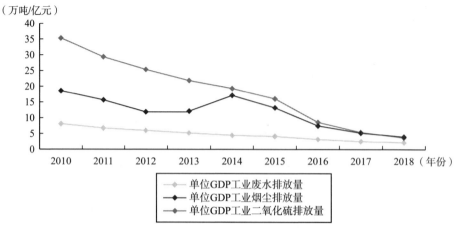

（万吨/亿元）

图 10 – 15　2010～2018 年长三角城市群污染物排放情况

资料来源：国家统计局。

第三节　长三角城市群各城市比较分析

一、长三角城市群城镇体系分析

作为一个城市系统，合理的城市规模分布是城市群功能分工和协同发展的基础，而长三角城市群则是中国城镇体系最为完善的城市群。2019 年常住人口在 1000 万以上的城市有 3 座，分别是上海、苏州、杭州，占长三角地区人口规模的 19.98%，上海作为长三角的核心城市人口规模达到了 2428.14 万，占到了长三角城市群的 10.69%。无论是聚集力，还是人口规模，上海都占有绝对优势，对城市群区域经济和社会发展具有较强的带动作用。总的来说，长三角城市群城市分布较为密集，大中城市数量占比较高，核心城市优势突出，整体规模结构较为合理，这样既可以充分发挥核心城市的带动作用，又保证了有充分多的中小城市能够作为发展腹地接受大城市的辐射，有利于城市群的协同发展。

二、经济发展水平比较分析

在表 10－2 中，我们选取了人均生产总值、非农产业占比①以及第三产业与第二产业产值比来表示经济发展水平。从人均生产总值来分析，无锡排名第一高达 180044 元/人；苏州人均生产总值达到 179174 元/人；南京紧随其后为 165681 元/人；之后的上海、常州、杭州、宁波、镇江、扬州、南通、舟山、合肥、绍兴、嘉兴、泰州和湖州，人均生产总值超过 10 万元/人。淮北、淮南、宿州、六安、亳州和阜阳等 6 个城市的人均生产总值低于 5 万元/人。

表 10－2　　　　　　**2019 年长三角城市群各地级市经济发展水平**

城市	人均GDP（元/人）	非农产业占比（%）	三产与二产比值（%）
上海	157279	99.73	269.46
南京	165681	97.95	172.62
无锡	180044	98.97	108.42
徐州	81138	90.45	124.12
常州	156390	97.88	105.26
苏州	179174	98.98	108.53
南通	128294	95.43	94.58
连云港	69523	88.45	103.69
淮安	78543	90.02	115.50
盐城	79149	89.13	114.30
扬州	128856	94.99	100.03
镇江	128981	96.60	98.87
泰州	110731	94.30	91.64
宿迁	62840	89.53	109.51
杭州	152465	97.88	208.66
宁波	143157	97.31	101.68
温州	71225	97.70	129.54
嘉兴	112751	97.75	81.48
湖州	102593	95.71	87.33

①　非农占比即二三产业所占比重。

续表

城市	人均GDP（元/人）	非农产业占比（%）	三产与二产比值（%）
绍兴	114561	96.39	101.11
金华	81224	96.80	140.81
衢州	71087	94.50	128.38
舟山	116781	89.33	157.65
台州	83555	94.51	107.36
丽水	66936	93.23	140.94
合肥	115623	96.90	166.96
淮北	47654	93.24	118.20
亳州	33314	86.38	142.96
宿州	34773	85.47	138.09
蚌埠	60469	88.61	115.50
阜阳	32855	87.05	127.88
淮南	37140	89.96	121.03
滁州	70429	91.43	86.30
六安	33370	86.60	139.68
马鞍山	89867	95.54	95.18
芜湖	96154	95.95	97.61
宣城	58819	90.41	91.17
铜陵	58726	94.51	104.02
池州	56217	89.91	103.57
安庆	50574	90.92	102.35
黄山	57853	92.45	166.91

资料来源：《江苏统计年鉴（2020）》《浙江统计年鉴（2020）》《安徽统计年鉴（2020）》《上海统计年鉴（2020）》。

产业结构能够较好地反映一个地区在经济发展中所处的阶段。非农产业比重中，上海占比高达99.73%；苏州和无锡非农比重占比分别达到98.98%和98.97%；南京、杭州、常州、嘉兴、温州和宁波紧随其后超过97%；非农比重最低的三个城市为六安、亳州和宿州。在第三产业和第二产业产值比值方面，上海远远高于其他城市达到269.46%；杭州比值超过200%达到208.66%；南京、合肥、黄山和舟山比值超过150%；比值高于120%的城市还有亳州、丽水、金华、六安、宿州、温州、衢州、阜阳、徐州和淮南；湖州、滁州和嘉兴比值低于

80%，说明这三个城市服务业相对于工业来说不够发达。

三、工业化进程比较分析

在表10-3中，我们选取规模以上工业企业数及其主营业务收入和利润总额来反映工业化进程以及工业经济效益。可以看到，苏州有11042个工业企业，排名第一，排在第二的是上海（8776个），工业企业数超过4000的有宁波、嘉兴、无锡、温州、杭州、南通、绍兴、常州、台州、金华等10个城市。从主营业务收入和利润总额两个指标考察工业企业经济效益，第一梯队的上海和苏州远远超过其他城市，第二梯队是宁波、无锡、杭州、南京、常州、嘉兴。

表10-3　　　　　2019年长三角城市群各地级市工业经济效益

城市	规上工业企业数（个）	规上企业主营业务收入（亿元）	规上企业利润总额（亿元）
上海	8776	39937.39	2927.07
南京	2707	11368.94	646.73
无锡	6215	17141.64	1214.15
徐州	1778	4101.92	247.55
常州	4676	10690.09	687.89
苏州	11042	34186.89	1953.04
南通	4966	7974.21	488.48
连云港	942	2648.7	285.26
淮安	1519	2266.99	143.56
盐城	2920	4426.43	160.24
扬州	3033	4715.18	206.89
镇江	1953	3680.97	213.71
泰州	2573	5329.65	336.42
宿迁	1781	2510.43	257.5
杭州	5698	16004.59	1126.17
宁波	8242	18063.65	1339.87
温州	5941	5073.77	361.71
嘉兴	6452	10549.58	611.77
湖州	3609	5170.68	315.9
绍兴	4769	6903.02	497.96

城市	规上工业企业数（个）	规上企业主营业务收入（亿元）	规上企业利润总额（亿元）
金华	4161	4227.41	165.5
衢州	1044	1945.4	133.66
舟山	376	864.01	16.27
台州	4309	5039.31	331.54
丽水	1105	1445.47	91.8
合肥	2045	7541.43	339.58
淮北	593	1346.82	121.5
亳州	659	984.26	84.03
宿州	986	1526.65	90.78
蚌埠	952	2107.99	77.56
阜阳	1675	2483.87	151.76
淮南	705	1290.08	93.84
滁州	1715	3070.44	301.76
六安	929	1189.88	68.02
马鞍山	1114	2823.19	148.67
芜湖	1791	4612.8	287.18
宣城	1400	1715.86	134.25
铜陵	459	3024.77	88.62
池州	587	778.25	71.17
安庆	1610	2384.61	172.48
黄山	541	477.99	23.09

资料来源：《江苏统计年鉴（2020）》《浙江统计年鉴（2020）》《安徽统计年鉴（2020）》《上海统计年鉴（2020）》。

四、城市化进程比较分析

选取年末户籍人口和常住人口表示城镇化进程（见表 10-4）。不难看出，从户籍人口来看，上海人数最多，有 1469.30 万人；阜阳人数第二，达到了 1077.28 万人；紧随其后的是徐州、温州、盐城，分别为 1041.73、832.36 和 821.35 万人。从常住人口来看，上海、苏州、杭州、温州和徐州容纳了最多的人口，宁波、南京、阜阳、合肥、南通、盐城、无锡和台州也各承载了六百万以上的常住人口。

表 10 - 4　　　　　2019 年长三角城市群各地级市城镇化进程比较　　　　单位：万人

城市	年末户籍人口	年末常住人口
上海	1469.30	2428.14
南京	709.82	850.00
无锡	502.83	659.15
徐州	1041.73	882.56
常州	385.02	473.60
苏州	722.60	1074.99
南通	759.82	731.80
连云港	534.41	451.10
淮安	560.48	493.26
盐城	821.35	720.89
扬州	457.14	454.90
镇江	270.16	320.35
泰州	500.55	463.61
宿迁	592.36	493.79
杭州	795.37	1036.00
宁波	608.47	854.20
温州	832.36	930.00
嘉兴	363.70	480.00
湖州	267.57	306.00
绍兴	447.87	505.70
金华	491.93	562.40
衢州	257.63	221.80
舟山	96.60	117.60
台州	606.64	615.00
丽水	270.77	221.30
合肥	770.44	818.90
淮北	218.72	227.00
亳州	662.99	526.30
宿州	658.27	570.00
蚌埠	386.30	341.20

城市	年末户籍人口	年末常住人口
阜阳	1077.28	825.90
淮南	390.82	349.00
滁州	455.35	414.70
六安	591.07	487.30
马鞍山	229.14	236.10
芜湖	389.84	377.80
宣城	278.77	266.10
铜陵	170.58	164.10
池州	162.29	148.50
安庆	528.58	472.30
黄山	148.92	142.10

资料来源:《江苏统计年鉴 (2020)》《浙江统计年鉴 (2020)》《安徽统计年鉴 (2020)》《上海统计年鉴 (2020)》。

五、财政金融比较分析

表 10 - 5 提供了 2019 年长三角城市群各地级市金融和财政的收支数据。金融方面,上海的年末金融机构人民币各项存贷款余额和住户人民币储蓄存款余额列各城市群之首,其次杭州、南京、苏州、宁波紧随其后。居民人民币储蓄存款余额最低的为铜陵、黄山和池州,人民币储蓄存款余额低于 1500 亿元。

财政支出方面,一般性公共服务支出最高的上海,达到 365.08 亿元,其次的苏州,也达到 201.77 亿元。另外杭州、宁波、南京、温州、南通、无锡都超过 100 亿元。不难看出,教育支出排名靠前的有上海、杭州、苏州、南京和宁波,都超过 220 亿元。

表 10 - 5　　　　　2019 年长三角城市群各地级市财政金融比较　　　　单位:亿元

城市	年末存款余额	住户存款	年末贷款余额	一般性公共服务支出	教育支出
上海	132820.27	33295.40	79843.01	365.08	995.70
南京	34671.17	8105.88	32991.93	150.19	289.05
无锡	17165.33	6226.51	13387.19	101.44	178.2
徐州	8036.56	4023.66	5777.28	80.05	178.96

续表

城市	年末存款余额	住户存款	年末贷款余额	一般性公共服务支出	教育支出
常州	10892.19	4322.79	8563.59	71.09	106.72
苏州	31652.1	10466.66	30116.73	201.77	349.19
南通	13530.76	7096.99	10150.09	113.01	172.07
连云港	3585.97	1613.36	3438.05	53.45	86.28
淮安	4097.05	1807.59	3853.77	64.51	84.32
盐城	6995.52	3667.28	5844.28	87.63	145.89
扬州	6700.46	3217.51	5374.85	72.1	97.75
镇江	5546.64	2421.68	5256	39.86	75.84
泰州	6879.13	3263.96	5493.92	66.24	75.86
宿迁	3084.45	1525.33	3082.2	43.15	84.33
杭州	43644.17	11677.34	41237.43	170.8207	363.5648
宁波	20290.86	7475.47	21774.23	164.3631	251.4461
温州	13156.44	7601.83	11529.55	122.2802	206.7136
嘉兴	9318.44	4313.44	8004.43	64.5904	131.032
湖州	5163.75	2444.97	4818.46	47.033	76.8283
绍兴	9408.16	4723.28	8527.52	71.9414	131.4831
金华	9730.61	5348.64	8379.17	81.3865	126.6907
衢州	2765.13	1382.35	2554.75	54.4131	56.0654
舟山	2221.31	971.65	2425.93	43.8835	36.0395
台州	9345.45	5333.52	8504.65	85.8023	147.3112
丽水	2954.97	1841.34	2232.85	56.0476	76.6949
合肥	16417.2486	4712.3986	15854.8318	81.8848	194.0527
淮北	1573.9053	886.9622	1080.452	18.3953	32.8446
亳州	2289.1959	1466.5195	1990.6763	43.7366	76.5756
宿州	2506.9203	1599.527	1896.3786	33.5931	83.2081
蚌埠	2271.4383	1179.4473	2092.3337	23.69	59.2131
阜阳	4345.3705	2695.6661	3196.8282	56.9317	118.0586
淮南	2157.9314	1322.1734	1566.0943	27.7299	47.916
滁州	2806.1635	1535.539	2425.2899	31.1096	75.8791
六安	2947.3551	1688.8272	2201.6146	42.1719	82.5818

续表

城市	年末存款余额	住户存款	年末贷款余额	一般性公共服务支出	教育支出
马鞍山	2467.918	1308.0637	1845.6832	17.1899	37.377
芜湖	4160.0448	1979.4139	3767.8704	32.5128	78.0743
宣城	1951.709	1140.4054	1508.3263	24.8287	46.1852
铜陵	1444.1922	869.3003	1262.939	15.0289	25.5654
池州	1093.529	741.0703	688.6189	11.6334	23.6855
安庆	3377.0516	2181.3247	2237.5362	36.5868	85.1921
黄山	1343.3752	835.1974	953.3657	19.1464	21.6771

资料来源:《江苏统计年鉴(2020)》《浙江统计年鉴(2020)》《安徽统计年鉴(2020)》《上海统计年鉴(2020)》。

六、交 通 运 输 设 施 比 较 分 析

交通运输设施的建设是基础设施的重要方面,我们用公路运送的客运量和货运量来表示,见表10-6。可以看到,苏州、温州和金华是长三角城市群客运量最大的区域,2019年三地加总运送旅客超过6.1102亿人次。货运方面,公路运输仍然是主要运输方式,货运量最大的城市为阜阳,其次为上海。

表10-6 　　　　　2019年长三角城市群各地级市交通设施比较

城市	公路客运量(万人)	公路货运量(万吨)
上海	3168	38750
南京	8229	22121
无锡	5148	17386
徐州	9434	27576
常州	4063	10258
苏州	28951	23831
南通	6447	10281
连云港	4063	11759
淮安	5678	4847
盐城	6088	11339
扬州	2931	4898
镇江	2892	5613

续表

城市	公路客运量（万人）	公路货运量（万吨）
泰州	5907	4979
宿迁	4644	9688
杭州	9144	31731
宁波	3829	37036
温州	21588	12097
嘉兴	2971	14534
湖州	5522	13183
绍兴	2001	13615
金华	10563	10887
衢州	3886	13509
舟山	2584	10374
台州	8314	16330
丽水	2315	5247
合肥	6652	33701.6
淮北	993.8	14130.3
亳州	3194.1	29757.6
宿州	2776	25227
蚌埠	2058.1	23558.8
阜阳	4984.4	48986.6
淮南	2689.3	12579.9
滁州	3658.9	17009.1
六安	3652.6	23531.9
马鞍山	1737.3	7291.7
芜湖	2060.9	7901.9
宣城	2223	9469.6
铜陵	1076.3	3721.6
池州	980.8	4053
安庆	3934	14084.4
黄山	2971.8	5466.5

资料来源：《江苏统计年鉴（2020）》《浙江统计年鉴（2020）》《安徽统计年鉴（2020）》《上海统计年鉴（2020）》。

七、信息化水平比较分析

随着信息技术的飞速发展，世界变得越来越小，信息化水平成为决定国家、地区、企业竞争力的决定因素之一。表 10 - 7 中，我们选取固定电话年末用户数、移动电话年末用户数和互联网宽带接入用户数表示信息化水平。反映信息化水平的三个指标分布惊人的相似，上海、宁波、苏州、杭州是第一梯队，三个指标均排名前四，而相比之下，舟山、安庆、丽水和池州信息化水平则较低。

表 10 - 7　　　　2019 年长三角城市群各地级市信息化水平比较　　　　单位：万户

城市	固定电话年末用户数	移动电话年末用户数	互联网宽带接入用户数
上海	643.41	4007.89	890.15
南京	181.91	1307.86	536.81
无锡	124.89	999.33	394.73
徐州	84.54	961.25	337.2
常州	90.05	664.85	263.94
苏州	232.19	1849.17	666.94
南通	117.53	847.26	353.93
连云港	51.69	470.41	174.66
淮安	36.27	484.2	178.75
盐城	59.46	695.97	281.91
扬州	90.46	531.51	212.19
镇江	54.5	370.72	161.56
泰州	67.77	490.45	205.86
宿迁	28.37	492.93	179.73
杭州	231.01	1817.41	524.28
宁波	250.2	1358.16	425.51
温州	128.62	1216.49	404.66
嘉兴	94.93	705.4	187.09
湖州	73	463.34	204.23
绍兴	116.95	665.74	217
金华	84.94	951.11	304.78

城市	固定电话年末用户数	移动电话年末用户数	互联网宽带接入用户数
衢州	31.62	245.35	87.92
舟山	23.81	174.39	56.25
台州	127.79	1045.01	348.49
丽水	17.14	197.47	67.16
宿州	23.99	413.9	124.22
蚌埠	28.11	475.4	145.83
阜阳	32.72	302.57	92.44
淮南	42.21	674.96	199.24
滁州	26.32	284.14	87.34
六安	40.54	363.43	117.68
马鞍山	31.87	390.88	113.79
芜湖	27.66	238.58	76.97
宣城	44.3	396.21	135.32
铜陵	28.54	260.02	85.56
池州	16.68	131.62	44.83
安庆	17.47	142.54	48.69
黄山	43.67	390.93	125.15

资料来源:《江苏统计年鉴（2020）》《浙江统计年鉴（2020）》《安徽统计年鉴（2020）》《上海统计年鉴（2020）》。

八、科教文卫事业比较分析

科教文卫事业是基础的公共服务，最能够体现一个地区现代化程度和软实力，我们选取了高等学校在校生人数、专利申请受理量、医院数、医院床位数以及医生数来表示科教文卫事业的发展情况。

在高等学校在校生方面，合肥、上海和杭州分别占据前三（见表10-8）。科技方面，专利申请受理量上海最多，为173586项，紧随其后的为苏州、杭州和南京，宁波、无锡、合肥的专利申请受理量也都超过60000项。在卫生事业方面，上海拥有的医院、医院床位数以及医生数是最多的，而池州、黄山、舟山和铜陵则比较低。

表 10-8　　　　　2019 长三角城市群各地级市科教文卫事业比较

城市	高等学校在校生（人）	专利申请受理量（项）	医院数（个）	医院床位数（张）	医生数（人）
上海	526300	173586	387	136682	77729
杭州	446683	113562	343	79957	48962
宁波	156455	70304	180	37354	29565
温州	104298	52315	147	38313	30136
嘉兴	72365	39248	87	23744	13422
湖州	28834	23359	70	16925	9422
绍兴	104232	36072	89	22001	16312
金华	81338	43254	145	30305	18938
衢州	16409	7629	90	13363	7453
舟山	24585	3418	34	5632	3883
台州	37349	35089	133	27762	19258
丽水	20952	11555	56	13097	8318
南京	274451	103024	248	53500	35700
无锡	40695	67133	205	42200	23200
徐州	44579	33655	177	43600	28600
常州	36317	47849	86	22300	14800
苏州	76929	163147	221	60600	35500
南通	35124	36713	229	36500	20900
连云港	16167	8234	90	19000	12900
淮安	25273	13052	70	20000	14600
盐城	21016	25912	164	29400	19600
扬州	32240	33786	76	17800	12600
镇江	29014	23890	53	11700	8500
泰州	19970	25215	87	21600	13300
宿迁	7120	12431	235	29200	14600
合肥	536242	61205	199	52285	26816
淮北	44058	3995	82	10406	4942
亳州	18587	5163	89	16448	8374
宿州	29806	5485	89	17665	9826

续表

城市	高等学校 在校生（人）	专利申请 受理量（项）	医院数 （个）	医院床位数 （张）	医生数 （人）
蚌埠	65651	7193	88	18086	7818
阜阳	42708	9537	120	34938	16217
淮南	64930	5892	79	14991	6494
滁州	55739	11086	80	16437	8357
六安	43599	7462	37	13393	9634
马鞍山	61780	10610	64	8599	5377
芜湖	141202	17455	79	17901	9085
宣城	7354	5310	50	11741	5699
铜陵	34314	3213	30	7761	3565
池州	29989	2971	37	6550	3091
安庆	42588	8605	85	17915	9414
黄山	22604	1857	33	6970	3698

资料来源：《江苏统计年鉴（2020）》《浙江统计年鉴（2020）》《安徽统计年鉴（2020）》《上海统计年鉴（2020）》。

参 考 文 献

［1］［美］爱德华·格雷泽:《城市的胜利》,李润泉译,上海社会科学出版社 2012 年版。

［2］曹树基:《中国人口史第五卷清时期》,复旦大学出版社 2001 年版。

［3］陈吉余:《长江三角洲江口段的地形发育》,载于《地理学报》1957 年第 23 卷第 3 期。

［4］陈吉余、虞志英、恽才兴:《长江三角洲的地貌发育》,载于《地理学报》1959 年第 25 卷第 3 期。

［5］陈建军、郑广建、刘月:《高速铁路对长江三角洲空间联系格局演化的影响》,载于《经济地理》2014 年第 8 期。

［6］陈剑峰:《长江三角洲区域经济发展史研究》,中国社会科学出版社 2008 年版。

［7］陈梅龙、景消波:《近代浙江对外贸易及社会变迁——宁波、温州、杭州海关贸易报告》,宁波出版社 2003 年版。

［8］陈文方、徐伟、史培军:《长三角地区台风灾害风险评估》,载于《自然灾害学报》2011 年第 4 期。

［9］陈永文:《长江三角洲自然地理概貌》,载于《社会科学》1983 年第 5 期。

［10］程开明、李金昌:《紧凑城市与可持续发展的中国实证》,载于《财经研究》2007 年第 10 期。

［11］戴鞍钢:《中国近代经济地理（第 2 卷）》,华东师范大学出版社 2013 年版。

［12］丁日初:《上海近代经济史第 1 卷》,上海人民出版社 1994 年版。

［13］董小林:《城市群环境问题观察与环保模式探寻》,载于《环境保护》2012 年第 4 期。

［14］董筱丹、薛翠、温铁军:《改革以来中国对外开放历程的演变及其内在逻辑》,载于《中国经济史研究》2012 年第 2 期。

［15］段春青、刘昌明、陈晓楠等:《区域水资源承载力概念及研究方法的探讨》,载于《地理学报》2010 年第 1 期。

［16］范恒山:《国家区域发展战略的实践与走向》,载于《区域经济评论》

2017 年第 1 期。

[17] 范恒山：《全面深化改革要着力处理好若干重大关系》，载于《前线》2018 年第 11 期。

[18] 范金民：《明清江南商业的发展》，南京大学出版社 1998 年版。

[19] 范子英、彭飞、刘冲：《政治关联与经济增长——基于卫星灯光数据的研究》，载于《经济研究》2016 年第 1 期。

[20] 方创琳、宋吉涛、蔺雪芹：《中国城市群可持续发展理论与实践》，科学出版社 2010 年版。

[21] 方书生：《近代长江三角洲地区的经济增长：基于发展地理学视角的验证》，载于《中国百年学术路 古今中西之间（1911～2011）——上海市社会科学界第九届学术年会文集（2011 年度）》，上海人民出版社 2011 年版。

[22] 封志明：《土地承载力研究的过去、现在与未来》，载于《中国土地科学》1994 年第 3 期。

[23] 冯兴元：《中央和地方财政关系的症结与应变》，载于《人民论坛》2010 年第 20 期。

[24] 复旦大学历史地理研究中心：《港口——腹地和中国现代化进程》，齐鲁书社 2005 年版。

[25] 傅鸿源、胡焱：《城市综合承载力研究综述》，载于《城市问题》2009 年第 5 期。

[26] 高吉喜：《可持续发展理论探索》，中国环境科学出版社 2001 年版。

[27] 郭培章：《中国城市可持续发展研究》，经济科学出版社 2004 年版。

[28] 郭孝义：《江苏航运史近代部分》，人民交通出版社 1990 年版。

[29] 黄鉴晖：《山西票号史》，山西经济出版社 2002 年版。

[30] 黄新飞、李腾、陈思宇：《中国城市边界效应的"一价定律悖论"：来自长三角的证据》，载于《世界经济》2014 年第 11 期。

[31] 交通部中国公路交通史编审委员会：《全国各地公路交通史（建国前部分）初稿选编》，陕西省交通史志编辑部，1984 年。

[32] 景跃军、陈英姿：《关于资源承载力的研究综述及思考》，载于《中国人口·资源与环境》2006 年第 5 期。

[33] 靖学青：《长三角产业结构变动对经济增长贡献研究》，载于《上海交通大学学报（哲学社会科学版）》2009 年第 5 期。

[34] 赖德胜、纪雯雯：《人力资本配置与创新》，载于《经济学动态》2015 年第 3 期。

[35] 李锋、刘旭升、胡聃等：《城市可持续发展评价方法及其应用》，载于《生态学报》2007 年第 11 期。

［36］李廉水：《中国制造业发展研究报告2016》，科学出版社2017年版。

［37］李敏：《协同治理：城市跨域危机治理的新模式——以长三角为例》，载于《当代世界与社会主义》2014年第4期。

［38］李培鑫、张学良：《长三角空间结构特征及空间一体化发展研究》，载于《安徽大学学报（哲学社会科学版）》2019年第2期。

［39］李松志、董观志：《城市可持续发展理论及其对规划实践的指导》，载于《城市问题》2006年第7期。

［40］李学鑫、苗长虹：《城市群经济的性质与来源》，载于《城市问题》2010年第10期。

［41］李永强：《城市可持续发展能力与城市竞争力关系的实证研究》，载于《生态经济》2007年第9期。

［42］廖慧璇、籍永丽、彭少麟：《资源环境承载力与区域可持续发展》，载于《生态环境学报》2016年第7期。

［43］林毅夫、向为、余淼杰：《区域型产业政策与企业生产率》，载于《经济学（季刊）》2018年第2期。

［44］凌亢、赵旭：《南京市可持续发展评价指标体系及其实践》，载于《南京经济学院学报》2000年第4期。

［45］刘亭等：《实力浙江——打造产业新优势》，浙江人民出版社2006年版。

［46］刘晓丽：《城市群地区资源环境承载力理论与时间》，中国经济出版社2013年版。

［47］刘洋：《全球气候变化对长三角河口海岸地区社会经济影响研究》，华东师范大学博士学位论文，2014年。

［48］刘荫棠：《江苏公路交通史第1册》，人民交通出版社1989年版。

［49］刘志彪、江静：《长三角制造业向产业链高端攀升路径与机制》，经济科学出版社2009年版。

［50］刘志彪、孔令池：《长三角区域一体化发展特征、问题及基本策略》，载于《安徽大学学报（哲学社会科学版）》2019年第3期。

［51］陆大道、樊杰：《区域可持续发展研究的兴起与作用》，载于《中国科学院院刊》2012年第3期。

［52］马爱锄：《西北开发资源环境承载力研究》，西北农林科技大学学位论文，2003年。

［53］满志敏：《黄浦江水系：形成和原因——上海经济可持续发展基础研究之一》，《历史地理（第十五辑）》，上海人民出版社1999年版。

［54］聂宝璋：《中国近代航运史资料第1辑》，上海人民出版社1983年版。

［55］牛文元：《可持续发展理论的内涵认知——纪念联合国里约环发大会

20 周年》，载于《中国人口资源与环境》2012 年第 5 期。

［56］彭再德、杨凯、王云：《区域环境承载力研究方法初探》，载于《中国环境科学》1996 年第 1 期。

［57］齐晔、蔡琴：《可持续发展理论三项进展》，载于《中国人口·资源与环境》2010 年第 4 期。

［58］钱运春：《论浦东模式》，载于《上海经济研究》2010 年第 8 期。

［59］上海财经大学区域经济研究中心：《2011 中国区域经济发展报告：从长三角到泛长三角——区域产业梯度转移的理论与实证研究》，上海财经大学出版社 2011 年版。

［60］上海财经大学区域经济研究中心：《2012 中国区域经济发展报告：同城化趋势下长三角城市群区域协调发展》，上海财经大学出版社 2012 年版。

［61］上海通社：《上海研究资料正集》，文海出版社 1988 年版。

［62］上海县志编纂委员会：《上海县志》，上海人民出版社 1993 年版。

［63］邵帅、李欣、曹建华等：《中国雾霾污染治理的经济政策选择》，载于《经济研究》2016 年第 12 期。

［64］盛广耀：《城市治理研究评述》，载于《城市问题》2012 年第 10 期。

［65］王静爱、左伟：《中国地理图集》，中国地图出版社 2010 年版。

［66］王志宪、虞孝感、徐科峰等：《长江三角洲地区可持续发展的态势与对策》，载于《地理学报》2005 年第 3 期。

［67］熊月之：《上海通史第 8 卷》，上海人民出版社 1999 年版。

［68］徐现祥、李郇：《市场一体化与区域协调发展》，载于《经济研究》2005 年第 12 期。

［69］徐新吾、黄汉民：《上海近代工业史》，上海社会科学院出版社 1998 年版。

［70］徐雪筠等：《上海近代社会经济发展概况（1882～1931）：〈海关十年报告〉》，译编，上海社会科学院出版社 1985 年版。

［71］宣烨：《江苏产业发展报告——江苏省服务型制造研究》，中国经济出版社 2017 年版。

［72］严正：《中国城市发展问题报告：问题·现状·挑战·对策》，中国发展出版社 2004 年版。

［73］杨朝远、李培鑫：《中国城市群可持续发展研究——基于理念及其评价分析》，载于《重庆大学学报（社会科学版）》2018 年第 3 期。

［74］姚士谋、陈振光、朱英明：《中国城市群》，中国科学技术大学出版社 2006 年版。

［75］于金凤：《疏勒河流域移民迁入区相对资源承载力分析——以瓜州县

为例》，载于《开发研究》2013 年第 6 期。

[76] 张军、王永钦：《大转型：中国经济改革的过去、现在与未来》，格致出版社 2019 年版。

[77] 张军、吴桂英、张吉鹏：《中国省际物质资本存量估算：1952 - 2000》，载于《经济研究》2004 年第 10 期。

[78] 张其昀：《人地学论丛》，钟山书局 1932 年版。

[79] 张其昀：《钟山本国地理》，商务印书馆 1931 年版。

[80] 张维然、段正梁、曾正强、石宏平：《1921～2000 年上海市地面沉降灾害经济损失评估》，载于《同济大学学报》2003 年第 31 卷第 6 期。

[81] 张维然、王仁涛：《2000～2020 年上海市地面沉降灾害经济损失评估》，载于《水科学进展》2005 年第 16 卷第 6 期。

[82] 张修桂：《金山卫及其附近一带海岸线的变迁》，载于《历史地理（第三辑）》，上海人民出版社 1983 年版。

[83] 张学良：《2014 中国区域经济发展报告：中国城市群资源环境承载力》，人民出版社 2014 年版。

[84] 张学良：《2015 中国区域经济发展报告：中国城市可持续发展》，人民出版社 2014 年版。

[85] 张学良：《中国交通基础设施促进了区域经济增长吗——兼论交通基础设施的空间溢出效应》，载于《中国社会科学》2012 年第 3 期。

[86] 张学良：《中国交通基础设施与经济增长的区域比较分析》，载于《财经研究》2007 年第 8 期。

[87] 张学良：《中国区域经济转变与城市群经济发展》，载于《学术月刊》2013 年第 7 期。

[88] 张学良、李培鑫、李丽霞：《政府合作、市场整合与城市群经济绩效——基于长三角城市经济协调会的实证检验》，载于《经济学（季刊）》2017 年第 16 卷第 4 期。

[89] 张学良、林永然：《都市圈建设：新时代区域协调发展的战略选择》，载于《改革》2019 年第 2 期。

[90] 张学良、林永然：《新常态下大城市与毗邻地区融合发展：上海及其毗邻地区的实践》，载于《科学发展》2018 年第 5 期。

[91] 张学良、林永然、孟美侠：《长三角区域一体化发展机制演进：经验总结与发展趋向》，载于《安徽大学学报（哲学社会科学版）》2019 年第 1 期。

[92] 张学良、聂清凯：《高速铁路建设与中国区域经济一体化发展》，载于《现代城市研究》2010 年第 6 期。

[93] 张学良、孙海鸣：《探寻长三角地区经济增长的真正源泉：资本积累、

效率改善抑或 TFP 贡献》，载于《中国工业经济》2009 年第 5 期。

［94］张学良、吴胜男：《长三角一体化新发展与安徽新作为》，载于《学术界》2021 年第 3 期。

［95］张学良、杨朝远：《论中国城市群资源环境承载力》，载于《学术月刊》2014 年第 9 期。

［96］张学良、杨羊：《新阶段长三角一体化发展须处理好几类关系》，载于《学术月刊》2019 年第 10 期。

［97］张雪永：《外部影响与内在理路：百年变局视野下的中国铁路改革开放历程》，载于《西南交通大学学报（社会科学版）》2018 年第 6 期。

［98］张志强、孙成权：《可持续发展研究：进展与趋向》，载于《地球科学进展》1999 年第 6 期。

［99］赵庆英、杨世伦、刘守祺：《长江三角洲的形成和演变》，载于《上海地质》2002 年第 4 期。

［100］郑友揆、韩启桐：《中国埠际贸易统计（1936~1940）》，中国科学院1951 年版。

［101］中国科学院上海历史研究所筹备委员会：《上海小刀会起义史料汇编》，上海人民出版社 1958 年版。

［102］中国投入产出学会课题组：《我国目前产业关联度分析——2002 年投入产出表系列分析报告之一》，载于《统计研究》2006 年第 11 期。

［103］中国银行经济研究室：《全国银行年鉴》，1937 年。

［104］周彩虹：《新型国际分工与长三角制造业》，科学出版社 2009 年版。

［105］庄德林、杨羊、晋盛武、韩荣：《基于战略性新兴产业的长江三角洲城市网络结构演变研究》，载于《地理科学》2017 年第 4 期。

［106］邹依仁：《旧上海人口变迁的研究》，上海人民出版社 1980 年版。

［107］邹逸麟：《略论长江三角洲生态环境和经济发展的历史演变及规划策略》，载于《城市研究》1998 年第 6 期。

［108］邹逸麟：《论长江三角洲地区人地关系的历史过程及今后发展》，载于《学术月刊》2003 年第 6 期。

［109］邹逸麟：《中国历史地理概述（第三版）》，上海教育出版社 2013 年版。

［110］邹逸麟、张修桂、王守春：《中国历史自然地理》，科学出版社 2013 年版。

［111］Alder, S., Shao, L. and Zilibotti, F., 2016: Economic Reforms and Industrial Policy in a Panel of Chinese Cities, Journal of Economic Growth, Vol. 21, No. 4.

[112] Aschauer D. A. , 1989: Is public expenditure productive? , Journal of Monetary Economics, Vol. 23, No. 2.

[113] Combes, P. P. , Duranton G. and Gobillon, L. , 2008: Spatial Wage Disparities: Sorting Matters, Journal of Urban Economics, Vol. 63, No. 2.

[114] Duranton, G. , P. M. Morrow, and M. A. Turner, 2014: Roads and Trade: Evidence from the US , Review of Economic Studies, Vol. 81, No. 2.

[115] Faber B. , 2014: Trade Integration, Market Size, and Industrialization: Evidence from China's National Trunk Highway System, The Review of Economic Studies, Vol. 81, No. 3.

[116] Henderson, J. V. , Storeygard, A. , &Weil, D. N. , 2012: Measuring Economic Growth from Outer Space, American Economic Review, Vol. 102, No. 2.

[117] Jedwab R and Vollrath D, 2015: Urbanization without Growth in Historical Perspective, Explorations in Economic History, Vol 58, No. 10.

[118] Schneider DM, Godschalk DR, Axler N. , 1978: The Carrying Capacity Concept as a Planning Tool. American Planning Association, Chicago, pp 33 – 38.

[119] Simini, F. , González, M. C. , Maritan, A. , and Barabási, A. L. , 2012: A Universal Model for Mobility and Migration Patterns, Nature, Vol. 484, No. 7392.

[120] Tang J, Guo H, Ye W. , 1997: Environmental carrying capacity and its preliminary application in environmental planning. China Environ Sci 17 (1): 6 –9.